GLOBAL MARKETING INNOVATION

# グローバル・マーケティング・イノベーション

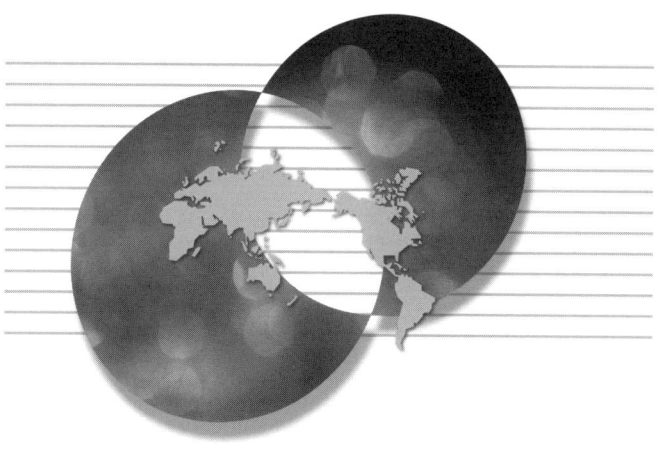

**藤澤武史** 編著

同文舘出版

執筆者一覧（執筆順）

安室憲一（大阪商業大学客員教授・名誉教授，兵庫県立大学名誉教授） 第1章
諸上茂登（明治大学教授） 第2章
藤澤武史（関西学院大学教授） 第3章，第5章，第6章
大石芳裕（明治大学教授） 第4章
田端昌平（近畿大学教授） 第7章
伊田昌弘（阪南大学教授） 第8章
江夏健一（早稲田大学名誉教授） 第9章

# 序　文

　本書はグローバル・マーケティング現象の最前線を説明できることに狙いを定め，新しいコンセプトや理論，分析，さらには画期的なビジネスモデルを提示することを目的としている。そういった意図に沿って，本書のタイトルに「イノベーション」という用語を冠した。既存のグローバル・マーケティング研究と一線を画しているかどうかは，イノベーションという意味合いが読者に伝わる度合いにかかっている。ビジネスモデル，研究パラダイムの変遷，BOP市場，戦略提携，M&A，マーケティング・ミックスと他の経営機能領域との最適統合化，リバース・イノベーション，メタナショナル，世界顧客とのインターフェイス，ICT革命，ボーン・グローバル，サービス企業のグローバル・マーケティングなど，21世紀のグローバル・マーケティングを語るにふさわしいキーファクターが，章構成とその内容を見る限り網羅されている。本書全般を通して，既存研究では十分に検討し尽くされていない課題が取り上げられ，理論化ないし実証を通して問題解決が試みられている。加えて，画期的なグローバル・マーケティング政策の提言にも及んでおり，読者には目を向けていただきたい。

　このように，本書からは既存研究への大きなインパクトが期待されよう。その点を明らかにすべく，グローバル・マーケティングのイノベーションに匹敵する要素を各章から探し出し，それら要素が新しい視点から分析されて，グローバル・マーケティング戦略の変容ないし革新を導き出すのに成功しているかどうか検証してみたい。以下，各章を順次追っていき，イノベーションのありかを探し出すことで研究面での貢献点を見出すとしよう。

　第1章では，グローバル・マーケティング企業の未来志向的なビジネスモデルが提示されている。まず，アジア主要国を対象として，従来まであまり用いられていなかった人口動態統計を用いた点は意義深く，分析面でのイノベー

ションが十分にうかがえる。特に，マーケティング対象として重要性を高めている新興市場国に焦点を当て，中間市場（ボリュームゾーン）と並んでボトム市場（BOP；the Base of the Pyramid）の2030年のセグメント特性を捉え，多国籍企業間の市場セグメント争奪競争の状況を予測している。こうした裏付けある予測に，グローバル・マーケティング・イノベーションの今後あるべき方向性が示されている。さらに，マーケットセグメントにおける「活断層」が指摘され，アーキテクチャの観点を取り入れて4種類のビジネスモデル間でそれぞれ得意とする市場セグメントの存在が説明されている。特に，得意セグメントにも他のビジネスモデルからの競争圧力がかかると予言し，「2030年市場」仮説の要諦として，市場争奪戦のシナリオ展開を試みている点は注目に値する。最後に，下流志向戦略がますます重要となる中で，日本企業がボリュームゾーン戦略に勝ち残るにはどういった戦略対応が必要かを提言している。

　第2章は，1960年代からの国際マーケティング研究ならびに1980年代からのグローバル・マーケティング研究のパラダイムが，どのような理由でどのように変遷したかに焦点を当てている。精緻な文献レビューを踏まえながら，パラダイムの研究上の価値と課題が寸分の隙なく，詳細に説明されている。国際／グローバル・マーケティング研究パラダイムシフトの変遷史としては，これほどまでに体系的かつ最新の研究は類を見ない。国際マーケティングで長年にわたり支持されてきた「標準化―適応化パラダイム」から，グローバル・マーケティングへの移行により，著者独自の「グローバル調整・統合パラダイム」が必然となってきたところの説明には説得力がある。そして世界の技術変化と市場変化を洞察した上で，「製品と組織のモジュール化」や「ダイナミック・ケイパビリティ論」などをグローバル・マーケティング研究の新しい理論ツールに取り入れることが力説されている。パラダイム変遷に関する学説史としても見事であるが，マーケティング戦略という機能領域を超えて，新次元のマーケティング戦略を全社的戦略の中で考案することの重要性を説いたところに，グローバル・マーケティングのイノベーションを意識させてくれよう。

　第3章は，世界市場の細分化とその後のクラスター化に役立つ重要変数の抽出と分析手法を検討している。市場クラスター化が重要な戦略課題となるの

は，マーケティング・ミックス資源の無駄を生じさせないためと唱えているように，マーケティング・ミックス戦略の視点からも本課題を捉えている。オンラインデータを活用して，1人当たりGDPや保有台数比率などを独立変数に用いて偏回帰分析にかけて新車市場を細分化し，クラスター化するための有効変数を取り出している。カラーTV市場と比較し，両製品間でクラスター化の結果が異なることを証明している。1人当たりGDP以外の指標を使った市場細分化も例示している。ライフスタイル変数間の関係に着眼し，偏回帰分析や判別分析を行い，志向性の強さがどの製品やサービスの支出に影響し，また製品やサービス間で補完性と代替性が見られるかを解明している。ライフスタイル変数を用いて分析を試み，クラスター化を適切に行うための方法論を提示した点に，グローバル・マーケティングのイノベーションらしき一面が見受けられよう。

第4章では，BOP市場開拓型グローバル・マーケティング（BOPGM）が従来型の先進国市場開拓型や途上国富裕層市場開拓型のグローバル・マーケティングの戦略・手法と異なると説かれている。BOPGMがなぜイノベーションとなるのかが伝わってこよう。論述の手順として，まず，BOPGMの発生因に着眼し，それには貧困対策，地球環境問題への対応と企業の社会的責任（CSR）を挙げ，営利型のBOPGMの実現困難性を説いている。BOPGMを実施するための一般的な困難性を踏まえた上で，日本企業に特有な困難性を考察している。そして，アンケート調査により，日本企業のBOPGMに関する意識・理解度と取り組み状況と問題・課題を明らかにしている。BOPGM領域における実態調査の例は少なく，調査結果は貴重である。第4章に独自性が十分認められる。それ以上に，調査結果を受けて今後の課題を展望したところに，著者の持ち味が存分に発揮されている。その主張は，BOPを標的としたグローバル・マーケティング・イノベーションの理念型を予知するのに大いに参考となる。

第5章はグローバル市場参入戦略の重要問題を掘り下げて論じている。第1のアクターとして，中国系とインド系の多国籍企業を取り上げ，両国企業のM&A戦略の違いを理論的フレームワークの中で究明している。次に，半導体

企業の企業間国際分業の成立メカニズムについて，委託側と受託側のコスト／ベネフィットを考慮しながら，パワーバランス・アプローチに従って，協力ビジネスの均衡点を求めている。第3に，ソフト開発企業の企業間国際分業メカニズムを解明すべく，取引コスト論を援用し，ゲーム論的な発想で定式化を試み，決定因を抽出している。最後に，学説サーベイと事例研究を基にして，真のボーン・グローバルの戦略行動特性を，漸次的国際派や急進的国際派との比較考察により検出している。アジア新興国からの対外直接投資の決定因，アジア新興国系多国籍企業の市場参入戦略の独自性，グローバル市場参入戦略に関する製造業と非製造業との対比，委託・受託関係の成立・継続の均衡点，ボーン・グローバルの特徴に関する解明方法にイノベーションが見られるかもしれない。

第6章は，グローバル・マーケティング・ミックス戦略の最適化には，ミックス内での洞察ではなく，グローバル市場参入戦略や経営機能領域との統合という視点を要すると力説している。第2章と内容的に重複する部分が見られなくもないが，第6章では日本で生まれたグローバル・マーケティング学説を代表して，大石説と諸上説を取り上げ，特徴や貢献点ならびに限界を示すだけでなく，両説の主旨を援用してマーケティング・ミックスと関連機能別戦略の展開も試みている。1990年代に注目された両学説には，全社的戦略の中でのマーケティング・ミックス戦略の位置付けに違いがみられるものの，市場参入戦略や経営機能領域との統合の必要性が共通して浮かび上がってくる。最後に，筆者の問題意識を鮮明にすべく，広義の国際マーケティングの4分類基準を提起し，グローバル・マーケティング段階で，マーケティング・ミックス戦略を市場参入戦略や経営機能領域と統合させるのが一番重要になると強調している。こうした統合の必要度を国際マーケティングの発展段階の中で識別した点に，イノベーションの要素ありと考えられる。

第7章では全般を通して，類型学的アプローチが採択され，まずマルチナショナル，インターナショナル，グローバル，トランスナショナルといった多国籍企業の戦略と組織の類型に応じた製品開発戦略の特徴が示されている。そこでは，子会社が直面する市場環境および親会社と子会社の役割関係に依存

し，多国籍企業の本国籍要件も交えて類型化が試みられる。次いで，21世紀に登場したメタナショナルなグローバル企業には，上記4類型と異なるイノベーションの起こし方と利用方法ならびに組織体制が示されている。さらに，研究開発活動を上流と下流に分けて，多国籍企業の研究開発活動の差異が説明されている。第7章で特に注目すべきは，新興市場国を巡る時間軸を設定して，先行マーケティングが新興国企業において有効であり，後行マーケティングは意味をなくしているという指摘であろう。それにも増して，アーキテクチャのタイプに応じた研究開発体制の類型化をベースとしながら，デジタル化とモジュール化によって，新興国系多国籍企業の研究開発活動や製造など経営付加価値活動の配置とその後の展開に及ぼす影響を詳細に洞察した点に，グローバル・マーケティング・イノベーションの真髄を見ることができよう。

第8章では，情報コミュニケーション技術（ICT）革命がもたらすグローバル・マーケティングへの影響・効果に関して，「ロングテール」問題に照準を当てて究明されている。まず，ICT革命の申し子とも言える「ワン・ツゥ・ワン・マーケティング」への移行に従い，「ロングテール」といったマーケティング分野での新しい切り口を見出したところは，グローバル・マーケティング・イノベーション研究と呼ぶにふさわしい。「売れ筋商品」ではなくて，「死に筋商品」に着眼し，それをビジネスチャンスと捉える発想は興味深い。売れ行きの下位80％の商品群が「ロングテール」と呼ばれ，上位20％にある「ヘッド」よりもマーケティング戦略上重要性ありと認識されている。「ロングテール」に関係して，アマゾンのネット書籍販売，グーグルのインターネット広告，アップルのiPodのマーケティングが紹介されている。インターネット・ショッピングを用いた検証も詳細で分かりやすい。こうした事例検証を踏まえて，需要サイドと供給サイドから，グローバルICTが持つ性格に関して理論的な考察に入っている。「隠れた法則性」への考察を通して，楽天ブックスのロングテールが証明されている。題材に方法論のユニークさが付け加わり，イノベーションを感じさせてくれる。

第9章では，サービス・ビジネスにおけるグローバル・マーケティングの特徴とあるべき方向性が，ビューティ・ビジネスを中心として解明されている。

ビューティ・ビジネスがグローバル・マーケティング分野で取り上げられるのは稀少であるため，研究の意義は大きい。次の貢献が認められる。第1に，メタ・グローバル・マーケティングへの道程が3次元構図により示される。第2に，ビューティ・ビジネス史が概観され，日系化粧品メーカーにグローバル・マーケティングの再構築を促している。第3に，世界市場で「フラット」化が進むほど，ローカル市場が異質で多様なままといった「スパイキー」であるため，グロール・ブランドであるほど，ローカルな表現が求められると示唆される。第4に，メタ・グローバル・マーケティングの必然性が明解に説明されている。第3と第4の点は，グローバル・マーケティング・イノベーションの方向性を示す。最後に，ビューティ・ビジネスにはサービス・ビジネスならではの5Sが，メタ・グローバル・マーケティングの理念の形成に欠かせないといった示唆から，著者の現状認識の的確さと予言力の鋭さが伝わってこよう。

以上のレビューより，各章ともイノベーションという意味を汲んで完結を見ているのが分かる。執筆者は計7名というように少なくないが，グローバル・マーケティング論に欠かせない体系的な構成が行きわたり，最新の重要問題が具体化され深く掘り下げて解明されているので，既存のグローバル・マーケティング論に新風を送り込むには十分であろう。


さて，ここで本書の生まれる発端について記しておく。本書は，関西学院大学商学部名誉教授の髙井眞先生が2012年4月28日に米寿をお迎えになられるのをお祝いするために企画されたものである。長年にわたる学恩に報いたいという願いの下，私が本書を企画したのは2011年3月初旬であった。桜が開花する頃，同文舘出版株式会社より本書の出版に関する承認を得た。それから丁度1年で本書を髙井眞先生に捧げることができたのは喜びとするところである。

髙井眞先生は2001年5月に勲三等旭日中綬章を受章され，その後も日本貿易学会をはじめ学会に対して大いに貢献されておられる。もとより，1960年代にわが国で輸出マーケティング論を広めたのは，髙井眞著『輸出マーケティング計画』（法律文化出版社）の功績が大きい。1968年（昭和43年）に出版

された同著は日本商業学会賞に選ばれ，それ以降，角松正雄先生，竹田志郎先生とともに髙井眞先生は，わが国の国際マーケティング研究の萌芽期から発展前期に至るまで同研究の学術性を追求してこられた。

　髙井眞先生が学会などで親交を深めておられる研究者の中で，国際マーケティング論や国際経営論においてわが国有数と目される先生に本書への寄稿を御依頼申し上げた。御多忙の中，依頼日から原稿締め切り日まで7ヵ月しかない中，御寄稿くださった江夏健一先生（第9章），安室憲一先生（第1章），諸上茂登先生（第2章），大石芳裕先生（第4章），田端昌平先生（第7章），伊田昌弘先生（第8章）には，心より感謝申し上げたい。

　最後になるが，本書の出版計画を快諾して下さり，その後，発刊日を厳守すべく，スケジュール調整から個別の応対ならびに数多くの編集作業に至るまで，同文舘出版株式会社の取締役編集局長の市川良之氏にはいろいろとお世話になった。市川氏からの多大なる御支援と御協力のおかげで，髙井眞先生に本書を捧げることができた。心から厚く御礼と感謝の意を表したい。

　2012年2月

編著者
藤澤　武史

──────「グローバル・マーケティング・イノベーション」・目次──────

序　文 ─────────────────────────── (1)

# 第1章　グローバル・マーケティング企業のビジネスモデル ── 3

## 第1節　グローバル・マーケティング戦略立案のための人口動態分析
……………………………………………………………………… 3
1. 人口動態とマーケットのポテンシャル ……………………… 3
2. アジアの人口動態とマーケティング戦略 ………………… 4

## 第2節　「2030年グローバル市場」予想：BOP市場の拡大 ……… 7
1. 2030年のグローバル・マーケットセグメント ……………… 7
2. ビジネスモデル間の競争 ……………………………………… 9
3. マーケットセグメントを隔てる「活断層」………………… 11
4. 日本企業のグローバル・マーケティング戦略の方向性 …… 15

むすび：活断層を越えるマーケティング競争 ………………… 16

# 第2章　グローバル・マーケティングの研究パラダイムの変遷 − 23

## 第1節　グローバル・マーケティング研究パラダイムの変遷 ……… 23
1. これまでの国際マーケティング研究の流れ ……………… 23
2. 標準化―適応化パラダイム ………………………………… 24

## 第2節　グローバル戦略経営におけるマーケティングへの関心のシフト
……………………………………………………………………… 27
1. グローバル配置優位への関心 ……………………………… 28

  2. ホリスティックな統合モデルへの関心（戦略アーキタイプ研究） 30
 第3節 新しい産業構造の出現とグローバル・マーケティング研究へ
    の影響 33
  1. 製品と組織のモジュール化 33
  2. 新しい分析視点：RBVからダイナミック・ケイパビリティ論へ 35
  3. 国際マーケティング研究の今後の課題 38

## 第3章 世界市場クラスター化の有効な分析手法 —— 47

 はじめに 47
 第1節 乗用車市場の細分化とクラスター化の基準 49
    ―偏回帰分析の適用―
 第2節 新車市場のクラスター化 50
    ―判別分析の考え方の適用―
 第3節 乗用車市場とカラーTV市場のクラスター化の比較 53
 第4節 GDP関連指標以外を基準とした市場細分化 55
  1. 市場成長率を用いた市場細分化 55
  2. 代用変数を使った市場の細分化：環境汚染防止機器市場の例 56
  3. 代替製品間の消費額比較による市場クラスター化 57
 第5節 ライフスタイル変数を使った市場クラスター化の予備作業 59
  1. 偏回帰分析の結果 59
  2. 判別分析の結果 64

## 第4章 BOP市場開拓型グローバル・マーケティング —— 69

 第1節 BOP市場開拓型グローバル・マーケティングの台頭 69
 第2節 BOPGMの困難性 74
  1. 一般的困難性 74

2. 日本企業にとっての困難性……………………………………… 76
　第3節　日本企業へのアンケート調査結果……………………………… 78
　　1. 調査方法………………………………………………………… 78
　　2. 調査結果の概要………………………………………………… 79
　第4節　今後の展望………………………………………………………… 83

# 第5章　グローバル市場参入戦略 ———————————— 93

　はじめに………………………………………………………………………… 93
　第1節　アジア新興国系多国籍企業の市場参入戦略…………………… 95
　　1. アジア新興国からの対外直接投資の決定因………………… 95
　　2. 新興市場国系多国籍企業の外国市場参入戦略展開モデル……… 97
　　3. 中国系多国籍企業の市場参入戦略モデル…………………… 99
　　4. インド系多国籍企業の市場参入戦略展開…………………… 100
　　5. 中国系 vs. インド系多国籍企業の進出戦略に関する比較考察…… 102
　第2節　半導体企業の企業間国際分業の成立メカニズム……………… 104
　第3節　ソフト開発企業の企業間国際分業メカニズム………………… 108
　第4節　ボーン・グローバル・ベンチャーの世界市場参入戦略の特性
　　　　　………………………………………………………………………… 113
　　1. 研究対象としてのボーン・グローバル・ベンチャーの独立性…… 113
　　2. ボーン・グローバル・ベンチャーの生成要因と業種類型……… 114
　　3. ボーン・グローバル・ベンチャーの戦略特性………………… 115
　　4. ボーン・グローバル・ベンチャーの実態と見分け方………… 116

## 第6章 グローバル・マーケティング・ミックス戦略の最適化 125
――参入戦略および経営機能領域との統合――

はじめに……………………………………………………………………125
第1節 日本におけるグローバル・マーケティング・ミックス戦略の
主要な学説………………………………………………………127
1. 国際マーケティング複合化戦略……………………………127
2. グローバル・マーケティング活動および関連活動の配置と調整と
統制……………………………………………………………131
3. 製品／製法のアーキテクチャー論からの最適マーケティング・
ミックスへの接近……………………………………………135
第2節 国際マーケティング発展段階論で捉えた市場参入戦略と経営
機能とマーケティング・ミックスの関係……………………137

## 第7章 多国籍企業と製品開発 143

第1節 多国籍企業の類型と活動の配置…………………………………143
1. マルチナショナル（マルチドメスティック）……………144
2. インタナショナル……………………………………………146
3. グローバル……………………………………………………148
4. トランスナショナル…………………………………………151
5. メタナショナル………………………………………………154
第2節 今日の多国籍企業にとっての研究開発上の課題………………155
1. 上流の活動……………………………………………………156
2. 下流の活動……………………………………………………157
3. 新興国市場を巡る時間軸……………………………………158
4. 新興国市場への対応の4つのフェーズ……………………159
第3節 アーキテクチャと開発の類型……………………………………165

1．フィジカルインテグラル ………………………………………… 167
　　2．デジタルモジュール ……………………………………………… 170
　　3．デジタルインテグラル …………………………………………… 172
　　4．フィジカルモジュール …………………………………………… 173

## 第 8 章　ICT 革命とグローバル・マーケティング ───── 177
　　　　　─いわゆる「ロングテール」問題について─

はじめに ……………………………………………………………………… 177
第 1 節　ロングテールとは何か ………………………………………… 180
　　1．ロングテールの意味 ……………………………………………… 180
　　2．「ヘッド」と「ロングテール」の関係 ………………………… 181
第 2 節　これまでにわかってきたこと ………………………………… 182
　　1．アマゾンとグーグルの例 ………………………………………… 183
　　2．アップルの例 ……………………………………………………… 184
　　3．インターネット・ショッピングの検証例 …………………… 184
第 3 節　理論的な考察 …………………………………………………… 187
　　1．需要サイドからの考察 …………………………………………… 187
　　2．供給サイドからの考察 …………………………………………… 188
　　3．需給の総合 ………………………………………………………… 190
第 4 節　「隠れた法則性」について ……………………………………… 191
　　1．「平均」や「分散」について …………………………………… 191
　　2．「べき乗の法則」と「フラクタル構造」……………………… 191

## 第9章　サービス・ビジネスとグローバル・マーケティング ── 195
　　　　　―ビューティ・ビジネスを中心に―

はじめに……………………………………………………………195
第1節　サービスの特性とマーケティング・コンセプトの進化……196
　　1．マーケティング・コンセプトの進化……………………197
　　　　―メタ・グローバル・マーケティングへの道程―
　　2．ビューティ・ビジネスをめぐって………………………198
第2節　ビューティ・ビジネスの歴史概観………………………201
　　1．ビューティの普遍性………………………………………201
　　2．「イメージ志向」と「同質化傾向」………………………202
　　3．新しいトレンド……………………………………………203
　　4．日系ビューティ・ビジネスの動向………………………205
　　5．「フラット」化する世界市場………………………………206
　　6．「スパイキー」なままのローカル市場……………………206
第3節　サービス・マーケティング・ミックス…………………207
　　1．4Pから7P，さらには4Cから5Cへの拡張……………207
　　2．モノづくりの5Sとサービス・ビジネスの5S…………209
　　　　―五安一堂のすすめ―
第4節　メタ・グローバル・マーケティング論とビューティ・ビジネス
　　　……………………………………………………………210
　　1．サービス・ビジネスの「現場」とマーケティング戦略視座の拡張
　　　……………………………………………………………210
　　2．ビューティ・ビジネスにおけるメタ・グローバル・マーケティング
　　　……………………………………………………………213

索　引………………………………………………………………217

グローバル・マーケティング・イノベーション

# 第1章
# グローバル・マーケティング企業のビジネスモデル

---

**本章のねらい**

① グローバル・マーケティングの長期トレンドを人口動態統計（demography）の視点から分析する。
② 新興市場国の中間市場（ボリュームゾーン）およびその下のボトム市場（BOP）が今後急成長する。
③ 各市場セグメントには，それに適した製造のアーキテクチャとビジネスモデルが存在する。他の市場セグメントに浸透する戦略は，現実にはビジネスモデル間の競争である。
④ 20世紀までは「上流志向」の市場戦略が中心だったが，21世紀は「下流志向」の戦略，つまり新興市場国の中流および下流市場を取り合う競争になる。この章では，ボリュームゾーン戦略で勝ち残るためには，日本企業はどのような戦略的対応をとるべきかを考える。

---

## 第1節　グローバル・マーケティング戦略立案のための人口動態分析

### 1.　人口動態とマーケットのポテンシャル

　長期のグローバル・マーケティング戦略を立案する際，世界の人口動態の分析が前提となる。人口動態は，ヒトは毎年1才歳をとることと，人のライフサイクルは世代ごとの消費パターンが類似していることから，市場予測の確かな方法として注目を集めている。グローバルな市場変化は人口動態統計（Demography）からかなりの確度で推量できる。世界の人口統計から，基本的なトレンドを読み取ってみよう。

　OECD 諸国に共通する少子高齢化により，20 世紀に成長市場であった先進諸国が低成長に陥ると予想される。ただし，積極的な移民受け入れ政策を展開してきたアメリカは，今後も人口が増加し，平均年齢の上昇も抑制される。他方，人口増加という負荷はあるものの，新興市場国（BRICs ほか）は若年層の数が多く，長期的に消費が伸び，経済成長が続くと考えられる。さらに 2030 年頃には，人口増加の著しいインド，ベトナム，フィリピン，イラン，バングラディシュ，ナイジェリア，北アフリカ地域が成長のポテンシャルを高めていく。グローバル・マーケティングのターゲティング（目標設定）は，世界各国・各地域のマーケット・ポテンシャルを鳥瞰して投資先を絞り込まなければならない。いつまでも本国市場に重点を置いていると，気がついた時には世界の成長の波から取り残されている。新興市場国がまだ未成熟の段階から，マーケット開拓のリスクを取り，現地のマーケティング人材を育成しておかないと，絶好のチャンスを見逃すことになるだろう。顧客の多い所にマーケティング活動を絞り込むことが，ビジネスの鉄則であろう。

## 2．アジアの人口動態とマーケティング戦略

　図表 1-1 は，国連統計から，アジアの主要国の人口動態を抽出したものである。この図表は，①各国の所得ピーク期（45 歳〜49 歳），具体的には「団塊世代」[1]の所得がピークを迎える時期と，②「人口ボーナス期」[2]を示したものである。「人口ボーナス期」は，働き手の数が多く，扶養人口が比較的少ない稀な期間（各国で 1 回限り）であり，経済の成長余力が大きいとされる[3]。所得ピーク期は，購買力が最大になる時期，つまり不動産を中心にバブルが発生しやすい時期を意味している。日本の所得ピークは団塊世代が 47 歳であった 1992 年，人口ボーナス期は 1990 年に終わった。日本が高齢社会に突入したのが 1994 年で，この少し前からバブル崩壊後の経済停滞（「失われた 10 年」）

図表1-1 アジア諸国の所得ピーク時期と「人口ボーナス」

| アジアの主要国 | 所得ピーク期 | 次のピーク期 | 人口ボーナス期 | 備考データ |
|---|---|---|---|---|
| 日本 | 1992年前後<br>ベビーブーマ世代<br>1947～50年生まれ<br>約1,000万人 | 2015～20年<br>団塊ジュニア：<br>1970～74年生まれ<br>約960万人 | 1950年～90年<br>これ以降、人口減少<br>団塊ジュニア以降は人口が急減 | 高齢化（7%）から高齢社会（14%超：1994年）までわずか24年 |
| 韓国 | 2010年前後<br>1961～80年生まれ<br>約1,000万人 | 次の人口ピークはなく、これ以降漸減 | 1965年～2015年 | 少子化のスピードは日本をしのぐ |
| 中国 | 2015～20年頃<br>1966～75年生まれ<br>約2.5億人 | 2030～35年に第二の山があるが、人口は1.25億人程度 | 1973年～2030年：人口ボーナス期の末期、これ以降人口減へ | ロシアと並んで2013～15年頃人口ボーナス終焉 |
| タイ | 2010年以降明確なピークはない2010～15年に約530万人 | 0歳～49歳までまんべんなく人口が分布、長期成長可能 | 1965年～2010年 | シンガポールの人口ボーナスも2010年に終焉 |
| ベトナム | 2020～30年<br>約2,600万人 | 人口が若く、次のピークがまだない | 1970年～2025年 | 長期成長が可能 |
| フィリピン | 2033～47年<br>8歳～26歳人口に塊、3,600万人 | 人口が若く、次のピークが見られない | 1965年～2045年 | 長期成長が可能 |
| インドネシア | 2035～40年<br>約4,300万人 | 5～10歳以下で初めて人口減 | 1970年～2025年 | 長期成長が可能 |
| インド[a] | 2035～45年<br>約2.5億人の塊 | 人口が若く、次のピークがない | 1974年～2044年<br>長期成長が可能 | ブラジルの人口ボーナス期2010～40年 |
| 参考：アメリカ | 2008年前後<br>ベビーブーマ世代<br>1937～61年約1億人 | 2036～46年<br>エコーブーム世代 | ～2010年<br>これ以降、経済減速の可能性 | ドイツの人口ボーナス期1985年終焉<br>フランスは1985年<br>イタリアは1990年<br>イギリス2010年 |

[a] バングラディシュは，2045年頃所得のピーク（2,000万人）を迎える。65歳以上人口のデータがないので，人口ボーナスは計算できない。

出所：U. N. World Population Prospects : The 2006 Version. 総務省統計局第2章人口から算出。

が始まっている。アメリカの所得ピーク（ベビーブーマ世代が48歳）は2008年，人口ボーナス期は2010年に終わっている（Dent［2008］）。デントは人口の推移に技術革新の進展などの変数を加えて，「バブル経済の成長と崩壊」の一般理論を導出している（Dent［2008］）。この理論によると，アメリカの不況はたんなる金融恐慌ではなく，需要不足（ベビーブーマの退職）による「真正デフレ」の可能性が高く，2012年にバブル崩壊が起こるとされている。2008年9月のアメリカ金融危機は，本格的な経済崩壊の先駆けに過ぎないと考えられる。真偽のほどは歴史が証明するだろうから，デントの予測についてはこれ以上議論しないでおこう。

さて，デント理論の視点からアジアの経済成長を見てみよう。東アジアの近隣国では，韓国の所得ピークが2010年前後，人口ボーナス期は2015年で終わる。中国は，所得のピーク期は2015～20年頃，人口ボーナス期（中国語では「人口紅利」）が2025～30年頃に終わる[4]。タイなどの東南アジア諸国でも，だいたい所得ピークが2010年以降，人口ボーナス期は2010年頃で終わる。つまり，東アジアの経済成長は2010年～15年くらいがピークであり，現在はバブルが急拡大している時期とみることができる[5]。したがって，東アジアの消費市場は2010～15年以降，成長速度が鈍くなるだろう。

日本は，「団塊ジュニア」世代が2015～20年にかけて所得ピーク期（44歳～49歳）を迎えるので，この期間は「ミニバブル」が発生するかもしれない。しかし，この「一時回復」に安心することはできない。「団塊ジュニア」世代の人口数は960万人程度であること。親の世代の「団塊」（現在，約1,000万人）の医療費（65歳以下では年間平均16万円，65歳以上は平均66万円）の負担による増税（全員が平等に負担する必要があるので消費税増税が有力）があるので，経済成長を押し上げるほどの消費ブームは起きない。さらに深刻なのは，「団塊ジュニア」以降，日本の人口は急速に減少する[6]。日本の消費市場に回復余力はあまり望めないので，東アジアの成長力に期待する以外にないだろう。つまり，日本の市場と東アジア・西南アジア市場を合わせた「汎アジア市場」を想定し，その中で市場セグメントごとに目標とするシェアを獲得するという戦略（例，BOP市場は西南アジア，ボリュームゾーンは東アジア，

日本は上級市場や高級ニッチ市場に特化し，日本のベース市場には東アジアから供給する等）に変わらなければならないだろう。

　他方，東南アジア，南アジアの新興市場国，例えば，ベトナム，フィリピン，インドネシア，インド，バングラディシュ，パキスタン，イランなどでテークオフの条件が整えば2030〜45年あたりに所得ピーク期を迎えるだろう。これらの国々は，人口ボーナス期が2030〜45年頃まで続くので成長余力も大きい。これらの国々が，政治の民主化と経済制度の近代化を成し遂げ，成長軌道に乗ることが「アジア共通市場」形成の大前提であり，日本企業の次なる戦略展開の軸足を形作る。日本政府の役割は，これらの新興国の経済制度の構築に貢献し，経済成長の基盤となる公共事業に力を注ぎ，各種制度や技術標準の設定に日本の影響力を行使することである。これが，長期的な日本企業の市場浸透の地盤を作る。過去の50年間，日本は経済援助を通じて，この制度的・技術的基盤の普及に努めてきたのであるが，東アジアの発展とともに，そうした基盤整備を「国家戦略」として再定義する時期にきている。

## 第2節　「2030年グローバル市場」予想：BOP市場の拡大

### 1. 2030年のグローバル・マーケットセグメント

　世界の人口動態を俯瞰すると，20年後のグローバル市場の大逆転が予想される。図表1-2は，「2000年のグローバル市場」と「2030年のグローバル市場」（予想）を比較したものである。図表1-2の左図はOECD諸国が需要の中心を占めていた2000年頃，右図は新興市場国（BRICs）や発展途上国の内需が成長する2030年頃のグローバル競争の配置を示している。

　左図（2000年市場）の右肩上がりの直線は製品セグメントの発展方向と市

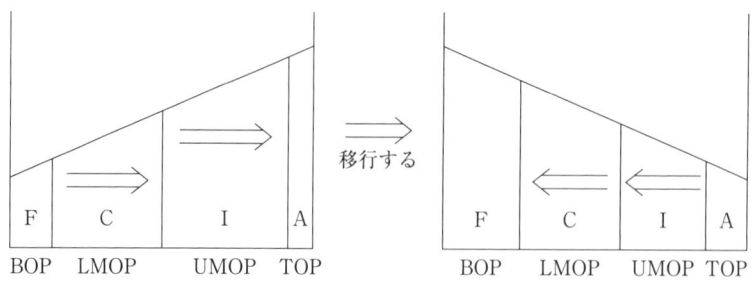

図表1-2 グローバル市場競争のベクトル (仮説)

A：Authentic(本物)
I：Integral(摺り合せ型)
C：Commodity(モジュール型)
F：Fake(偽モノ、山塞機)

TOP：Top of the Pyramid
UMOP：Upper Middle of the Pyramid
LMOP：Lower Middle of the Pyramid
BOP：Base of the Pyramid

場規模を指している。次にこの図に従い，マーケット・セグメントと製品アーキテクチャの関係を説明し，各々のセグメントが異なるビジネスモデルで成り立つことを明らかにしよう。マーケット・セグメントを越える競争は，ビジネスモデル間の競争にほかならない。

　図の右側にある「セグメントA」（Authentic：「本物」）は，手の込んだ高級ブランド製品。次の「セグメントI」（Integral：「摺り合わせ型」製品）はコンパクトなデザインを売りものにする品質・性能の優れた上級品。真ん中の「セグメントC」（Commodity：普及品）はモジュール類を組み立てた廉価な製品。いちばん左の「セグメントF」（Fake：偽モノ）は，中国の「山塞機」のような違法なコピー製品，「超廉価品」を示している（A. Gan [2009]）。

　2000年代のグローバル競争は，おもに，①コモディティ企業（モジュール組立型）が，「摺り合わせ型」製品の市場へ食い込む「破壊的イノベータ」戦略と，②インテグラル企業が，さらに上級の「本物」（オーセンティック又はラグジュアリー）のセグメントに参入する「上流志向」（アップストリーム）戦略に代表されていた。この「下から上へ」の戦略ステップは，一般にクリステンセンの「イノベータのジレンマ」とよばれている（Christensen [1997]

[2003][2005])。

　クリステンセンのジレンマは，マーケット・セグメントの下流に位置する企業が，利益率の高い上級セグメントを目指して攻撃を仕掛ける戦略で始まる（図中の矢印の方向）。つまり，「下剋上」型のマーケティング戦略である。それに対し，右図の「2030年頃のグローバル市場」では，戦略ベクトルの方向（矢印）は「下流」（ダウンストリーム）を向いている。ここでは，BRICsや発展途上国の経済成長により，ボリュームゾーン（中間市場）やベース（又はボトム）市場（BOP：Base of the Pyramid）が爆発的に拡大すると想定している。その根拠は，先ほど述べた世界の人口動態である。現在，世界にはベース市場を形成する40億人の消費者がいるといわれている。この40億人の市場をどのように開拓するかが，21世紀のマーケティング戦略の方向性を示す[7]。

　日本を含む先進諸国は，少子高齢化により，若者市場から高齢者市場へと足早に変化する。中国や東南アジア諸国も，10年～20年の時間差を置いて，この動きに追随する。そしてアジアやアフリカの新興市場国で若者市場が爆発的に成長し，ライフサイクルに従って長期にわたり需要構造を牽引する。アジア市場だけをみるなら，日本を先頭にした東アジアの人口動態の「雁行形態」が，新市場開拓のチャンスを示している（池間[2009]）。企業が成長を志向するなら，新興市場で増大する「若者マーケット」に注目しなければならない。いずれ彼らは所得を増やし，日本製の上級製品に手が届く購買層に成長する。かつてNIEsとよばれたシンガポール，香港，韓国，台湾がそのよい例である。1980年頃，NIEs市場はボリュームゾーンかそれ以下の市場だった。今日では，日本製品が普通に売れている。新興市場国の若者層の支持を得て，彼らをロイヤルカスタマーに育成できれば，長期にわたって安定したシェアを確保できるだろう。


## 2. ビジネスモデル間の競争

　2030年頃のグローバル・マーケットの構成はどうなっているだろうか。図

表1-2の右図の「セグメントA」は依然として高収益だが，市場規模はさほど拡大していない。このセグメントは製品カテゴリーの頂点をなしており（TOP：Top of the Pyramid），「本物」（Authentic）の耀きを失っていない。

次の「セグメントI」は，コモディティ製品に押されて市場シェアが減少している。このセグメントは，ピラミッドの中央から上の部分（UMOP：Upper Middle of the Pyramid）を占めている。多くの日本企業がこのセグメントに位置するが，製品セグメントの境界が曖昧で，たえずコモディティ企業の侵食を受けている（藤本・桑島編［2009］，新宅・天野編［2009］）。

「セグメントC」は，新興工業国を母国とする多国籍企業（EMS, ODMから進化した新興ブランド企業）が占めている。コモディティ企業は，EMS（電子機器の受託生産）から身を起こし，既存の多国籍ブランドの買収（M＆Aによるマルチ・ブランド戦略）で，自社ブランドを立ち上げたものが少なくない。「2030年市場」では，彼らが最大の市場シェアを占める。

その左側に位置する「セグメントF」（Faker：「偽モノ」，所謂「山塞機」業者）は，発展途上国の低所得者層を中心に大きな市場を形成している。フェイカーは，法人企業というより，無許可営業の無数の産地業者，零細企業の大集団である。彼らは，偽ブランドやまがい物（AppleではなくBppleとか），あるいは無名のブランド（適当な名前のインチキブランド）に専念する群性企業体であり，繊維製品から携帯電話まで，多種多様の業種に跨っている。とくに，IT系のコピー商品を得意とし，単純な組立加工に専念する。彼らは，通常，ソフト・部品・モジュール・材料は内製せず，外部市場から調達する。彼らが工場を構える特定産地には，彼らに電子部品や基板などを供給する専業メーカー（これもFaker）がいて，ほとんどすべての関連部材が地元で手に入る。この地域は経済特区の中や周辺に位置し，「国境を跨る」産業集積を形成している（Ohmae［1993］）。

これらの零細・小規模業者は，設立認可を受けていない違法操業，法人税も増値税も納めていない脱税業者，労働法（労働時間や残業手当の基準など）を守らず社会保障費も納めていない「もぐり」業者である[8]。特定産地にはこのような零細業者が大集団を形成している。これらの違法業者は，正規の企業と

は異なる（法外に安い）コスト構造をもっている。産地に集積する零細業者のネットワークがエンティティー（疑似組織体）となって，多国籍企業を凌ぐ競争力を形成している（西口［2007］［2009］）。

「2030年市場」（仮説）では，戦略のベクトル方向が「下のセグメント」（ダウンストリーム）に向かっている。つまり，インテグラル企業（UMOP）は，下流のセグメント（LMOP）に侵入し，コモディティ企業はさらに下流のFセグメント（BOP）でシェア拡大を図る。この上流から下流へ，さらにBOP市場を目指す戦略ベクトルは，明らかにクリステンセンの「イノベータ・ジレンマ」とは逆方向である。現在，幾つかの日本企業がBOP市場に強い関心をもち，試験的なアプローチを開始している[9]。ボリュームゾーンが新興市場国で拡大する以上，成長を望む企業はこの市場に焦点を絞り込む（安室［2011］）。もちろん，世界中の多国籍企業がここを目指して進出するので競争は激しくなり，地元のパートナーとの連携が不可欠になる（London and Hart［2011］）。

だが，安易に下向きの戦略ベクトルに向かってはならない。ビジネスモデルを越えた競争は，自社のコア・テクノロジーを破壊する危険を孕んでいる。それはなぜか。次に「活断層」の理論（Theory of Fault Line）を使って，その理由を説明しよう。

## 3. マーケットセグメントを隔てる「活断層」

F, C, I, Aの製品セグメントはただのマーケット分類ではない。その1つ1つは独立したビジネスモデルをもっている。各セグメント（ビジネスモデル）の間には深い断裂（Chasm）ないし活断層（Active Fault Line）が横たわっている（Moore［1991］［2000］［2005］）。まず，各製品セグメントの違いとその間に横たわる断層の性質について説明しよう。図表1-3は，各製品セグメントの特質と断層について示したものである。

A（オーセンティック），I（インテグラル），C（コモディティ），F（フェイク）は，それぞれユニークなビジネスモデルで構成されている。本物志向の「オー

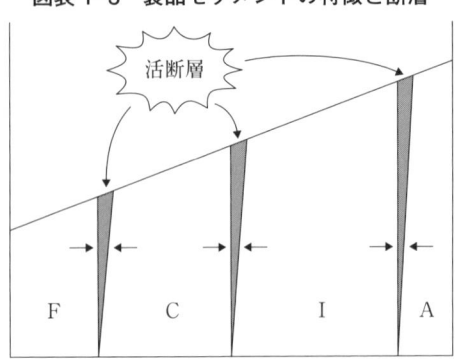

図表 1-3　製品セグメントの特徴と断層

センティック」は，グッチ，フェラガモ，フェラーリなどの高級ブランド商品を連想すればよい。デザイン，素材，製法，セールス・プロモーション，宣伝広告のコピーの作り方，価格設定，セールス・フォースの教育訓練と雇用システム，店舗のデザインと立地選定，これら経営の主要機能とそのビジネス・プロセスは綿密に計画され，周到にデザインされている。事業システムは顧客の「本物志向」を満たそうとする経営理念と全社員による最善の努力によって磨かれ，芸術的ともいえる完成度の高いビジネスモデルを構成している。経営のどの部分をとっても相互に「タイト・カップリング」し，全体がバランスよく結晶化している。各部分に下手に手を入れると，全体のバランスを崩し，ブランドに悪影響（品質不良問題や接客態度の悪化など）を及ぼす危険がある。オーセンティック企業は，ビジネスモデル（ブランド価値）を棄損する可能性のある「下流志向」をあまり好まない。オーセンティックな商品は，オーセンティックなビジネスモデルからしか生まれないからである。「下流志向」はブランド価値を棄損するだけでなく，コーポレート・カルチャを損なう可能性が強い。オーセンティック企業は，世界各国の高額所得者をニッチとして選び，「本物」を愛する顧客に的を絞ったマーケティング戦略を志向する（Gilmore and Pine［2007］，長沢［2009］）。

　インテグラル企業は，新製品の開発と設計に定評があり，絶えず市場をリードする立場にある（持続的イノベーション：Christensen［2003］）。小型・軽

量，グッドデザイン，高性能・高品質，省エネ設計，高い安全性と低い環境負荷，リサイクルが容易な素材設計，システム拡張性の担保など，複数の達成すべき目標を高いレベルでバランスよく実現し，オリジナリティーの高い「高級感」（ハイタッチ）を演出する。「精緻な設計仕様」の実現には，系列会社などの凝集性の高い開発・生産システムを必要とする。周辺業務（コンテクスト）はアウトソースができても，コア・テクノロジーにかかわる設計業務は垂直統合で管理しなければならない。このビジネスモデルではアフターサービスを含めハイタッチな顧客管理が求められる。他方，彼らの新製品はコモディティ企業の模倣の対象となる。その結果，常に，コモディティ企業による模倣や技術・デザインの侵害など，知的財産権が脅かされる。さらに部品専業メーカーの技術力向上によりモジュール類の性能が向上し，製造設備の外販（外部市場形成）が始まると，コモディティ企業による追い上げは容易になる（藤本・桑島［2009］，新宅・天野［2009］）。利益率の高い上級市場を，利益率の低いコモディティ市場に「置き換える」（価格破壊）のが彼らの戦略的意図になる。このため，「摺り合わせ型」企業は，利益の土台を著しく侵食される。これが「クリステンセンのジレンマ」のマーケティング的側面である。

　他方，攻める側のコモディティ企業のビジネスモデルは，A 型や I 型とは著しく異なる。彼らは材料，部品，コンポーネント，モジュール類の内製は最小限に留め，外部調達を活用する。コモディティ企業は，インテグラル企業のコア・テクノロジーである製品設計や製造プロセスの自社開発は行わず，自社固有であるはずの経営管理技術すら外部調達（合弁による学習，コンサルタントの起用など）で済ませる。さらに，ノウハウが不要な「来料加工」（組立だけの下請け）に特化する企業もいる（安室［2003］）。EMS（電子機器の受託生産）を得意とする台湾系企業のように，少ない利益率で耐え忍ぶため「規模の経済」を追及し，短期間で巨大化するものもある（例，台湾のホンハイ，子会社のフォックスコン）。彼らは複数の多国籍企業からの OEM で学んだ設計技術を基に，「簡素な設計」を売り物にした ODM（Original Design Manufacturer，例，エイサー）へと進化する。ODM は，インテグラル企業が求める設計仕様（スペック）を，市場で調達可能な標準部品やモジュール類，市販のソフ

ト，標準化された設備機械やプラント等を使ってデザインし，製造する（組立）能力をもっている（フォックスコンの iPhone, iPod の製造など）。

　このコモディティ企業を脅かす最大の強敵が，「フェイカー」（偽モノづくり）である。実は，コモディティ企業がインテグラル企業の生存を脅かすのと同様に，彼らもまた，フェイク製品（山塞機）によって脅かされている。コモディティ企業の競争優位が揺らぐ原因は，彼らが依存している標準部品，バルク単位の原材料，陳腐化したモジュール類の外販市場は，基本的にオープン市場であり，フェイカーにも開かれていることである。フェイカーは，外販部品を手に入れると，それのニセモノ作りに専念する。合弁企業から流出した金型を使った「そっくり部品」が格安で作られる。台湾のベンチャー企業があらゆる携帯電話ソフトに対応可能な半導体を売りに出す[10]。「山塞機」業者は，深圳市の華強北路を中心とした一帯に，設計からプログラム，部品製造，組立，包装，販売まで，家内工業を含め数千社の規模で産業チェーンを形成している。これらの中小・零細企業は「もぐり業者」（無許可）であり，会社の設立登記はおろか営業許可も取っていない。違法労働が横行し，納税（増値税等）もしていない。したがって，コモディティ企業ですら太刀打ちできないコスト構造をもっている。しかも，新製品をコピーする速度は驚異的である。ノキアの新製品（N95：3999元）のコピー機が 1/2〜1/3 の安値（650元）ですぐに出回る。しかも，本物にはない機能（ソフト）まで付いている。こうして，中国の携帯電話機メーカー（Cタイプ）の国内市場は，あっという間に「山塞機」に占領された。こうしたフェイカーは，加工食品，化粧品，家電，医薬品，コンピュータなど，およそブランドと縁のあるあらゆる業種に及んでいる。

　フェイカー（偽モノづくり）は，特定地域で産地集団を形成している。フェイカーが集団で生息する地域は，法の施行が何らかの理由で行き届かない「緩法地帯」（法律による取り締まりが緩い地域）である。メキシコのティファナや中国の深圳経済特区などが有名である。BOP 市場の拡大と「緩法地帯」のグローバル生産への連結によって，今後，「裏グローバル」の「クロスボーダ型」生産・消費地帯が増えるだろう。これが世界のフェイカーが移住・定住する場所となる。「2030年市場」仮説のポイントは，このクロスボーダの弱点

（各国の法律の及びにくい緩法地帯）を活用するフェイカーの巨大集団の形成である。フェイカーの台頭でコモディティ市場が切り崩されると，コモディティ企業の「上流への逃避」が促される。日本企業が優位を占めるインテグラル製品市場の侵食が激しくなる。フェイカーを蔓延らせないことが，各国の政府を含む利害関係者にとって有益となる。

## 4. 日本企業のグローバル・マーケティング戦略の方向性

次に日本企業を念頭に置いて，「活断層」理論に基づく戦略リスク診断を行う。図表1-4は，正断層と逆断層について示したものである。

図表1-4　製品セグメント間の「正断層」と「逆断層」

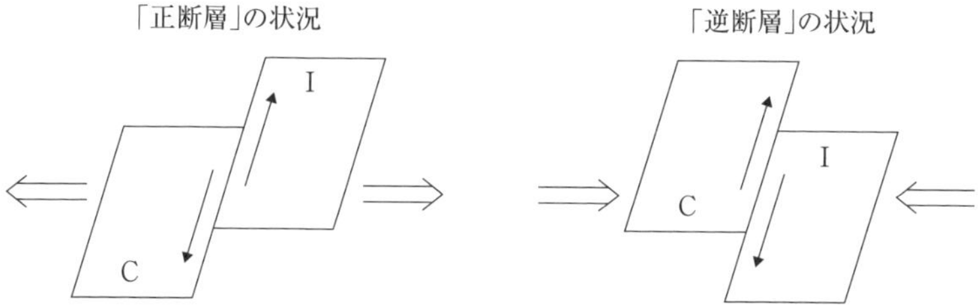

「正断層」では，セグメントCとIの断層にかかる力が逆方向を向いている。つまり，セグメントCのコモディティ企業は低価格戦略を志向し，ネクスト・マーケットであるベース市場（BOP）の開拓へと向かう。他方，セグメントIのインテグラル企業は，より「本物」（Authentic）を目指した上級市場を志向する。この戦略ベクトルの方向は，セグメントCを押し下げ，セグメントIを押し上げる力が働く。この場合，「クリステンセンのジレンマ」は起きにくい。所得の向上に伴ってセグメントCの顧客がセグメントIに移動してくるので，「正断層」の状況はインテグラル企業に望ましい展開となる。

「逆断層」では，セグメントCとIの力の方向が交差（衝突）している。セグメントCはフェイカーの模造品に圧迫され，より上級な市場（UMOP）を

目指して移動してくる。セグメントIの企業は，中の上市場（アッパーミドル）の飽和およびセグメントA企業との競争により圧迫される。そのため下流への進行を余儀なくされる。そして断層をはさんで衝突が起る。この場合は，価格競争力の強いC企業がI企業に競争力で勝り，「摺り合わせ型」製品のカテゴリーに侵略してくる。この場合，「クリステンセンのジレンマ」が発生する。この「逆断層」の状況では，日本企業はどう行動すべきか。鉄壁の防衛陣を敷いて，コモディティ企業の侵略を迎撃すべきか。

## むすび：活断層を越えるマーケティング競争

「活断層」を跨ぐ「下流戦略」には次のような困難が待ち構えている。第1は，「低収益／マーケットシェア最大化」戦略に突き進むことである。日本企業は過去の高度成長時代，マーケットシェア最大化戦略を志向し，収益性を犠牲にして成長を求めた苦い経験がある。この反省に基づき，今日の「選択と集中」がある。やっとの思いで投資のスリム化（リストラ）を断行し，収益性の高いビジネスに集中できた。株主利益最大化のもとでは，赤字の製品事業を切り捨て，全体のシェアを縮小してでも収益性を高める努力が必要になる。しかし，グローバル市場で「下流」戦略をとることは，市場シェア拡大のために，再び低収益事業に参入することを意味する。単位当たりの利益額（率でも同様）で評価するなら，高価格帯の製品は低価格帯の製品よりはるかに魅力的である。つまり，投資効率からすれば，高収益製品の企業が低収益製品へ進出するのは経済合理的ではない（例，高収益の大型車の生産を減らし，収益性の低い軽自動車の生産増，その結果ROIの低下）。そこには「バカの壁」ならぬ「利益の壁」（投資に対する収益性）がある。BOP市場にどれほど成長性があっても，投資リスクと利益率の低さが災いして投資を正当化できないだろう。他方，低収益製品から高収益製品への移行は経済合理的である。つまり，下流企業は「上流戦略」に際して，いつでも出資者を説得できるが，上流企業が「下流戦略」を志向する場合，出資者を納得させることは難しい。「儲から

ない BOP」は投資の対象になりにくい。

　第2は，下流企業による「カウンターアタック」（反撃）である。彼らは，上流企業の侵略に際して，彼らが最も嫌う（つまり上流企業の弱点である）価格戦略で応戦する。つまり，泥沼の値引き競争に引き込む。下流企業，とくにコモディティ企業のコスト構造は，上流にいるインテグラル企業とは異なる。インテグラル企業では固定費（終身雇用）に相当する人件費が，コモディティ企業では変動費であり，低賃金（臨時工や派遣労働者）である。コモディティ企業では，工場敷地や製造設備も借り物という場合もある。損益分岐点が低いので，売り上げ減や低収益に耐える能力が大きい。このコスト構造の違いを利用して，価格競争にもち込めば，上流企業は体力を消耗する。

　第3は，コア・テクノロジーの自己破壊である。手慣れた「摺り合わせ型」の製品アーキテクチャから，不慣れな「モジュール型」製品のアーキテクチャに転換すると，「品質問題」を起こす可能性が高い。とくに，「手の込んだ設計」の製品から，バリューエンジニアリングによって「簡素設計」に切り替えると，性能や耐久性がガタ落ちする危険がある。

　他方，OEM としての経験を積み，モジュール類の相性の悪さに手を焼きながら，「斬進的」に設計を改良してきたコモディティ企業には，「簡素化設計」の能力に一日の長がある。安易に「摺り合わせ型」アーキテクチャを「ダウンサイズ」すると，想定外の「品質不良」が発生する。コア・テクノロジーだけでなく，評判やブランド価値をも破壊する危険がある。「活断層」を跨ぎ「下流」に進むのは，インテグラル企業にとって危険な賭けといえる。BOP 市場の攻略のためには，基本的にインテグラル製品のアーキテクチャを変えず，製造コストを引き下げる方法（技術）を開発することが必要だ。例えモジュールが主体の製品であっても，その中に，インテグラルな部分（ハード・ソフトの模倣困難性）をどう埋め込むかが（インテル・インサイド作戦）鍵を握るだろう。

　コモディティ企業の「上流戦略」を未然に防ぐ方法を考えてみよう。彼らは BOP 市場という魅力的な市場がありながら，そちらに向かわず，上流を目指して攻勢に出る。例えば，中国の携帯電話業界を見てみよう。中国の国内業者

のシェアを半減させ，壊滅的な打撃を与えたのは外資系企業（ノキアやサムスン）ではなく，「山寨機」と呼ばれる偽ブランド商品を作る群性企業体である。この無許可業者の大集団が，正規の企業を追い詰めている。この「下からの競争」に煽られて，コモディティ企業は「上流」を目指してくる。インテグラル企業は，コモディティ企業と手を組み，「フェイカー」の跋扈を阻止しなければならない。その手段が，国際コンソシアムを背景に，新興国政府を巻き込んで「知的財産」保護の活動を盛り上げ，違法企業を排除する戦略である。法律に基づく無許可企業の取り締まりと「規範化」である。TPPもこの文脈で考えなければならない。この共同作戦により，フェイカーの繁殖を抑え，BOP市場をコモディティ企業に開放する。そして，インテグラル企業は，コモディティー・ユーザーの「上流志向」を誘導すべく積極的なマーケティング戦略を展開するのである。そのスローガンは，「いつか，ホンモノ」，「あなたには，上級品がふさわしい」である。新興国市場の消費者の可処分所得の急上昇は，「ホンモノ志向」の製品需要を生み出す。しかし，彼らには，まだラグジュアリー・ブランドまでは手が届かない。日本企業は直接ベース市場に向かうのではなく，その手前，つまり「中間」（ボリュームゾーン）市場に強固なシェアを築き，下流から中流への消費者ニーズの高まりを促進すべきである。つまり「正断層」に持ち込むことが，日本と日本企業にとって望ましい戦略ベクトルの方向である。その意味で，ベース市場の消費者を中流へと誘うきめ細かなマーケティングが切り札となる。

―【キーワード】――――
人口動態分析，人口ボーナス／人口オーナス，ビジネスモデル，オーセンティック，インテグラル，モジュラー型コモディティ製品，フェイカー（山寨機メーカー），フォルト・ライン（断層），正断層，逆断層

（注）
(1) 日本は1947～50年生まれが約1,000万人，米国は「ベビーブーマ」とよばれる1937～61年生まれが約1億人である。
(2) 15歳～64歳までの労働人口を（0歳～14歳）＋（65歳以上人口）で割り算した値が2以上になる期間。
(3) ただし，政治が民主的で安定していること。若年層に手厚い教育投資が行われるこ

(4) 2009年9月，中国社会科学院「人口と労働経済研究所」は，緑皮書（グリン・ペーパー）を発行し，その中で「中国の労働年齢人口は，2015年にピークを迎え，それ以降は労働人口が減り，養老負担が若者の方に圧し掛かってくる」と予測している（遠藤［2010］204頁）。デント（Dent［2008］）の予測と時期的にずれているのは，中国の人口統計が最近まで不正確だったからであろう。
(5) 2011年現在，中国経済がバブル経済であることは，ある程度の共通認識が得られるだろう。しかし，日本やアメリカが経験し，現在ヨーロッパが経験しているバブル崩壊と同様の事態が，中国でも起こるかどうかは，実のところわからない。というのは，中国は1961〜75年生まれの「団塊」が2.5億人いること。次の人口ピークが2030〜35年（1.25億人）に控えていること。このため，ピークを過ぎても消費が急減する可能性は低いと思われる。ただし，「団塊ジュニア」世代は巨大な「団塊」世代の社会保障の負担で疲弊するので，低い経済成長（3〜4％程度）になるかもしれない。
(6) OECD諸国の傾向からみて，日本の出生率（再生産率）の改善は困難と思われる。人口増加の有力な手段は大量の移民の受け入れである。毎年50万人を受け入れ，それを10年続けて500万人を確保する。「団塊ジュニア」世代の後に，この500万人が加わり，「人口の小さなコブ（団塊）」を作る。これにより未来の成長ポテンシャルを確保する。初期の教育投資は日本人の税金で賄うが，新人口は納税者として日本に貢献することになる。新人口を確保できないと，老後の生活保障の最後の頼みの不動産価格が暴落する。
(7) BOPという概念を最初に提唱したプラハラッド（Prahalad［2005］）は，貧困の克服手段として社会事業へのビジネス手法の導入を提唱した。しかしそれは，利潤を目的とした行為ではなく，あくまでも社会事業・社会企業家（Social Business, Social Entrepreneur）としての活動であった（渡邊［2005］，五井平和財団編［2010］）。しかし，現実には，中国の山塞機（偽ブランドの携帯電話等）は，低価格を武器に途上国市場に浸透している。筆者は，こうした動き（「裏グローバル」）がもつ不法行為が，BOPの将来を暗くさせるのではないかと危惧している。BOPを健全な姿に育成するためにも，不法企業の横行は取り締まられなければならない。
(8) この「もぐり業者」の実態については，ほとんど知られていない。例外は，小島衣料の元社長の小島正憲氏（小島［2007］）の調査報告である。また近年刊行されたA, Gan［2009］が参考になる。
(9) 日本経済新聞2010年2月22日朝刊「途上国を肌で知る—幹部社員を派遣BOP研修」，日本経済新聞2010年4月29日朝刊「パナソニック　新興国向け集中投資」，同4月26日「アジア輸出　稼ぎにくく—汎用品中心，低い単価」参照。BOPは流行になりつつあるが，取り組みには慎重な配慮が必要である（安室［2011］）。
(10) 1997年に設立された台湾の聯発科技股分有限公司（MediaTek）の開発した「MTK」チップは，万能チップとよばれ，これを使ってメインボードとソフトを組み合わせ，さらに本体ケースと電池を組み込めば，誰でも簡単に携帯電話が生産できると言われている（北村豊「中国・キタムラリポート」2008年8月1日，*NBonline*）。

## 【参考文献】

A, Gan［2009］*Copycatting: The New Industry Revolution*, CITIC Press.（阿甘著，徐航明・永井麻生子訳，生島大嗣監修［2011］『中国モノマネ工場』日経

BP 社。）

Christensen, Clayton M. [1997] *The Innovator's Dilemma*, Harvard Business School Press.（玉田俊平太監訳，厳原弓訳 [2001]『イノベーションのジレンマ』翔泳社。）

Christensen, C. M. and M. E. Raynor [2003] *The Innovator's Solution*, Harvard University Press.（玉田俊平太監修，櫻井祐子訳 [2003]『イノベーションへの解』翔泳社。）

Christensen, C. M., Anthony S. D. and E. A. Roth [2005] *Seeing What's Next*, Harvard Business School Press.（宮本喜一訳 [2005]『明日は誰のものか』講談社。）

Dent, Harry S. Jr [2008] *The Great Depression Ahead*, Free Press.（神田昌典監訳，平野誠一訳 [2010]『大恐慌』ダイヤモンド社。）

Gilmore, J. H. and B. J. Pine II [2007] *Authenticity–What Consumers Really Want*, Harvard University Press.（林正訳 [2009]『ほんもの―何が企業の「一流」と「二流」を決定的に分けるのか？』東洋経済新報社。）

London, T. & S. L. Hart [2011] *Next Generation Business Strategies For The Base of The Pyramid*, Pearson Education, Inc.（清川幸美訳 [2011]『BOPビジネス―市場共創の戦略』英治出版。）

Moore, G. A. [1991] *Crossing The Chasm: Revised*, James Levine Communications, Inc.（川又政治訳 [2002]『キャズム―ハイテクをブレイクさせる超マーケティング理論』翔泳社。）

Moore, G. A. [2000] *Living On The Fault Line*, James Levine Communications, Inc.（高田有現・斎藤幸一訳 [2001]『企業価値の断絶』翔泳社。）

Moore, G. A. [2005] *Dealing with Darwin*, Penguin Group（USA）Inc.（栗原潔訳 [2006]『ライフサイクルイノベーション』翔泳社。）

Ohmae, Kenichi [1993] "The Rise of the Regional State", *Foreign Affairs*, 72-2：78-87.（Reprinted, K. Moore & L. Hebert [2009] *Strategy and Globalization*（vol. 1）Sage. 12-18.）

Prahalad, C. K. [2005] *The Fortune at the Bottom of the Pyramid*, Pearson Education, Inc.（スカイライトコンサルティング株式会社訳 [2005]『ネクスト・マーケット』英治出版。）

池間　誠編著 [2009]『国際経済の新構図―雁行型経済発展の視点から』文眞堂。
遠藤　誉 [2010]『拝金社会主義　中国』ちくま新書。
大石芳裕編，グローバル・マーケティング研究会著 [2009]『日本企業のグローバ

ル・マーケティング』白桃書房。
五井平和財団編［2010］『これら資本主義はどう変わるか──17人の賢人が語る新たな文明のビジョン』英治出版。
小島正憲［2007］『中国仕事事情』中経出版。
新宅純二郎・天野倫文編［2009］『ものづくりの国際経営戦略──アジアの産業地理学』有斐閣。
長沢伸也［2009］『それでも強い　ルイ・ヴィトンの秘密』セオリーブックス講談社。
西口敏宏［2007］『遠距離交際と近所づきあい──成功する組織ネットワーク戦略』NTT出版。
西口敏宏［2009］『ネットワーク思考のすすめ──ネット千トリック時代の組織戦略』東洋経済新報社。
原田　将［2010］『ブランド管理論』白桃書房。
藤本隆弘［2003］『能力構築競争』中央経済社。
藤本隆弘［2007］『ものづくり経営学──製造業を超える生産思想』光文社新書。
藤本隆弘・桑島健一編［2009］『日本型プロセス産業論──ものづくり経営学による競争力分析』有斐閣。
安室憲一［2003］『中国企業の競争力』日本経済新聞社。
安室憲一・ビジネスモデル研究会編著［2007］『ケースブック　ビジネスモデル・シンキング』文眞堂。
安室憲一［2011］「BOP（Base of the Economic Pyramid）の概念と現実──われわれは何にBOP研究の座標軸を求めるべきか──」『多国籍企業研究』4：43-61頁。
渡邊奈々［2005］『チェンジメーカー』日経BP社。

（安室　憲一）

# 第2章
# グローバル・マーケティングの研究パラダイムの変遷

---

**本章のねらい**

① 従来の標準化―適応化パラダイムの意義とその限界について指摘し，マーケティング関連部門のクロス・ファンクショナル分析およびホリスティックな統合モデル，標準化―現地適応化の相互作用モデルについて紹介する。

② 標準化―適応化パラダイムからグローバル調整・統合パラダイムへの流れを紹介し，とりわけ資産，資源の国際的なレヴァレッジと戦略的伸縮性を中心とする国際的配置優位論について紹介する。

③ 過去数十年の間に，製品と組織のモジュラー化が進み，技術と市場が速いスピードで変化し，オープン・エコノミー化が進展した新しい世界の諸産業が生まれている。そうした世界での国際マーケティング研究においては近年発展をみているダイナミック・ケイパビリティの概念や手法の導入が必要であることを示唆する。

---

## 第1節 グローバル・マーケティング研究パラダイムの変遷

### 1. これまでの国際マーケティング研究の流れ

　国際マーケティングの研究パラダイムとして，少なくとも1980年代半ばまでは国際マーケティング活動の市場提供物（マーケティング・ミックス）の標準化―適応化フレームが主流であった（Lim, et al.［2006］p. 502.）。それにPorter［1986］がマーケティング活動の国際的配置の集中―分散という次元を

追加し，新たにマーケティング活動間の国際的調整問題を提起した。また，Hamel and Praharad［1985］らによって，国際マーケティングの国境を越えたオーケストレーション問題として，親会社による統合と子会社の独立性の調和問題が提起された。その後，Bartlett and Ghoshal［1989］のトランスナショナル型のグローバル経営戦略提唱の中で，統合ネットワーク化，グローバル学習の重要性が強調された。このような経緯の中で，国際マーケティング研究の関心は本国でのマーケティング・ミックス要素の現地市場への調和問題から，国際市場での競争優位の問題に移ったことでより広い国際マーケティング関連領域のクロス・ファンクショナル分析へと拡張されてきた。近年では，グローバル合理化段階における価値連鎖活動の国際的配置戦略が比較優位とシナジー効果の獲得を中心にグローバル競争優位の問題として議論されている（Craig and Douglas［2000］）。これらは，マーケティングのグローバル調整パラダイムあるいはグローバル戦略経営パラダイムの中のマーケティング問題と位置づけることができよう。

　以下では，標準化—適応化パラダイム，グローバル調整パラダイム，そして近年のダイナミック・ケイパビリティ・パラダイムについて考察する。

## 2. 標準化—適応化パラダイム

　米国で生まれて米国を中心に発展してきたマネジリアル・マーケティング論が，外国市場に応用されるのは自然の流れであった。おそらく最初の関心事は，米国流のマーケティングが外国でも適用できるかどうかにあったと考えられる。米国流のマーケティング・プログラムがそのまま適用できると考えるのが完全な標準化アプローチないし延長アプローチであり，現地市場の条件があまりにも異なるので現地向けにカスタマイズしなければならないと考えるのが完全な適応化アプローチである。現実の国際マーケティングは，その中間に位置するアプローチが多い。

　マーケティングの国際化研究の初期には，広告の標準化—適応化が問題とさ

れた（Elinder［1961］, Fatt［1964］）。その後の研究では，単一の機能分野だけではなく，4Ps（Product, Promotion, Pricing, Place）を中心とするマーケティング・ミックスの国境を越えた標準化と適応化，それらの調和の問題へと拡張していった（Buzzell［1968］）。

　1970年代からの日本企業による国際的標準化製品をベースとするグローバル戦略の成功は，欧米の国際マーケティング学者を大いに刺激し，グローバル標準化アプローチの推奨が行われた。Levitt［1983］のグローバル標準化の推奨が，その代表例である。そこでは世界（特に先進国）の消費者のライフスタイルのアメリカナイゼーションや一定方向への収斂化を前提とした，世界的な規模経済の追求，マーケティングの一貫性などの利点が強調された。それに続いて，グローバルなマーケティング標準化に対するさまざまな学者による障害要因の指摘があった。行政的および貿易規制，マーケティング・インフラの国家間差異の存在，NIH症候群などの現地経営者の反抗などが指摘された（Lim et al.［2006］p. 502.）。結局のところ，産業や市場の状況に応じた標準化と現地適応化のバランス論，同時達成論に落ち着いた。そして，少なくとも1980年代半ばまでは，国際マーケティング活動のマーケティング・ミックスの標準化―適応化フレームに焦点が当てられていたといって良いであろう（Lim, et al.［2006］p. 502.）。

　その後，国際マーケティング研究はマーケティング・ミックスの調和問題から，多国籍企業の競争優位性の確保という問題意識下で，より広い分析範囲でのマーケティング関連の資産や資源の配置と調整の問題，組織管理の問題へと関心が移っていった。こうした問題意識と関心領域の拡張は，マーケティング分野と研究開発，生産，ロジスティクスなどの関連分野との結合の議論を促した（Takeuchi and Porter［1986］, 諸上［2000］, 臼井［2006］）。また，標準化度／適応化度と経営成果との関連にも関心がもたれたが，両者の単純な因果関係は存在せず，一貫した経験的証拠はまだ提示されておらず（Saeed and Kendall［1992］），マーケティングの標準化―適応化とロジスティクスや製品開発分野とのクロスファンクショナルな分析の必要性が示唆されている（諸上［2003］, Fang and Zou［2009］）。

なお，上述のような標準化—適応化分析の変遷の中で，椙山［2005］によるホンダの北米開発拠点の能力構築に関する動態的分析は，日本の国際マーケティング研究に大きな刺激を与えた。そこでは，現地知識の活用は，統合活動によって実現するという側面があり，「統合と現地適応との関係は，相互に強化し合う関係にある」という命題が提示された。馬場［2007］は椙山の命題を3つのプロセス（①適応化は多様性を生む，②標準化によって多様性を管理する，③管理可能な多様性は更なる適応化を許容する）と理解して，それらを長期的な国際マーケティング能力構築の標準化—適応化の相互作用フレームとして応用している。

すなわち，「多国籍企業が各国の子会社で適応化戦略を追求していくにつれて，全体としての多様性が高まる。こうした多様性は各国の市場に特有の知識の学習や親会社の枠を超えた知識創造といった多国籍企業にしかない競争優位に資する。しかしながら，ネットワークの多様性は，管理の複雑性や管理コストを上昇させる。そこで標準化を通じて多様性を管理する必要が生じる。……標準化は効率性，つまりコスト削減を目的とした企業志向の活動である。……標準化によって削減されたコストが次期の適応化に投入されることで相互作用のループが繰り返される。」

ここに椙山の命題に基づく国際マーケティング能力構築のスパイラルな動態的モデルが，提示されたのである。これは従来の標準化—適応化の一時的なバランス論や同時達成論でもなく，長期的な国際マーケティング能力構築プロセスを示したものである。近年の我が国における国際マーケティング研究の進展に貢献したアイデアとして，特筆すべきであろう。

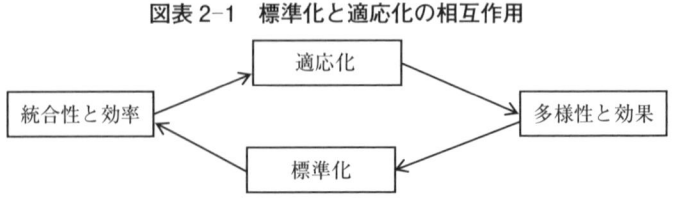

図表2-1　標準化と適応化の相互作用

出所：馬場［2007］126頁。

なお，諸上［2000］［2001］では，基本的には標準化―適応化パラダイムに依拠しながらも，ロジスティクス行動などとのクロス・ファンクショナル分析を行う必要性を指摘した。ここでは日系多国籍企業の国際マーケティング標準化―適応化行動（プログラムおよびプロセスの標準化行動），国際ロジスティック行動，その他の経営行動と，子会社の経営成果との関係および企業グループ経営成果との関係を検討している。その結果，国際マーケティング標準化―適応化行動が子会社およびグループ経営成果に直接的かつ重要な影響を与えていないことが示唆された。他方，国際マーケティング標準化―適応化行動と関連性を有している子会社の現地マーケティング行動およびロジスティック行動が経営成果に重要な影響を与えていることを発見している。また，環境・市場構造的要因が経営成果により重要な影響を与えていることも示唆された。

　しかし，上述のような標準化―適応化フレームの適用，拡張的応用は，それらの基本構図が比較的に理解しやすいという利点はあったが，市場提供物の視点にフォーカスが当たりすぎており，当然のことながら，多国籍企業全体の経営成果を説明するには大きな限界がある。

## 第2節　グローバル戦略経営におけるマーケティングへの関心のシフト

　国際マーケティング研究は本国でのマーケティング行動と国境を越える個別のマーケティング行動（典型的には特定国への輸出マーケティング）との調和問題から，次第に，同時に複数の国境を越えるマーケティング行動（ヨーロッパなどの経済地域圏へのマーケティング等）との調和問題に，そして，マーケティング機能分野だけの調和問題から当該の企業全体の競争優位問題へと拡張された。国際マーケティングの主体として想定される企業も輸出企業から多国籍企業へとシフトしていった。国際マーケティングが多国籍企業の競争優位性との関連で議論されるようになると，当然のことながらマーケティング関連分

野とのクロス・ファンクショナルな分析が必要となった。それと同時に，多国籍企業の全体としての効率と効果の組織問題としても議論されるようになった。

　Takeuchi and Porter［1986］はマーケティング活動の国際的配置の集中―分散という次元を追加し，新たにマーケティング活動間の国際的調整問題を提起した。また，Hamel and Praharad［1985］らによって，国際市場競争の激化の中での親会社による統合と子会社の独立性の調和問題が提起された。

　それらの議論はすでに多くの紹介がなされているので，本章では，集中―分散の次元および親会社―子会社間の統合と独立性の調整問題が提起されて以降の研究動向について考察することにしたい。特に，ポーター（Porter, M. E.）による国際戦略の集中―分散モデルにルーツをもつ Craig and Douglas ［2000］の配置優位論と，Lim, et al.［2006］による標準化―適応化，集中―分散，統合―独立の諸次元のホリスティックな統合モデル化を試みた国際マーケティング戦略アーキタイプについて紹介・検討する。

## 1. グローバル配置優位への関心

　Craig and Douglas［2000］は，国際マーケティング研究に資源ベース論を導入し，グローバル市場における資源の空間的配置優位論を展開している。彼らによれば，グローバル市場における持続可能な競争優位の達成は，市場の統合性が前提となっており，「企業のオペレーションの地理的範囲と多様性」および「企業の資産，ケイパビリティ，資源の空間的配置とそれらの資源を効果的に管理し使用する能力」が決定的に重要な要素である。

　国際市場の一定の統合性を前提として言えば，多国籍企業の基本的な配置戦略としては，価値創造活動の集中化（生産，調達，R＆Dなどの特定の地理的立地への統合化・集中化）による効率の達成とそれらの諸活動の分散化によるフレキシビリティの確保（マクロ経済，市場条件の変化に対応する国境を越えた生産シフト・調整，ソーシング調整など）の両方が重要であるといえる。彼

らは，国際市場における需要，資源，競争条件などの変化への対応のためには多国籍企業は戦略的フレキシビリティをもつことが重要であることを強調する。戦略的フレキシビリティは，配置優位の主要な構成要素の1つであると指摘される。戦略的フレキシビリティを生むためには拠点間の活動システム，オペレーションの統合がなされていなければならず，その上でマルチ生産立地，マルチ・ソーシング，フレキシブル・ロジスティクスの体制を整えることが必要となる。

また，彼らは企業特殊的なスキルとケイパビリティの国際的な適応可能性と移転可能性についても検討している。これらがうまく現地に適応・移転された時には，現地競争者に対する競争優位の源泉となりうることはいうまでもない。彼らの注目すべき主張は，例えそれらのスキルとケイパビリティが特定の国や地域の立地特殊性をもつ場合においても，類似する条件の市場に移転可能であり，また，多国籍企業としてのスキルとケイパビリティの幅を広げてそれが創造性につながることを示唆していることである。彼らは前者の事例として，McDonald's がインフレ下のブラジルでの経験をモスクワでの経営に移転したケース，KFC の中国で開発された大規模 eat-in 店舗経営ケイパビリティが東南アジアに移転されたケースを紹介している（Craig and Douglas ［2000］pp. 18-20）。

Craig and Douglas ［2000］は，今後さらに検討されなければならない課題として，グローバル市場センシング，国境や地域境界を橋渡しするケイパビリティ開発，グローバル学習の促進を指摘している（Craig and Douglas ［2000］pp. 22-23）。

これらのことからも，彼らが資源ベース論，ケイパビリティ論から強い影響を受けていることを指摘しうる。しかし，彼らは，本章の後段で紹介するようなモジュラー化とオープン・エコノミー化が進展した，変化の激しい産業を主対象としておらず，近年のダイナミック・ケイパビリティ論にみられるよりドラスティックな経営資源の再構成や再配置の分析には踏み込んでいない。彼らは比較的に変化が遅く，規模と範囲の経済性がまだ幅を利かせている産業や市場を念頭に置いているのである。

産業がグローバルによりオープンになり，インベンション，イノベーション，製造が地理的・組織的な意味でより多様になっている業種，業態においては，有形・無形の資産のグローバルなレベルでのより多角的な新結合が必要となっている（Teece［2007］邦訳6頁）。今後，国際マーケティング研究においても，ダイナミック・ケイパビリティ論の導入が重要となるであろうことは後述する。

## 2. ホリスティックな統合モデルへの関心（戦略アーキタイプ研究）

現在のグローバル・マーケティングが標準化—適応化，集中—分散，統合—独立の諸次元など，多次元で議論されていることはすでに紹介したが，Lim, et al.［2006］は，それらをホリスティックに概念化し，有用な組織戦略パターンの識別を試みている。

多次元なグローバル・マーケティングの1次元化の試みは，すでにZou and Cavusgil［2002］によってなされている。彼らは多次元のグローバル・マーケティングを1次元のグローバル化の単一総スコア化して，それと経営成果との関係を分析している。彼らは4Psの標準化，マーケティング活動の集中化，マーケティング諸活動の調整，グローバル市場参加，統合的競争行動を独自のthe GMSとして単一スコア化した後に，それがグローバル産業に属する多国籍企業の戦略的成果，財務的成果に正の影響を与えていることを実証した。しかし，それはリニア・アプローチであり，戦略次元間の相互作用を考慮しておらず，戦略パターンの質的相違を捉えられないという批判を免れない（Lim, et al.［2006］, 諸上［2003］）。

それに対して，Lim, et al.［2006］は，国際マーティング戦略アーキタイプ（archetypes of strategy）分析では，Miller［1981］［1986］やMeyer, et al.［1993］の組織配置理論をベースとして，多国籍企業戦略を多次元アーキタイプとみる，ホリスティックなアプローチを採用した。組織配置理論では組織の有効性は戦略と組織的特性の優れた組み合わせから生じるものと認識され，

Limらも，いかなる戦略コンセプトもそれらは多次元的であり，戦略のさまざまな要素は相互作用し，多次元的スペースにおいてさまざまな組み合わせが起こるという立場をとっている。そこで国際マーケティング戦略の"ユニバース"も，さまざまな戦略要素の集まりないし配置から成っていると理解している。それらの組み合わせパターンに独自性があり，典型性がある場合に，それらは戦略アーキタイプとよびうるものとする（Lim, et al.［2006］pp. 503-504）。

彼らは構造化された51のケース・サンプルからケースコーディング／クラスタリングの手法を用いて，3つのアーキタイプ（A, B, C）を識別している。

すなわち，アーキタイプAは製品，広告，価格の高い標準化，より集中的マーケティング，より統合的な管理と結びついているもので"グローバルマーケター"と名付けられた。*Godiva Europe*がその典型的ケースである。

アーキタイプBは混合的標準化戦略をとるものでブランド，チャネル・デザインの高い標準化，広告，プロモーションの高い現地化，製品デザイン，価格についてはグローバルマーケターと比べ，より現地化，デザイン／開発，流通・ロジスティクス計画については集中化するという特徴をもつ。ブランドの他はチャネル・デザインが標準化され，製品デザイン開発や流通・ロジスティクス計画が集中化されているので，親会社が最小限度のグローバルインフラは提供しているがその他は比較的現地に任せているという意味で，"インフラ・ミニマリスト"（*Infrastructural Ninimalists*）と名付けられている。イタリアの*Gallo Rice*が典型的ケースである。

アーキタイプCはやはり混合型標準化戦略をとるものだが，インフラ・ミニマリストとは異なるタイプである。製品，広告，価格，チャネルはより現地化されており，ブランドの標準化は低くなく，製品デザイン／開発，流通・ロジスティクスという活動は分散化している。また，競争プロセスにおいてプロモーションの調整などの戦術レベルの相互協議という形での統合化が行われているが，意思決定プロセスが特に強く統合的であるわけではない。これは，"戦術的コーディネーター"（*Tactical Coordinators*）と名付けられた。グローバルな保険会社の*AXA*が，その典型例である。

彼らの研究は，多次元の国際マーケティング次元を統合的に扱って，3タイ

プの戦略アーキタイプを識別していることに意義がある。また，導出されたアーキタイプと経営成果との関係についても強い関心を示しており，各アーキタイプと戦略遂行コンテキストとしての子会社ネットワーク特性とのコンティンジェントな適合関係を論理的に検討している。しかし，彼らがクラスター分析で使用した51のサンプルの中には出自国もさまざまで，また，業界も自動

**図表2-2　ケースコーディング／クラスタリング法によって導出された3つのクラスターのセントロイド値**

|  |  |
|---|---|
| どの市場でも異なるブランド名 | どの市場でも同じブランド名 |
| どの市場でも異なる製品 | どの市場でも同じ製品 |
| どの市場でも現地化された広告テーマ | どの市場でも同じ広告 |
| どの市場でも異なる販促ツールのミックス | どの市場でも同じ販促ツール |
| どの市場でも異なるチャネル構造 | どの市場でも同じチャネル構造 |
| 各市場状況に合わせた価格セット | どの市場でも同じ価格ポジション |
| 各国が製品デザインと開発の責任をもつ | 1立地での製品デザインと開発 |
| 各国が流通とロジスティクスの責任をもつ | 1立地での流通とロジスティクスの統合 |
| 各国が広告，プロモーションの責任をもつ | 1立地での広告，プロモーション計画の統合 |
| 各国が自らのマーケティング計画を策定 | マーケティング計画の全市場間調整 |
| 各国のマネジャーは情報を共有しない | 各国マネジャーの頻度の高い情報共有 |

インフラ・ミニマリスト ―――――
戦術的コーディネーター ・・・・・・・・・
グローバル・マーケター － － － －

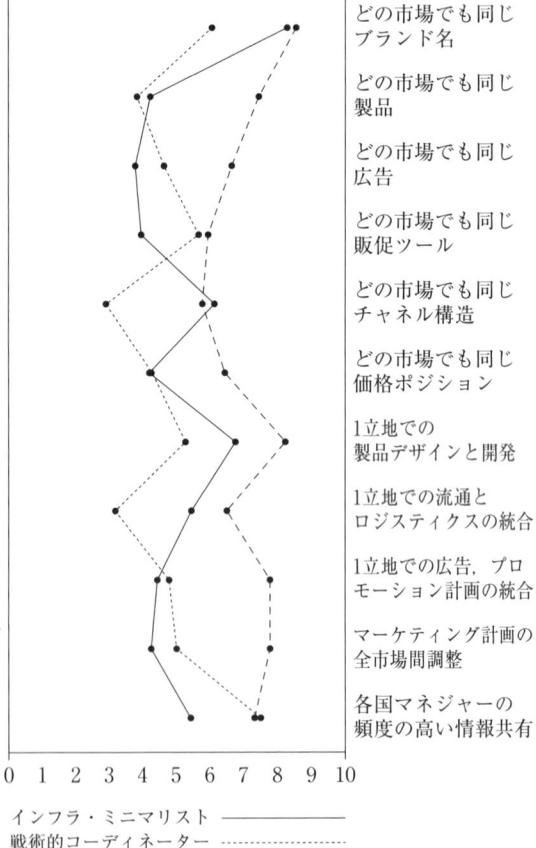

出所：Lim, et al. [2006] p.509.

車,エレクトロニクス,国際輸送業,銀行,ソフト,保険業,食品,衣料品,小売など多種多様なものが含まれており,出自国別または業種ごとの特徴は識別できていない。もちろん出自国や業界を超えたジェネリックなアーキタイプの識別に意味があるかもしれないが,現段階ではサンプル数が少なく,また,経営成果との関係も解明されておらず,必ずしも説得力が高いとは言えないであろう。

## 第3節　新しい産業構造の出現とグローバル・マーケティング研究への影響

### 1. 製品と組織のモジュール化

　過去数十年間において国際ビジネスの環境には,大きな変化が見られた。重要な変化の1つとして製品と組織のモジュール化の進展を指摘することができる。とくにコンピュータ産業をその典型とするエレクトロニクス関連産業のビジネス・アーキテクチャが大きく変化し,製品のモジュール化が大きく進展した。さらに今世紀に入ると,組織のモジュール化も急速に進んできている（青木・安藤編［2001］）。

　ここでいうモジュール化とは,「それぞれ独立に設計可能で,かつ,全体として統一的に機能するより小さなサブシステムによって複雑な製品や業務プロセスを構築することである。」（Baldwin and Clark［1997］邦訳35-36頁。）複雑な製品を製造する場合に,製造プロセスをモジュールまたはセルに分割する方が容易であることからモジュール化は生産の原理として長い歴史をもっている。しかし,現代では材料科学をはじめとするブレークスルーによってデザインルールを特定するための製品知識を得やすくなり,また,コンピュータの処

理能力の大幅な向上が知識の収集,加工,蓄積のコストおよびモジュールの設計とテストのコストを劇的に低減させた。さらにデジタル化と情報通信技術の劇的な発展,各国の規制緩和,輸送コストの大幅低減などによって,国内のみならず国境を越えたモジュール化が大いに進展した。今やわれわれは「モジュール化の大発展期」に突入しているのである（Baldwin and Clark［1997］）。

　今日,モジュール化が進んだコンピュータ産業,携帯情報機器産業などでは,モジュール間の連結ルールないしデザインルールが明示されることで,新しく多様な形態の国際分業がもたらされている。モジュール化の世界では,企業はデザインルールを創造するアーキテクト（インテル社やマイクロソフト社,アップル社やグーグル社などがその典型）となるか,モジュールサプライヤー（他社のアーキテクチャ,インターフェイス,試験プロトコルに合致するモジュールの一設計者,サプライヤー）となるかの戦略的選択がなされる。

　アーキテクトはモジュールが全体として機能する明示的なデザインルールを事前に設定しなければならず,製品やプロセスの全体の内部作用に精通していなければならない（Baldwin and Clark［1997］）。したがって,アーキテクトには高度な技術,独創性,総合力が要求され,例えば,アップル社のi-Pod,i-Phone,i-Pad,それらと同期・連動するi-Tunesのような独創的アーキテクチャ構築に成功すれば大きな市場支配力をもつことが可能となる。

　モジュール化の世界では多くのモジュールサプライヤーも個別モジュールの設計の高い自由度をもち,産業全体としてのイノベーションのスピードは劇的に高まる。また,同じデザインルールの下でのモジュールサプライヤー間の競争は激しいものとなり易い。こうした変化の激しい産業において,企業は製品のモジュール化だけではなく,組織プロセスや価値連鎖活動のモジュール化も進展させることになる。大企業はその内部市場をオープン化し,中間財の外部取引を増加させる。また,サードパーティ・サービスプロバイダー（コールセンター,ITアプリケーション,ロジスティックス,OEM・ODMなど）の発展を促した。

　モジュール化が進展した世界では,境界がよりはっきりしない国際的ネットワークやアライアンスによる価値連鎖,イノベーション創出の世界が出現する

ことになった（Jones［1995］邦訳63-64頁。）。多国籍企業はこの新しい時代の中で諸活動の原料，中間財，サービスのリージョナルまたはグローバルな最適立地を目指すことになった。その結果，生産やサービスの諸段階が分離され，例えば設計を米国で，生産を台湾系のOEMを使って中国で行い，コールセンターをインドに設置するといったような多国籍企業活動のスライス化ないしセグメント化（Buckley and Ghauri［2004］）が起きている。

その結果，今日ではビジネス全体のデザインルールを設定するアーキテクトは，生産工場をもたず，ブランド管理とマーケティングの仕事に専念し，R＆D，デザイン，エンジニアリングも含めて，生産関連の業務はすべてコントラクターに任せることも珍しくない。それらが可能となったのはモジュール化，デジタル化，輸送と情報通信コストの低減があったからである。今や多くのB to Bはオンライン・リンクし，効率的でフレキシブルなバーチャル企業連合体を形成しているのである。他方，デジタル化やICT技術の飛躍的な発展・普及は消費者サイドにも大きな変化を起こし，それが企業の競争環境の業際化という大きな変化をもたらしている。消費者はデジタル機器のマルチユース化（携帯電話をデジカメやTV視聴として使用し，DVDを専用機以外のPCやゲーム機でも視聴すること等）を始め，インターネット対応機器の普及と相まって，関連業界に属する企業に業際化を前提とした技術開発，標準化戦略を迫っている（内田［2011］）。

上述のような新しい産業構造の出現は，当然のことながら，国際マーケティング，グローバル・マーケティングにも重要な影響を与えているが，それらの理論的，実証的な研究はまだほとんど進んでいない。それには新しい分析視点やツールが必要であろう。次項でそれらについて検討しよう。


## 2．新しい分析視点：RBVからダイナミック・ケイパビリティ論へ

近年の技術変化が急速であり，オープン・エコノミー化したグローバル競争環境においてはPorter［1980］による産業レベルの5つの競争要因分析（潜

在的新規参入業者,売り手,買い手,代替品,競合企業間の競争)の役割はより限定的となる。なぜならば,ポーターの分析フレームは,構造─行動─成果という産業組織論のそれをベースとしており,ダイナミックな環境では固有の弱点をもっているからである。その根底的な問題は「実際には市場構造がイノベーションや学習の(内生的な)結果である時でも,暗黙のうちにそれを外生的なものとしてみている」ということにある。というのも,イノベーションをはじめとする企業行動が市場構造を決めることがあり得るのであり,その場合には想定されている因果関係とは逆のことが起きているからである。ネットワーク効果,経路依存性,サポートする技術と制度の共進性などが重要である今日のビジネス環境では,ポーターの5つの競争要因フレームワークの有用性はより限定的なものになる(Teece [2007] 邦訳14頁, 62-63頁)。

その後,ポーターの産業レベルの分析を補完する企業レベルの資源ベース論(Resource-Based View)の展開があったが,資源ベース論も,変化の速いグローバル競争下のビジネス環境ではその有用性は限定的である。というのも,資源ベース論では企業が希少で価値ある模倣困難な資産,特にノウハウを所有した時点で競争優位が生じると想定しているからである。だが,そうしたビジネス環境で持続的競争優位を得るには,複製困難な(知識)資産を所有する以上のことが必要となるからである。

Teece [1997] [2007] は,持続的競争優位には独自の複製困難なダイナミック・ケイパビリティが必要であると説いている。ダイナミック・ケイパビリティとは,「急激に変化する環境に対応するために内的,外的な競争力を構築,統合,再配置する能力のこと」である(Teece, et al. [1997] p.516)。伝統的な資源ベース論は変化のロジックを欠いていたが,ここにそれがもち込まれたわけである。

ダイナミック・ケイパビリティの構成要素(ミクロ的基礎)は,①機会・脅威を感知・形成する能力(センシング/社内外のR&Dの探索と活用,市場機会の把握など),②機会を活かす能力(シージング/カスタマーソリューション,ビジネスモデル,企業境界の選択,意思決定プロトコルの選択,ロイヤルティとコミットメントの構築など),③企業の有形・無形資産を向上させ,

結合・保護し，必要時には再構成することで競争力を維持する能力（リコンフィギュアリング／分権化と準分解可能性，共特化，ガバナンス，ナレッジ・マネジメントなど）という3つの能力に分解しうる。

　ダイナミック・ケイパビリティ論の大きな特徴の1つは，それがポーターの5要因分析が想定した産業（業界）を前提とするものから，より範囲が広くまた境界があいまいな企業生態系への適応と適合を取り扱うことにある。ここでいう企業生態系とは，企業と企業の顧客，供給に影響を与えるような組織，制度，個人のコミュニティから構成される。企業はそれらに適応するだけではなく，イノベーションを通じて，また，他の企業主体，制度とのコラボレーションを通じて，生態系自体を形成する側面を有している（Teece［2007］邦訳2-3頁）。また，ダイナミック・ケイパビリティ論が主対象としている産業領域の多くでは，規模と範囲の経済性は大規模な製造受託企業（OEM，ODM）やサードパーティ・ロジスティクス業者の活用により中小規模企業でも享受可能な世界となっており，規模が「産業の資産」化（Teece［2007］邦訳15頁）している状況も見受けられる。

　グローバル経営において，ダイナミック・ケイパビリティが重要であることは疑う余地のないところである。技術変化と市場変化が激しく，モジュール化，オープン・エコノミー化が進展した産業でのグローバル経営においては，まさにグローバルな観点からのセンシング，シージング，リコンフィギュレーション（再構成）が必要となる。グローバルレベルでのダイナミック・ケイパビリティの獲得は，容易ではないであろう。だが，その重要性を評価し，それを組織能力として埋め込むことに成功した企業は長期的にその競争優位を持続させる可能性が増すと考えられる。

## 3. 国際マーケティング研究の今後の課題

### (1) 市場構造分析の過小評価は間違い

　前節で紹介した Craig and Douglas［2000］のグローバルな配置優位の分析で見たように，国際ビジネスの世界では，依然として規模，範囲の経済が重要なオールドエコノミー（インターネットをベースとするビジネスモデルを採用する新興のニューエコノミーとの対比）の企業群の競争優位性が存在する。より正確には，ICT 投資を進めたオールドエコノミーの企業群が強いと言うべきかもしれない。こうした企業群の国際マーケティング分析においては，依然としてポーター的な市場構造分析の視点が重要性をもつであろう。Cool and Henderson［1998］らは，資源ベース論では競争優位獲得や収益性の説明において企業特殊的要因の効果が強調されるあまり，時にはそれらが過大評価され，市場構造要因の過小評価傾向が見られると指摘している。Ghemawat［2007］もグローバル戦略における国ごとの業界構造分析の重要性を指摘している。彼はセメント業界の大規模多国籍企業であるセメックスなどの事例から，現地市場における高い市場シェアの獲得，競争抑制策などがその営業利益率に重大な影響を与えていることを明らかにしている。歴史のある重厚長大産業を含むオールドエコノミーが ICT 化を進展させ，例えばリージョナルないしグローバルな SCM（サプライチェーン・マネジメント）の完成度を高めた際には市場支配力をより強固にすることが十分に考えられるのである。ただし，その場合でも，SCM は製品開発マネジメントや CRM 等の関連機能分野とうまく連動する形で構築される必要があろう（Fang and Zou［2009］）。

　今後の国際マーケティング研究においては，従来の暗黙の前提であった比較的に安定した，変化が遅い産業，市場を対象とする国際マーケティング行動だけではなく，技術および市場の変化が激しく，オープン・エコノミー化が進展した産業におけるそれらも今日の重要な研究対象としなければならない。前者の議論では多国籍企業が本国や主要市場でもつ資産や経営資源の梃子作用（leveraging）と戦略的伸縮性の活用によるシナジーの達成を目指すグローバル戦略を中心に議論されてきた。梃子作用については，規模の経済性，価値連鎖活動の調整と統合，経験・ノウハウの移転など，そして戦略的伸縮性については，生産シフト，多拠点ソーシング，移転価格などが考察されてきた（Douglas and Craig [1995], Yip [1995], 諸上・藤沢 [2004]）。しかし，そうした従来の考え方や経営行動だけでは技術や市場の変化の速い産業へのより機敏な対応に限界がある。また，それらのグローバル調整コストの大きさや過度の集権化による個別国市場での競争力低下，価値連鎖の統合的管理の難しさも指摘されなくてはならないであろう。変化が速く，しかも，オープン・エコノミー化した産業においてはグローバルな観点からのセンシング，シージング，リコンフィグレーションが不可欠であろう。ただ，注意を要するのは，オープン・エコノミー化はモジュール・サプライヤー間の競争激化を伴うことが多いが，そこでの競争のルールを決めることのできるアーキテクトを中心とする産業支配力の集中化が起きているし，また，エレクトロニクス製品の OEM や ODM のようなサードパーティ・サービスプロバイダー産業においても寡占化が顕著となっていることである。したがって，ポーター的な市場構造分析の視点も依然として重要性をもつであろう。

### (2) ダイナミック・ケイパビリティ論の導入

他方，既述のように，技術変化と市場変化が激しく，オープン・エコノミー化が進展した産業での経営においては，近年のダイナミック・ケイパビリティ論の積極的な導入が必要となろう。グローバルな観点からの技術やイノベーションのダイナミック・ケイパビリティに関しては，近年のナレッジ（知識）・能力の世界的な分散化と流動化傾向を前提とするメタナショナル経営論（Doz, et al. [2001]）が注目される。そこでは資産，資源，ケイパビリティの自国優位，自社優位，本社優位を前提とせず，外国の知的資源を積極的に取り込むことの必要性を指摘している。また，必要とされるナレッジ特性がよりダイナミックにシフトすることを想定している。さらに，プロダクトサイクルが短

縮化された，より変化の速い業界をイメージしており，迅速なサービス，システム，ソリューションの提供が競争優位の源泉となることも指摘されている（Doz, et al.［2001］，浅川［2011］）。こうした議論はダイナミック・ケイパビリティ論と相通ずるところが多い。浅川［2011］はメタナショナル経営の潜在的な可能性の高さを評価しながらも，それらの実現の難しさをメタナショナル経営における次のような7つのジレンマとして指摘している。①ナレッジの吸収能力 vs. 活用モティベーション，②経営資源の他国への移転の必要性 vs. 困難性，③現地の自律性 vs. 本社の統制，④自前の能力構築 vs. 外部ナレッジ獲得の効率性，⑤パートナー選定の際の自社選好 vs. 相手選好，⑥外部資源の獲得 vs. 活用，⑦ナレッジ探索における実績 vs. 可能性。

こうしたジレンマは，R&Dに係ることを中心に指摘されたものである。国際マーケティング関連のナレッジは，R&Dナレッジに比べればより本国市場特殊的ないし現地市場特殊的なものが多くなるが，ジレンマの基本構図は変わらないであろう。ただ，市場浸透のために不可欠な販売，サービスなどの川下における企業特殊的優位（とりわけナレッジの強み）は，顧客との直接的なインターフェイスをもつ活動のなかで配置されるところに特徴があり，R&D，ソーシング，生産，ロジスティクスなどの川上における企業特殊的優位は内部の効率的生産システムの創出に係るもので顧客との直接的なインターフェイスはもたない。そうした意味での非対称性が存在することは事実である（Rugman and Verbeke［2008］p. 308.）。

### (3) 経営資源の国際的移転問題

筆者は上記のようなジレンマの中でも，経営資源の国際的移転とその効果が多国籍企業の競争優位にかかわるもっとも重要な問題の1つであると考えている。メタナショナル経営論やグローバルな観点からのダイナミック・ケイパビリティ論で議論されているような，主要な経営資源の移転，学習，獲得，活用の問題，現地経営資源との融合やリコンフィギュレーションの問題はいずれも経営資源の国際的移転の可能性，タイミング，手法，プロセス，効果等と深く

かかわっている。

　国際マーケティングに係る経営資源の国際的移転問題に関して言えば，それらを非立地制約的な企業特殊優位（nonlocation-bound FAS）と立地制約的な企業特殊優位（location-bound FAS）に区分して考察することが重要であろう。ここで非立地制約的優位とは，グローバルに活用できる類の規模，範囲の経済，国家差異の活用の利益を導く優位性を指す。これらは低コストで海外に移転可能であり，大きな修正・適応化なしに海外で有効に使用しうる。それと対照的に，立地制約的な優位は企業が特定の立地（あるいは一連の立地）においてのみ収益をあげうる優位性であり，中間物として容易に移転できず，他の立地で使用するには大きな適応化が必要なものである。しかし，元は立地制約的であったものを企業努力によって非立地制約的なものに変換する可能性もある（Rugman and Verbeke［2001］）。

　国際マーケティング関連の川下の活動の多くは，当該国や地域の文化や社会慣習に根ざした顧客・消費者行動と直接的な接点をもつものが多い。こうした社会的な関係性，埋め込み性の中で構築されたマーケティング関連のナレッジや資源の優位性は，価値があり，希少であるかもしれないが，短期的に外国へ移転し活用することは困難であると考えられる。しかし，より長期的には非立地制約的優位に変換することが可能であるかもしれない。

　いずれにせよ，先ずは，国際マーケティングに係る，国際移転がより容易と考えられる非立地制約的な経営資源やケイパビリティの特定が重要である。例えば，P＆Gはその卓越した新製品開発プロセスやブランド・マネジメント・システム，マス・マーチャンダイジングなどを複数国で複製して使用しているという（Craig and Douglas［2000］p. 12.）。たとえ，スキルやケイパビリティが特定の国や地域の立地特殊性（ないし立地制約性）をもつ場合においても，前述のCraig and Douglas［2000］の指摘のように，類似する条件の市場に移転可能であり，また，立地特殊性がある場合でも多国籍企業全体としてのスキルとケイパビリティの幅を広げてそれが創造性につながることも考えられる。しかし，彼らは移転可能と判断できる市場条件の類似性水準については特定していないし，多国籍企業全体としてのスキルとケイパビリティの幅を広げて活用

するプロセスやシステムについて詳しい検討は行っていない。

一般的に，立地制約的な優位性は多くの場合，短期間の企業努力では非立地制約的で移転可能なものにはできないであろう。とくに国の産業保護，基礎研究補助・支援制度と深く結びついている場合にはそうした転換は非常に困難であろう。また，その国の文化や社会的慣習と深く結びついており，暗黙知を多く含む場合にも国際移転はより困難であろう。しかし，こうした立地制約的優位の非立地制約優位への転換は中・長期的には重要な意味をもっている。事実，企業の国際的製品開発力の高さが暗黙知の移転とその展開の能力に大きく依存することを実証的に示唆した研究もある（Subramaniam and Venkatraman [2001]）。

### (4) 共通のダイナミック・ケイパビリティの識別は可能か

次に，もう1つの重要な論点は，製品開発，戦略的意思決定，アライアンス，買収などに関するダイナミック・ケイパビリティが企業を越えた共通性をもつかどうかである。Eisenhardt and Martin [2000] によると，それらは特定的で識別可能なひと纏まりの組織能力であり，細部においては独自性が強く，経路依存的であるが，ベスト・プラクティスのように企業を越えた重要な共通性をもつ。もしそうであれば，企業を越えて有用なダイナミック・ケイパビリティの識別は経営戦略やマーケティング戦略の研究にとって非常に重要な課題となる。複数国を跨いで行われる新製品開発ルーティン，グローバル・ブランド管理ルーティン，国際市場諸機会の感知・フィルタリング・分析ルーティン，マーケティング関連の国際提携・M＆Aルーティン，その他のマーケティング関連ナレッジ・ノウハウの国際移転・活用ルーティンに関するベストプラクティスの識別が興味深い課題となろう。

以上のことは経営資源の国際移転問題の研究，広くグローバル・ナレッジ・マネジメント研究の重要性を示唆するものであるが，現段階においてそれらはまだ発展途上にあり，とくに知識フローの管理コストとの関連についての解明が急がれよう（Buckley and Ghauri [2004] p.86）。

さらに，グローバル・マーケティング研究の課題として，これまで先進国の多国籍企業が蓄積し鍛えてきた資源とケイパビリティが新興工業国市場や世界の40億人の貧困層（BOP; Base of the economic pyramid）市場にどのようなプロセスで，どの程度移転・活用可能か，あるいは逆に，新興国やBOP市場向けに開発されるイノベーションの先進国での有効活用を意味するリバース・イノベーションが可能かについても一層の検討が必要であろう。

―【キーワード】――――――――――――――――――――――――――――
標準化―適応化，クロス・ファンクショナル分析，グローバル調整，グローバル配置優位，資源ベース論，ダイナミック・ケイパビリティ，モジュール化，オープン・エコノミー，市場構造分析

## 【参考文献】

Baldwin, C. Y. and Clark, K. B. [1997] "Managing in an Age of Modularity", *Harvard Busiess Review*, Sep.–Oct. pp. 84–93.（安藤晴彦訳「モジュール化時代の経営」青木昌彦・安藤晴彦編著［2001］『モジュール化―新しい産業アーキテクチャの本質』東洋経済新報社，第2章所収。）

Bartlett, C. A. and Ghoshal, S. [1989] *Managing Across Borders: The Transnational Solution*, Harvard Business School Press.（吉原英樹監訳［1990］『地球市場時代の企業経営：トランスナショナル・マネジメントの構築』日本経済新聞社。）

Buckley, P. J. and Ghauri, P. N. [2004] "Globalisation, economic geography and the strategy of multinational enterprises," *Journal of International Business Studies*, Vol. 35, pp. 81–98.

Buzzell, R. D. [1968] "Can you standardize multinational marketing?" *Harvard Business Review*, Vol. 46 (6), pp. 102–113.

Cool, K. and Henderson, J. [1998] "Power and Firm Profitability in Supply Chains: French Manufacturing Industry in 1993," *Strategic Management Journal*, Vol. 19 (10).

Craig, C. S. and Douglas, S. P. [2000] "Configural Advantage in Global Markets," *Journal of International Marketing*, Vol. 8 (1), pp. 6–26.

Douglas, S. and Craig, C. S. [1995] *Global Marketing Strategy*, McGraw-Hill, Inc.

Doz, Y., Santos, J. and Williamson, P. [2001] *From Global to Metanational: How companies win in the Knowledge Economy*, Boston, Harvard Business School Press.

Eisenhardt, K. M. and Martin Jeffrey A. [2000] "Dynamic Capabilities: What are they?," *Strategic Management Journal*, Vol. 21, pp. 1105–1121.

Elinder, E. [1961] "How international can European advertising be," *The International Advertiser*, (December) pp. 12–16.

Fang, E. and Zou, S. [2009] "Antecedents and consequences of marketing dynamic capabilities in international joint ventures," *Journal of International Business Studies*, Vol. 40, pp. 742–761.

Fatt, A. C. [1964] "A multinational approach to international advertising," The *International Advertiser*, (September) pp. 17–20.

Ghemawat, P. [2007] *Redefining Global Strategy: Crossing borders in a world where differences still matter*, Harvard Business School Publishing Corporation.（望月衛訳［2009］『コークの味は国ごとに違うべきか──ゲマワット教授の経営教室』文藝春秋。）

Hamel, G. and Praharad, C. K. [1985] "Do you really have a global strategy?," *Harvard Business Review* Vol. 63 (4), pp. 139–148.

Jones, G. [1995] *The Evolution of International Business: An Introduction*, International Thomson Business Press.（桑原哲也・安室憲一・川辺信雄・榎本悟・梅野巨利訳［1998］『国際ビジネスの進化』有斐閣，63-64頁。）

Levitt, T. [1983] "The globalization of markets," *Harvard Business Review*, Vol. 61 (3), pp. 92–102.

Lim, L. and Acito, F. and Rusetsky, A. [2006] "Development of archetypes of international marketing strategy," *Journal of International Business Studies*, Vol. 37, pp. 499–524.

Meyer, A. D., Tsui, A. S. and Hinings, C. R. [1993] "Configurational approach to organizational analysis," *Academy of Management Journal*, Vol. 36 (6), pp. 1175–1195.

Miller, D. [1981] "Toward a new contingency approach: the search for organizational gestalts," *Journal of Management Studies*, Vol. 18 (1), pp. 1–26.

Miller, D. [1986] "Configurations of strategy and structure towards a synthesis," *Strategic Management Journal*, Vol. 7 (3), pp. 233–249.

Porter, M. E. [1980] *Competitive Strategy*, Free Press, New york.（土岐坤・中辻萬治・服部照夫訳［1982］『競争の戦略』ダイヤモンド社。）

Porter, M. E. [1986], ed., *Competition in Global Industries*, Harvard Business School Press.（土岐坤・中辻萬治・小野寺武夫訳［1989］『グローバル企業の競争戦略』ダイヤモンド社。）

Rugman, A. M. and Verbeke, A. [2001] "Subsidiary-Specific Advantages in Multinational Enterprises," *Strategic Management Journal*, Vol. 22, pp. 237-250.

Rugman, A. M. and Verbeke, A. [2008] "A regional solution to the strategy and structure of multinationals," *European Management Journal*, Vol. 26, pp. 305-313.

Saeed, S. and Kendall, R. [1992] "The influence of global marketing standardization on performance," *Journal of Marketing*, Vol. 56 (2), pp. 1-17.

Subramaniam M. and Venkatraman N. [2001] "Determinants of Transnational New Product development Capability: Testing the Influence of Transferring and Deploying Tacit Overseas Knowledge," *Strategic Management Journal*, Vol. 22, pp. 359-378.

Takeuchi, H. and Porter, M. E. [1986] "Three roles of international marketing in global strategy," in Porter, M. E., *Competition in Global Industries*, Boston, Harvard Business School Press.

Teece, D. J. [2007] "Explicating Dynamic Capabilities: The Nature and Micro-foundations of (Sustainable) Enterprise Performance," *Strategic Management Journal*, Vol. 28 (13), pp. 1319-1350.（渡部直樹訳［2010］「ダイナミックケイパビリティの解明：持続的な企業のパフォーマンスの性質とミクロ的基礎」渡部直樹編著『ケイパビリティの組織論・戦略論』中央経済社，第1章所収。）

Teece, D. J., Pisano, G. and Shuen, A. [1997] "Dynamic capabilities and strategic management," *Strategic Management Journal*, Vol. 18 (7), pp. 509-533.

Yip, G. S. [1995] *Total Global Strategy: Managing for Worldwide Competitive Advantage*, Prentice-Hall, Inc.

Zou, S. and Cavusgil, S. T. [2002] "The GMS: A broad conceptualization of global marketing strategy and its effect on firm performance," *Journal of Marketing*, 6 Vol. 6 (October), pp. 40-56.

青木昌彦・安藤晴彦編著［2001］『モジュール化—新しい産業アーキテクチャの本質』東洋経済新報社。

浅川和宏［2011］『グローバルR&Dマネジメント』慶応義塾大学出版会。

内田康郎［2011］「日本の製造業における新たな課題―「標準化のジレンマ」をどう乗り越えるか―」財団法人貿易奨励会第10回貿易研究会研究報告書，102-119頁。

臼井哲也［2006］『戦略的マスカスタマイゼーション研究』文眞堂。

椙山泰生［2005］「海外製品開発拠点の能力構築と国際統合―ホンダの北米開発拠点の事例分析」『経済論集』第175巻3号，109-135頁。

馬場　一［2007］「グローバル・マーケティングの革新」諸上茂登・藤澤武史・嶋正編著『グローバル・ビジネス戦略の革新』同文舘出版，第6章所収。

諸上茂登［2000］「国際マーケティングにおける標準化／適応化フレーム―その有効性についての実証的検討―」高井　眞『グローバル・マーケティングへの進化と課題』同文舘出版，第7章所収。

諸上茂登［2001］「国際マーケティング関連行動と企業グループ経営成果について」『明大商学論叢』第83巻第3号，121-146頁。

諸上茂登［2003］「国際マーケティング行動と経営成果に関する最近の研究動向と課題」『熊本学園商学論集』第9巻第3号，11-26頁。

諸上茂登・藤沢武史［2004］『グローバル・マーケティング（第2版）』中央経済社。

　　　　　　　　　　　　　　　　　　　　　　　　　　　（諸上　茂登）

# 第3章
# 世界市場クラスター化の有効な分析手法

――― 本章のねらい ―――

① 1人当たりGDP（国内総生産高）が世界市場の細分化とクラスター化にどれだけ有用な指標となるかを，乗用車市場などに当てはめて洞察する。
② 多くのライフスタイル変数を抽出し，サンプル・データを偏回帰分析と判別分析にかけて，特定の変数間にどのような相関関係がみられるかを確かめ，因果関係を説明する。
③ 偏回帰分析と判別分析が世界市場細分化とその後の市場クラスター化にどの程度役立つかは，ライフスタイル変数の中からどの変数とどの変数をどういった意図の下にクラスター分析用に組み合わせるかによって決まる。それを具体的に例証する。

## はじめに

　21世紀の世界には150を超える国々が存在している。日本を代表する世界的企業として知られるトヨタであろうと，パナソニックであろうと，世界のすべての国で製品を販売しているわけではない。販売先の国によっては，有利に競争を展開できる国もあれば，その逆もある。得意市場を獲得するなら，多くの国で自社独自のアンケート調査を実施するのが望ましいようにみえるが，コストと時間と手間がかかるため，標的市場での販売に乗り遅れないとも限らない。そういう意味では，市場調査に際して二次データを侮ってはいけない。

　1990年頃までは，国連，OECD（経済協力開発機構），世界銀行などが収集し，編集した刊行物データが市場調査の出発点代わりによく使われていた。これらは二次データとはいえ，比較的新しく，かつ毎年更新され，基本的指標な

ら多数国のデータを得やすいという便利さも手伝って，利用範囲が広かった。

しかし，インターネット利用が急速に拡大してきた1990年代半ばから，年間利用契約によりオンラインデータがオンタイムに利用可能となった。世界市場分析の領域においても，分析源にイノベーションが浸透してきたといえよう。

本章でも，オンラインデータを利用して，世界市場を国レベルで細分化し，クラスター化（同質的な国家市場群を1つの共通セグメントに束ねる試み）の具体例を提示したい。世界市場の細分化ないしクラスター化のためにどういった基準を使えばより適切となるかは，製品によっても異なる。とともに，どの統計手法が好ましい結果を導くかも変わってくる。

データを集めたり，分析手法を考案したりと市場調査にコストをかけてまでも，世界市場を細分化し，クラスター化する必要があるのはなぜであろうか。答えは，各社ともマーケティング・ミックス資源を有効活用したいがためである。世界市場をクラスター化した上で，自社にとって競争に有利な市場標的国群を設定し，かかるクラスターにマーケティング・ミックス資源を集中投下すべきだからである。少ない資源の投入によって大きな利益を得られるので，そのクラスター内のみならず，他のクラスターでも費消可能な資源を企業内に残せるというメリットは大きい。

このように，世界市場の細分化とクラスター化には意義が認められる。問題は，オンラインデータといえど利用可能な指標値には限りがあり，また国によっては入手できていないデータもある。本章では，ユーロモニター（Euro Monitor）社の *World Marketing Data and Statistics*（*WOMDAS*）や *GMID* を採用する。データセットを統計分析にかけて相関係数などを導き出し，有意な結果が出たかどうかを判定していく。主要独立変数には，GDP，各国1人当たりGDP（国内総生産高），世帯当たりGDP，製品普及率，ライフスタイル変数などを用い，従属変数には国民1人当たりの新製品（新車など）の購入台数（購入額）などを取る。SPSSを使って，世界製品市場の細分化ないしクラスター化を試みる。

以後，とりわけ世界市場クラスター化の有効な分析手法を吟味することに力

点を置く。その過程において，市場細分化研究に関するいくつかの学派のうち，「行動科学志向学派」という立場から接近したい。わが国で国際市場細分化に関する本格的な体系書を著した諸上［1993］が，意思決定志向ないし規範志向学派的な立場から市場細分化の諸問題を検討したのとは立場を異にする。

## 第1節　乗用車市場の細分化とクラスター化の基準
　　　　　　　―偏回帰分析の適用―

　65カ国の乗用車の新車市場を細分化するのに，独立変数に何を選べば最適であろうか。目的変数，すなわち従属変数に1国の1人当たり新車購入台数を取る。独立変数に関しては，WOMDAS 2007 から得られた指標値の中より，従属変数との関係がかなり強いと思われる1人当たりGDP，1人当たり乗用車保有台数，1人当たりレジャー支出を選んでみた。従属変数および独立変数すべてを1人当たりと共通化したのは，変数間で比較可能となるからである。これによって，回帰分析を行える。

　ここでは単回帰や重回帰ではなく，偏回帰分析を用いる。なぜなら，国々の間でGDPが高ければ高いほど乗用車保有台数も多くなるであろうし，レジャー支出も多いと想定されるからだ。このように，独立変数間に高い相関関係が働くと，各変数と1人当たり新車購入台数との相関係数は自然と釣り上げられてしまう結果となる。本来，どの独立変数が従属変数に対して正味どの程度の相関関係を強くもつかを正しく識別するには，独立変数間で働く相関関係の大きさを取り除いてからにしなければならない。ゆえに，偏回帰分析を用いた。

　偏相関係数については，1人当たり乗用車保有台数が $R_A = 0.72$，1人当たりGDPが $R_B = 0.53$，1人当たりレジャー支出が $R_C = 0.16$ と導かれた。65カ国の新車購入台数を決める最大要因は，1人当たりGDPではなく，1人当たり乗

用車保有台数に他ならない。個々の国のデータを見た中で特筆されるのは，保有台数が購入台数にあまり影響を及ぼしていないのは，中国である。他方，先進国では保有台数の高い国ほど新車購入台数が高いという傾向がみられる。買い換え需要がそれだけ多くあるという証拠でもある。

　以上より，65 カ国の新車市場を細分化するには，X 軸に国民 1 人当たり乗用車保有台数，Y 軸に国民 1 人当たり新車購入台数を取ると最善である。それにより，同質的な市場国を 1 つの群に束ねるといったクラスター化を次のように試みることができる。クラスター A には，1 人当たり乗用車保有台数が多く，1 人当たり新車購入台数の多い国々が属する。クラスター B には両変数とも中程度，クラスター C には両変数とも低レベルに位置する国々が含まれるといったように。多くの乗用車会社にとっては，クラスター A が新車販売を確実に期待できるという意味でも一番魅力的に映り，クラスター A にマーケティング戦略の重点を置きたいと考えるかもしれない。だが，そうなると，競合の激化は避けようもない。むしろ，自社が他社と競争しても有利にマーケティング戦略を展開できるかどうかを判断基準に置いて，どのクラスターに経営資源を集中投下すべきかを決める方がより妥当かもしれない。

## 第 2 節　新車市場のクラスター化
### ―判別分析の考え方の適用―

　世界の多数国における乗用車保有台数といったデータは通常得にくい。そうなれば，新車購入台数率と高い正の相関関係をもつ 1 人当たり GDP が，新車購入台数の多い国とそうでない国を識別するのに重要性を増す。新車高購入率国を「クラスター A」とし，新車低購入率国を「クラスター B」としよう。統計ソフトが手元になくても，判別分析の基本的な考えで，1 人当たり GDP が新車市場のクラスター化にどの程度役立つ予測指標となるかが分かるであろう。以下，その点を明らかにしてみる。

図表3-1では，12カ国における1人当たりGDPが高い国は1人当たり新車購入台数の多い国となり，そして1人当たりGDPが低い国は1人当たり新車購入台数の少ない国となるという関係がどの程度成り立つかを，両ランクの一致度によって確証できる。

**図表3-1　12カ国における1人当たりGDPと1人当たり新車購入台数との関係**
　　　　　—判別分析の考え方の適用—

| 国　名 | GDP（単位：千ドル） | 1人当たりGDP（単位：千ドル） | 1人当たりGDPのランク | 新車購入台数（単位：千台） | 1人当たり新車購入台数 | 1人当たり新車購入台数ランク |
|---|---|---|---|---|---|---|
| 中　国 | 2,626,307 | 2.009 | 2 | 4,299 | 0.003 | 2 |
| イ ン ド | 910,617 | 0.81 | 2 | 1,141 | 0.001 | 2 |
| インドネシア | 364,459 | 1.592 | 2 | 400 | 0.002 | 2 |
| 日　本 | 4,366,418 | 34.174 | 1 | 4,818 | 0.038 | 1 |
| マレーシア | 148,941 | 5.598 | 2 | 424 | 0.016 | 2 |
| フィリピン | 117,562 | 1.371 | 2 | 26 | 0.001 | 2 |
| 韓　国 | 888,023 | 18.664 | 1 | 992 | 0.021 | 1 |
| 台　湾 | 364,265 | 15.949 | 1 | 352 | 0.15 | 1 |
| タ　イ | 206,247 | 3.282 | 2 | 365 | 0.006 | 2 |
| オーストラリア | 755,333 | 37.036 | 1 | 803 | 0.039 | 1 |
| ブラジル | 1,067,801 | 5.64 | 2 | 1,410 | 0.007 | 2 |
| メキシコ | 840,015 | 7.843 | 2 | 743 | 0.007 | 2 |

注記：1人当たりGDPのランク1は高所得国，ランク2は低所得国を表す。
　　　1人当たり新車購入台数のランク1は高購入率国，ランク2は低購入率国を表す。
出所：Euro Monitor, *World Marketing Data and Statistics* 2008.

　その確証度をより精緻にするために最重要なのは，ランク付けに用いる数字（尺度）をどういった基準で区別するかである。すなわち，1人当たりGDPランクで1が付けられる国の中で1人当たりGDPが最下位の国と，2が付けられる国のその値が最上位の国との間で，絶対値に大きな格差を示せることが基準値の選択条件となる。そういった観点から探すと，ランク1からは台湾が，ランク2からはメキシコがその対象国となる。判別臨界点となる両国の1人当たりGDPは桁数の違いに加えて，台湾の数値がメキシコの2倍を超えること

から，ランクの区切りを高所得国（ランク1）の最下位を台湾とし，低所得国（ランク2）の最上位国をメキシコと規定した。これは，分析精度を上げる上で適切である。同様にして，新車の高購入率国（ランク1）の最下位国である台湾と，低購入率国の最上位国（ランク2）となるメキシコならびにブラジルとの間に新車購入率に2倍以上の開きがあるから，台湾 vs. メキシコ・ブラジルが判別臨界点となる。

次いで，高所得国が高購入率国となり，低所得国が低購入率国となるという関係が一致しているかどうかを確認してみる。すると，マレーシアは低所得国群に入りながら，新車の高購入率国となっているのが分かる。両群の数字が一致していないのは，マレーシアだけで，その他11カ国はランクが合致している。ここでは示していないが，図表3-1のデータ値を判別分析にかけた場合，正準判別関数が見事に描かれ，高い正準相関係数が得られる。

最後に，X軸に1人当たりGDP，Y軸に1人当たり新車購入台数を取って新車市場のクラスター化を行う。クラスターAは，1人当たりGDPランク1の国である日本，オーストラリア，韓国，台湾の他に，GDPランク2の国からマレーシアを加えて形成される。クラスターBは，中国，インド，インドネシア，フィリピン，タイ，ブラジル，メキシコといった1人当たりGDPランク2の中でマレーシアを除く7カ国から構成される。

例外はマレーシアだけなので，乗用車メーカーとしてはこれら12カ国に対して，所得水準に合ったマーケティングを実施しても大きなミスマッチは起きないかもしれない。しかしながら，きめ細かなマーケティングを意識するのであれば，マレーシアの消費者を標的として，低所得国向けマーケティングではなく，高所得向けマーケティングも取り入れた方がマレーシアの未開拓市場を先取できるかもしれない。

## 第3節　乗用車市場とカラー TV 市場のクラスター化の比較

　乗用車市場は他の製品市場と比べて何か特異性はあるのか。それとも同様な傾向をもつのであろうか。ブラウン管カラー TV 市場と対比してみよう。

　図表 3-2 より，乗用車市場は 1 世帯当たり GDP が高い日本とアメリカで普及率が高いが，1 世帯当たり GDP が低いインドと中国では普及率が至って低い。

　高普及率国群をクラスター A，低普及率国群をクラスター B とする。乗用車市場の場合，日本とアメリカがクラスター A，インドと中国がクラスター B に入る。両クラスター間の距離は相当大きい。

　こうした市場クラスター化の結果は，マーケティング・ミックス政策の展開やそのコストの節減に影響を及ぼす。同一市場クラスター内では標準化したマーケティング・ミックス政策の展開余地が大きいから，乗用車メーカーは日

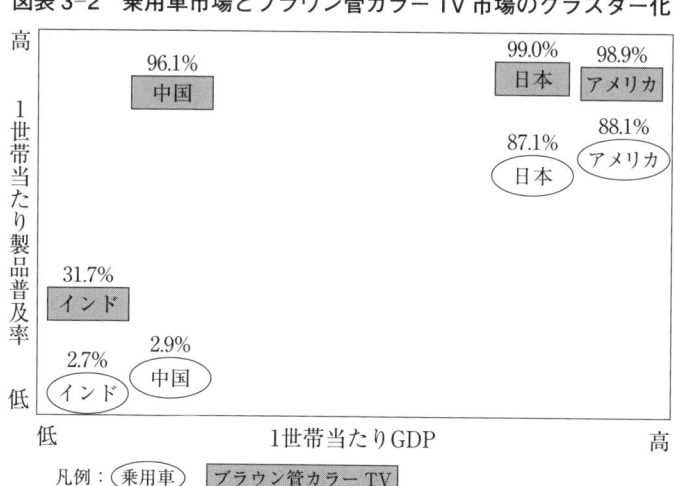

図表 3-2　乗用車市場とブラウン管カラー TV 市場のクラスター化

出所：Euro Monitor, *World Marketing Data and Statistics* 2009.（数値は 2008 年。）

本とアメリカに対して同じ政策を採用するかもしれない。先進市場からかけ離れた中国とインドではあるが，両国とも同一市場クラスターに属するから，類似したマーケティング・ミックス政策が展開されやすい。こうしてクラスター化のおかげで，マーケティング・コストを節減できる。ただし，分析単位や議論のレベルを一貫して国別市場を単位として統一しているため，両国内における個別の細分化された市場セグメントの議論は省く。

　他方，ブラウン管カラー TV 市場に関しては，クラスター A に日本とアメリカのみならず，中国も加わる。インドは大きく離されてクラスター B に属する。

　中国だけは両製品において所属クラスターが異なる。ブラウン管カラー TV は安価で乗用車の 100 分の 1 以下で入手できるから，世帯収入はその普及率と関係しない。ましてや世界的製品ライフサイクルでは衰退期に入っている。中国のどの世帯にも，ブラウン管カラー TV が置いてあって当然である。インドは大家族制を世襲し，近隣に同じ家族構成員や親戚・親類一同が住むケースも多い。自宅にカラー TV が置いていなくても，血縁関係にある家庭で TV 番組を楽しみという光景がみかけられる。インド人がカラー TV を必需品のごとく欲していないわけでは決してない。ヒンズー教が美徳とする「節約」志向が，カラー TV の普及率の妨げになっていると推測される。

　4 カ国だけしか例示していないが，これらの国々で代表されるとおり，1 人当たりないし 1 世帯当たり GDP は，乗用車市場の細分化やクラスター化には役立っている。だが，世界市場でも完全にコモディティと化した衰退期製品のブラウン官カラー TV には GDP 指標値は意味を成さない。それゆえ，ブラウン管カラー TV は世界市場細分化の対象には不向きだともいえる。むしろ超薄型液晶パネルで 50 インチ以上のカラー TV ならば，その高価格帯ならびに世界的普及率の相対的低さを理由として，1 世帯当たり GDP が市場細分化の有用な指標となるであろう。

## 第4節　GDP関連指標以外を基準とした市場細分化

### 1. 市場成長率を用いた市場細分化

　携帯電話市場はグローバル製品市場の典型とみられる。世界全体としては成長市場であるだけに，現在の購入台数もさることながら，購入台数伸び率が大いに注目される。そのため，需要台数以外に，需要伸び率に照準を当てて世界市場を細分化する試みも欠かせない。

　図表3-3より，高成長市場国群と認められるインドと中国がクラスターA，中成長市場国群の中にはインドネシアとパキスタンが入り，クラスターBとする。低成長市場国群をクラスターCとしたら，日本とタイが該当する。市

図表3-3　製品普及パターン・アプローチを使った携帯電話市場の細分化
■インド　■中国　▲インドネシア　■パキスタン　▲日本　●タイ

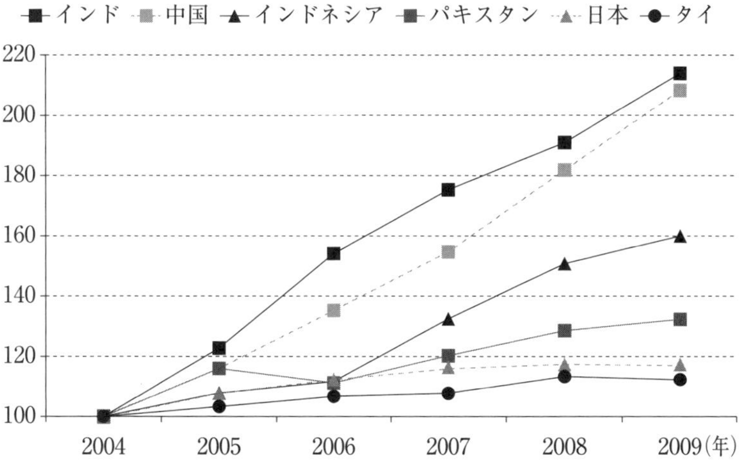

注）2004年の指数を100として表示した。
出所：Euro Monitor, *GMID* 2010.

場成長率に応じて，3つのクラスター間でマーケティング・ミックス政策を変える必要があろう。携帯電話機メーカーの中でも先発参入企業であれば，顧客の新規獲得とその後の管理に成功しているキャリア（携帯電話販売会社）とバリュー・ネットワークを構築し，戦略的意図に沿ってキャリアとの交渉を有利に進めながら，マーケティング・プログラムの中で中国，インドともに共通化可能な要素を統合して，マーケティング経費の削減と市場シェアの拡大が期待される。

## 2. 代用変数を使った市場の細分化：環境汚染防止機器市場の例

　第1節では，乗用車を中心として1人当たりないし1世帯当たりGDPを主要な変数に取り入れて，市場細分化を考察してきた。耐久消費財ではこうした指標が役立つとみられるが，産業財となれば，1人当たりGDP以外の特殊な要因が市場細分化に貢献する場合も多いであろう。

　では，地球環境保全への世界的な意識の高まりとともに注目著しい環境汚染防止機器の市場ではどうであろうか。ここで，環境汚染防止機器の将来的需要台数が未知であるとしよう。また現時点でも，諸国のその購入台数に関してもデータが欠落しているとしよう。この場合，従属変数に代用変数として，市場標的国の二酸化炭素排出量を取る。独立変数として，同市場標的国の乗用車登録台数，商用車登録台数，道路上の貨物の総輸送量，自動車の総走行距離数を選び出し，どの変数が二酸化炭素排出量と最も強い関係にあるかを調べるとしよう。

　日本，中国，インドをはじめ25カ国から上記5つの変数のデータを $WOM$-$DAS$ 2009から入手した。データ数の少なさをカバーすべく，2005年から2008までの連続データをインプットした。回帰分析の結果，相関係数の大きさは，商用車登録台数＜乗用車登録台数＜道路上の貨物の総配送量＜自動車の総走行距離数となった。2008年における二酸化炭素の年間排出量では，中国が727,717万トンという世界最大級となり，「超高排出国」に位置する。アジ

アにおいて中国に次ぐのが，インドの144,936万トンである。アジアで第3位なのが日本の124,016万トンである。インドと日本はともに「高排出国」とみなせる。アジア第4位の排出国はインドネシアであり，25,491万トンに達している。上記3カ国とは桁数が1つ少ないから，インドネシアは「中排出国」とみてよい。

　以上より，目的変数となる製品の年間需要台数を把握できないとなれば，環境汚染防止機器市場の場合，世界市場細分化の基準として代用変数に二酸化炭素排出量を取るしかない。二酸化炭素排出量は自動車の総走行距離数とかなり強い比例関係にあるため，自動車の総走行距離数が大きく伸びている国が環境汚染防止機器の高成長市場だと判断して良い。


## 3. 代替製品間の消費額比較による市場クラスター化

　図表3-4より，EU（European Union；欧州連合）17カ国におけるワインとビールの消費額における国別の差異が検出される。ワイン選好度とビール選好度の強さを人口規模との相対比ならびに比較対象ドリンクに対する当該ドリンクの選好度の強さを基準に，「最強」，「強」，「中」というように分類してみた。その結果，標的対象となる17カ国は全部で6つの市場クラスターに分かれる。

　日本でも1997年にワインのポリフェノール効果が大いにPRされて，日本におけるワイン消費，特に赤ワインが大ブームになったように，アルコール飲料にも急激にシェアを伸ばす場合が期待される。それだけに，業界としては，国によっていずれのアルコール飲料がどの程度強く選好されるのか，どういった原因から好みが生じているのかを，将来的な標的市場セグメントを設定し直すためにも知っておくべきであろう。

　ワインの消費上位国（絶対額）あるいはビールに対するワインの相対的消費額が高い国では，フランスに代表されるとおり，白ワインのシャブリ，赤ワインのシャトーといった著名なワインのブランドとその醸造会社やぶどう栽培畑が知れ渡っている。そういった点では，イタリアのワインも国家イメージとブ

図表3-4 ワインとビールの消費額からみた市場クラスター化

(単位：100万＄)

| 国　名 | ワイン | ビール | 選好ドリンク | 選好度 |
|---|---|---|---|---|
| オーストラリア | 770 | 782 | ビール | 中 |
| ベルギー | 2,994 | 733 | ワイン | 強 |
| デンマーク | 1,089 | 701 | ワイン | 中 |
| フィンランド | 1,134 | 1,501 | ビール | 中 |
| フランス | 11,454 | 2,157 | ワイン | 最強 |
| ドイツ | 8,968 | 10,895 | ビール | 最強 |
| ギリシア | 734 | 590 | ワイン | 中 |
| アイルランド | 629 | 1,418 | ビール | 最強 |
| イタリア | 6,242 | 1,184 | ワイン | 最強 |
| オランダ | 809 | 1,486 | ビール | 最強 |
| ノルウェー | 1,193 | 1,235 | ビール | 強 |
| ポルトガル | 1,297 | 462 | ワイン | 強 |
| スペイン | 2,236 | 2,176 | 同一 | 双方共に強 |
| スウェーデン | 1,944 | 1,148 | ワイン | 強 |
| スイス | 3,805 | 681 | ワイン | 最強 |
| トルコ | 51 | 249 | ビール | 強 |
| イギリス | 13,256 | 6,121 | ワイン | 最強 |
| 平均消費額 | 3,447 | 1,972 | | |

注記：各国消費者の選好ドリンクに関する選出とその選好度に関しては筆者が決定。
出所：Euro Monitor, *World Marketing Data and Statistics* 2007.
　　　データ数値は2006年。

ランド・イメージの結び付きを自然にしてくれる。優れた生産地ならではの誇りはワインの推奨にとどまらない。フランスやイタリアやベルギーのレストランでは顕著なように，ワインに合う自慢の国産料理が紹介され，ワインを使った調理方法が説明される場合も少なくはない。

　ビールといえば，世界の中でもドイツが筆頭格に挙げられる。オランダも世界を代表するハイネケンを擁している。両国は生産，消費ともに目立つ。世界的に名が知れ渡っているビール醸造・販売会社から鮮度の高いビールを購入し，安心して消費できるのが強みである。

　鮮度を競う商品だけに，ビール生産は消費立地型が圧倒的に有利である。加

えて，ドイツが典型国であるように，ビールの原料となる大麦やホップに適した生産地を自国に抱えている。加えて，食事メニューも，ビールに合う伝統的料理が多い。

ワインでもビールでも醸造・販売会社は，自国民が愛飲するアルコール・ドリンクのカテゴリーを変えようと努力していないわけではない。ワイン醸造・販売会社は健康志向を切り口として新規開拓だけでなく，ビール愛飲家をワイン・ドリンカーに変えようと働きかけてくる。

成熟市場であれば余計にそうである。その意味で，ワインとビールの消費額が拮抗するスペイン市場において，何年先になれば片方のドリンクが他方を大きくリードできるようになるかに注目したい。EUという27カ国からなる統一市場だけに，ある国の食文化が他国さらには多数国に伝播し，定着していくうちに，1国で好まれていたドリンクの種類に変化が生じないとも限らない。

## 第5節　ライフスタイル変数を使った市場クラスター化の予備作業

### 1. 偏回帰分析の結果

世界の68カ国においてライフスタイルに関連する支出がどの程度多くあり，ある特定項目への支出が増えた場合，どの支出項目が削られるのか，あるいは比例的に増えるのかを調べてみたい。WOMDAS 2009から得られる範囲に限った結果，ライフスタイル変数として，下記の支出8項目が抽出された。

①衣服，②家電，③住宅，④遠距離通信，⑤教育，⑥レジャー・リクレーション，⑦ホテル・ケータリング，⑧健康医療

ライフスタイル変数の中で，まず教育とレジャー・リクレーションと健康医

療の3つがどういった関係にあるかを探るために，偏回帰分析を試みる。これら3つの目的変数を除く5つの変数が制御変数として扱われ，その制御により，3つの変数間の関係が特定化できる。ここで，注目すべきライフスタイル変数とは「教育志向」か，「レジャー志向」かにある。支出を一定とし，かつ志向性の性格から判断して，対概念として扱う。

図表3-5の偏相関係数より，教育は健康医療と相当強く結び付く一方，有意水準1%未満に限定すれば，教育はレジャー・リクレーション支出と有意な関係にはない。これら2つより，教育を重視する国ほど，まずは「身体が資本」ということで健康医療費を惜しまず，レジャー・リクレーションは金銭的にも時間的にも余裕がある場合に取り入れられるとみてよい。レジャー・リクレーションは予想通り，健康志向の表れで健康医療費との間で相関が強い。

したがって，この場合，偏相関係数の大きさ，すなわちデータの信頼度を優先して，健康医療費をX軸，教育費をY軸に据えて，レジャー・リクレーション支出費を両軸で構成される空間内に記載すればよい。国によってはすべての3つが「高&高&高」であるクラスターAに属する場合もあれば，その

**図表3-5 教育とレジャー・リクレーションと健康医療の相関関係**

| | | | 教育 | レジャー・リクレーション | 健康医療 |
|---|---|---|---|---|---|
| 制御変数：ホテルケータリング&衣服&住宅&家電&遠距離通信 | 教育 | 偏相関係数<br>有意確率（両側）<br>自由度 | 1<br>.<br>0 | 0.307<br>0.011<br>66 | 0.864<br>0.000<br>66 |
| | レジャー・リクレーション | 偏相関係数<br>有意確率（両側）<br>自由度 | 0.307<br>0.011<br>66 | 1<br>.<br>0 | 0.458<br>0.000<br>66 |
| | 健康医療 | 偏相関係数<br>有意確率（両側）<br>自由度 | 0.864<br>0.000<br>66 | 0.458<br>0.000<br>66 | 1<br>.<br>0 |

出所：Euro Monitor, *World Marketing Data and Statistics* 2009. を筆者がSPSSに入力して統計処理結果を提示。

対極として全変数が「低＆低＆低」となるクラスターCに属する国もあろう。

第2に，住宅と家電と衣服の支出関係をみてみる。固定資産，耐久消費財，非耐久消費財といったように，財の性格が異なる。とはいえ，「衣」と「住」という生活に欠かせない商品であり，時には自動洗濯機やアイロンのように衣類に関係し，また住居内の便利な道具として関係するのが家電であるからという理由で，上記3つの財の支出額の関係をみることにした。制御変数にはこれら3つ以外の変数を用いている。コントロールを受けた後，偏回帰分析から導かれた結果が図表3-6で提示される。

**図表3-6　住宅と家電と衣服の支出間の関係**

| | | | 住宅 | 家電 | 衣服 |
|---|---|---|---|---|---|
| 制御変数：<br>健康医療＆教育＆レジャー・リクレーション＆ホテルケータリング＆遠距離通信 | 住宅 | 偏相関係数 | 1.000 | 0.394 | 0.197 |
| | | 有意確率（両側） | . | 0.001 | 0.108 |
| | | 自由度 | 0 | 66 | 66 |
| | 家電 | 偏相関係数 | 0.394 | 1.000 | 0.496 |
| | | 有意確率（両側） | 0.011 | . | 0.000 |
| | | 自由度 | 66 | 0 | 66 |
| | 衣服 | 偏相関係数 | 0.197 | 0.496 | 1.000 |
| | | 有意確率（両側） | 0.108 | 0.000 | . |
| | | 自由度 | 66 | 66 | 0 |

出所：図表3-5と同様。

住宅支出と衣服支出の偏相関係数からは有意性が認められない。新築物件を買うとか，高級マンションに月払い家賃を収めるなど住宅への支出が多いと，衣服の購入を控える傾向にあると解せる。ところが，住宅支出は家電支出にプラス効果をもたらす。新築物件への引っ越しにより，新しい家電需要が派生するゆえんでもあろう。住宅にお金をかけない家庭では，家電製品や衣服に可処分所得を廻せる余裕が見受けられる。

3つの支出項目の中で支出額が一番大きい住宅支出をX軸に，2番目に支出額が大きく住宅支出と正の相関関係にあるということで家電支出をY軸に取

その上で，衣服支出が住宅支出よりも家電支出との間で相関係数が高いため，Y軸の家電支出寄りに移動して衣服支出をプロットする。こうして，3つの支出が合成され，3つの支出項目すべてに高い出費を要する国別市場群をクラスターAと規定する。図表3-7に3つの支出項目間で想定される関係を表してみた。

**図表3-7　住宅支出と家電支出と衣服支出の想定される関係**

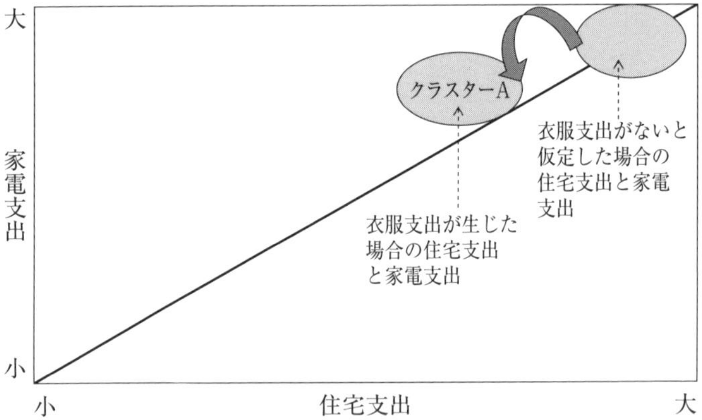

（グラフ：縦軸「家電支出」小→大，横軸「住宅支出」小→大。右上に「クラスターA」および「衣服支出がないと仮定した場合の住宅支出と家電支出」「衣服支出が生じた場合の住宅支出と家電支出」の注記）

出所：筆者作成。

　第3番目に，図表3-8より，食費以外の2大費用項目である住宅支出と教育支出の関係をみてみよう。基本的に，両者は一方を増やせば他方は減るという関係にあり，1%未満の有意水準で有意である。多くの国民にとって教育投資に力を入れるのなら，贅沢な住空間を我慢するしかない。教育熱が激しい国では，住の節約にも増して衣服の買い控えが目立つ。教育と衣服の支出が有意水準0.1%未満で負の関係となることから推測される。住宅と衣服との関係だけは反比例ではなく，統計的には通常認められないが，有意水準10%が許容されれば，ほぼ正の相関ありといえる。高級な住まいには，それに見合った服装を意識せざるを得ず，こうした見栄も衣服の消費を刺激するのに覿面である。

図表 3-8　教育支出 VS. 住宅支出と衣服支出

|  |  |  | 住宅 | 教育 | 衣服 |
|---|---|---|---|---|---|
| 制御変数：健康医療＆レジャー・リクレーション＆ホテルケータリング＆家電＆遠距離通信 | 住宅 | 偏相関係数 | 1.000 | −0.341 | 0.202 |
|  |  | 有意確率（両側） | . | 0.004 | 0.099 |
|  |  | 自由度 | 0 | 66 | 66 |
|  | 教育 | 偏相関係数 | −0.341 | 1.000 | −0.589 |
|  |  | 有意確率（両側） | 0.004 | . | 0.000 |
|  |  | 自由度 | 66 | 0 | 66 |
|  | 衣服 | 偏相関係数 | 0.202 | −0.589 | 1.000 |
|  |  | 有意確率（両側） | 0.099 | 0.000 | . |
|  |  | 自由度 | 66 | 66 | 0 |

出所：図表 3-5 と同様。

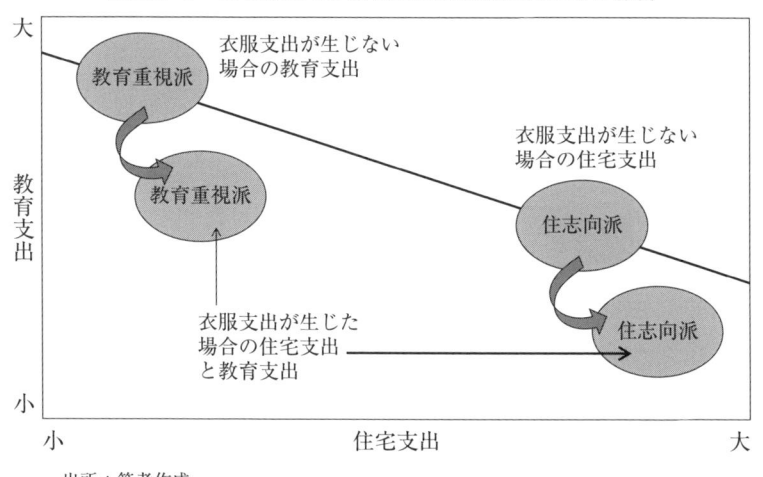

図表 3-9　住宅支出 vs. 教育支出と衣服支出による影響

出所：筆者作成。

　総じて，住を犠牲にしてまでも教育に力を入れるといった現代のライフスタイルが世界的に定着する傾向にあるのかもしれない。図表 3-9 で例示されるとおり，高度市場国群は 2 つに分かれ，「教育重視派」と「住志向派」といったクラスターにおいて，衣服支出が生じた場合の両クラスターのシフトにも留

意しなくてはならない。企業自らが自社製品の特性や競合条件などを考慮し，いずれのクラスターをターゲットにすべきかを早急に決定すべきである。

## 2. 判別分析の結果

　ライフスタイル要因を絡めて，世界市場のクラスター化の方法をいくつか紹介したが，世界の衣服市場と家電市場のクラスター化に影響を及ぼすライフスタイル要因がいくつかある中で，どの要因にいっそう注視すべきであろうか。そこで，両製品の支出額を大きく左右する要因の決定的違いとその違いの根拠を説明したい。

　図表3-10において，衣服と家電の支出額にFisherの線型判別関数が適用され，分類関数係数が導出されている。その係数値を比較して，両製品支出額への影響度で最大の違いをもたらすのが，教育支出であるのは一目瞭然だ。すなわち，教育支出によって衣服への支出は抑えられがちだが，家電製品はむしろ教育支出のおかげで需要を生み出している。教育支出が伸びれば，語学などを学ぶに必要なVCR，DVD，MDをはじめ教育・情報機器の消費ならびに電気スタンドなど電球の購買も増える。第2に，衣服に比べて，家電の方が住宅支出効果の恩恵に預かりやすい。新築物件への引っ越しにより新しい家電品へのいわば特需が生まれる。第3に，遠距離通信費は衣服支出にプラスに作用する。新しいファッション感覚で新しい携帯電話に切り換えていく消費者は，衣服も流行を追い求めていく性向にある。他方，遠距離通信費は家電製品の購入と競合しやすいかもしれない。2010年以降，スマートフォンの急速な普及に伴い，その内蔵カメラ機能で満足したユーザーの多くは，デジタルカメラの新機種が出廻っても売り場に脚を運ばなくなったようだ。スマートフォンは写真撮影機能という面で，デジタルカメラのいわゆる代替品の出現と見る向きも少なくはない。

　図表3-11からは，家電支出の判別に貢献していると判定された説明因子が，前記以上により明確に見出される。正準判別関数1だけで，全説明量の

図表 3-10　衣服と家電の支出額に関する Fisher の線型判別関数

分類関数係数

| | 衣服ケース | | | |
|---|---|---|---|---|
| | 1 | 2 | 3 | 4 |
| 健康医療 | −3.61E−07 | −3.34E−06 | −9.71E−06 | −3.88E−05 |
| 教育 | −7.40E−06 | −1.07E−06 | −1.16E−05 | 0.00 |
| レジャー・リクレーション | −5.77E−06 | −2.83E−05 | −4.44E−05 | 0.00 |
| ホテル・ケータリング | −2.12E−06 | 2.94E−07 | 1.33E−05 | 3.11E−05 |
| 住宅 | 8.69E−07 | 8.43E−06 | 1.39E−05 | 3.72E−05 |
| 家電 | −1.09E−05 | −6.21E−05 | 1.19E−06 | 0.00 |
| 遠距離通信 | 2.06E−05 | 5.39E−05 | 8.18E−05 | 0.00 |
| (定数) | −1.39 | −1.50 | −2.01E+00 | −14.51 |

注記：E が付いている場合，E の右の数字が小数点第何位かを表わす。
出所：図表 3-5 と同様。

分類関数係数

| | 家電ケース | | | |
|---|---|---|---|---|
| | 1 | 2 | 3 | 4 |
| 健康医療 | −6.83E−06 | −5.10E−06 | −1.13E−05 | 0.00 |
| 教育 | 4.33E−05 | 2.03E−05 | 1.47E−05 | 0.00 |
| レジャー・リクレーション | −4.89E−05 | −1.20E−05 | −1.52E−05 | 0.00 |
| ホテル・ケータリング | 7.33E−06 | 6.59E−06 | 6.85E−07 | −2.87E−06 |
| 住宅 | 3.09E−05 | 7.45E−06 | 7.58E−06 | 6.12E−05 |
| 衣服 | 5.48E−06 | 2.61E−05 | 4.64E−05 | 0.00 |
| 遠距離通信 | −6.52E−05 | −1.88E−05 | 2.02E−05 | 0.00 |
| (定数) | −1.82 | −1.45 | −1.76 | −18.03 |

注記：E が付いている場合，E の右の数字が小数点第何位かを表わす。
出所：図表 3-5 と同様。

99.3％ を占め，しかも正準相関係数は 0.889 と相当高く，有意確率が極端に低いので，関数 1 の列で算出された正準判別関数係数を選び出せば，どの市場国がどのグループ（市場クラスター）に帰属するかは容易に判別可能である。先に示した結論とほぼ同じであるが，教育と住宅と衣服への支出が家電の消費を押し上げるのに対し，支出にマイナス要因となるのは，健康医療と遠距離通信である。健康医療費は実質的に高齢者の間でもまだまだ負担額が大きく，家電に限らず，衣服の支出額に対しても抑制要因となっている。高齢者であれば家電の新製品が登場しても，関心が向きにくいであろう。

**図表 3-11　家電支出に関する正準判別関数係数**

家電支出の判別関数：同時投入法

固有値

| 関数 | 固有値 | 分散の % | 累積 % | 正準相関係数 |
|---|---|---|---|---|
| 1 | 3.782 | 99.3 | 99.3 | 0.889 |
| 2 | 0.022 | 0.6 | 99.9 | 0.146 |
| 3 | 0.003 | 0.1 | 100 | 0.057 |

Wilks のラムダ

| 関数の検定 | Wilks のラムダ | カイ 2 乗 | 自由度 | 有意確率 |
|---|---|---|---|---|
| 1 から 3 まで | 0.204 | 100.935 | 21 | 0 |
| 2 から 3 まで | 0.976 | 1.565 | 12 | 1.000 |
| 3 | 0.997 | 0.204 | 5 | 0.999 |

標準化された正準判別関数係数

| | 関数 | | |
|---|---|---|---|
| | 1 | 2 | 3 |
| 健康医療 | -3.863 | -1.370 | -2.783 |
| 教育 | 1.425 | 2.529 | 2.139 |
| レジャー・リクレーション | 0.332 | -0.209 | 8.550 |
| ホテル・ケータリング | -0.088 | 1.088 | 0.975 |
| 住宅 | 2.030 | 4.580 | -4.734 |
| 衣服 | 2.495 | 1.829 | 1.337 |
| 遠距離通信 | -1.806 | -8.050 | -4.976 |

出所：図表 3-5 と同様。

　図表 3-7 では，住宅支出を X 軸に，家電支出を Y 軸に選んだが，ここでは時系列的な家電支出の対前年度比伸び率を Y 軸に，そして X 軸に衣服支出の同伸び率を取る。両数値が出会う接点（例として，インドでは X = 5%，Y = 10%）に○（円）を描き，国名をその円の中に書き込む。両製品がどのくらい消費面で補完的ないし代替的であるかを調べるとともに，各国の住宅支出および教育支出の対前年度比伸び率の時系列的数値についても，プロットされた○（円）の中に書き込む。サンプル・データを順次プロットし終わった段階で，全体を概観して，［家電支出額伸び率 = 高，衣服支出額伸び率 = 高，住宅支出額伸び率 = 高，教育支出額伸び率 = 高］といった市場国グループをクラスター

Aと位置付ける。ナンバーワンの超優良クラスターに他ならない。全般的には，伸び率に関して「高」，「中」，「低」という大雑把ながら3段階に分けてみる。それでも，組合せは多種多様となる。平面上にプロットされたすべての円の中には国名が記されているため，市場標的国のクラスターを見つけ出すのは容易かもしれない。こうした家電および衣服の合成クラスター化により，参入すべき市場国の発見が容易になるばかりでなく，家電と衣服の国別製品市場の将来性を把握できよう。とにかく市場成長率で測る習慣は，グローバル・マーケティングに欠かせない。

　最後に，分析手法に関して留意点と示唆を述べたい。判別分析では，説明因子の候補が最初から与えられている（既知である）から，サンプル国が所属するグループを発見すべく，その候補群より有意な説明変数を探し出せば良い。

　他方，クラスター分析では本来，ある国がある製品市場のどのグループに帰属するかを判断し得るための要因は最初から与えられていない場合が大半である。何を説明軸に据えると最適な世界市場クラスター化が実現できるのかを問うにしても，時系列的で多種多様の膨大かつ最新の世界製品市場データおよび人口統計データなどを収集し，分析しない限り，最適なクラスター化という答えはみつからない。

　本章ではデータの制約もあり，予備的考察にとどまっているが，世界製品市場クラスター化のための基本的なアプローチと入手したデータの利用方法とその分析方法はある程度提示できたであろう。

―【キーワード】――――――――――――――――――――――――――
市場細分化，世界市場クラスター化，行動科学志向学派，1人当たりGDP，製品普及率，ライフスタイル変数，マーケティング・ミックス資源，独立変数，従属変数，偏回帰分析，判別分析

【参考文献】

Euro Monitor, *World Marketing Data and Statistics* 2007〜2009.
Euro Monitor, *GMID* 2010.
Hair, Jr J. F., Black, W. C., Babin, B. J. & Anderon, R. E.［2010］*Multivariate Data*

*Analysis: A Global Perspective*, Second ed., Pearson Education.
Kumar, V. [2000] *International Marketing Research*, Prentice Hall.
藤澤武史 [2007]「第2章　グローバルビジネス事業機会の分析」, 諸上茂登・藤澤武史・嶋正編著『グローバルビジネス戦略の革新』同文舘出版。
諸上茂登 [1993]『国際市場細分化の研究』同文舘出版。

（藤澤　武史）

# 第4章

# BOP 市場開拓型グローバル・マーケティング

---
**本章のねらい**

① BOP 市場開拓型グローバル・マーケティングは，企業が利益を上げながら，同時に BOP 層が抱える貧困に由来するさまざまな問題，すなわち飢餓・健康・尊厳・教育・自治等に係わる諸問題を解決することである。
② BOP 市場開拓型グローバル・マーケティングが，従来の先進国市場開拓型ないし途上国富裕層市場開拓型グローバル・マーケティングの戦略・手法とは根本的に異なることを理解する必要がある。
③ そのためには，BOP 市場開拓型グローバル・マーケティングはイノベーションでなければならない。発想の転換と独創的なビジネスモデルを創りあげることが成功の秘訣である。

---

## 第1節　BOP 市場開拓型グローバル・マーケティングの台頭

BOP は，以前 the Bottom of the Pyramid とよばれていたが（Prahalad and Hart [1999], Prahalad and Hart [2002], Prahalad [2005]），「底」とよぶことに抵抗感が生まれ，現在では the Base of the Pyramid が当てられている。通常，BOP 層は年間世帯所得（個人所得ではない）が 3,000 US ドル未満の層を意味するが（Hammond et al. [2007]）（図表 4-1 参照），5,000 US ドルを上限とする考え方もあり（Prahalad and Lieberthal [2002]，経済産業省 [2010]），だいたい上限はそのようなところに設定されている。

しかしながら，生活状況は都市と農村によっても異なり，自家経済が存在する農村ではたとえ名目所得が少なくとも都市部の人々よりも豊かな生活ができることが多い（小林ほか [2011]）。さらに，BOP は途上国のみに存在するわけ

**図表 4-1　BOP 市場**

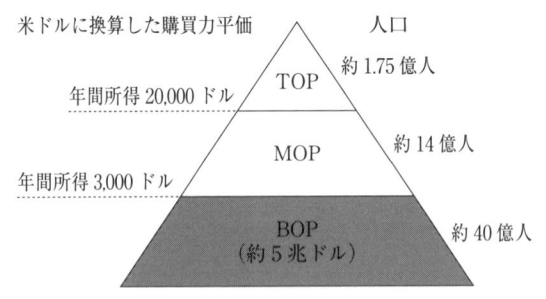

- TOP：年間所得 20,000 ドル以上、約 1.75 億人
- MOP：年間所得 3,000 ドル以上、約 14 億人
- BOP（約 5 兆ドル）：約 40 億人
- 縦軸：米ドルに換算した購買力平価
- 横軸：人口

出所：Hammond, et al.［2007］.

ではなく先進国にも存在する（Smith［2007］, Porter and Kramer［2011］）。先進国の巨大都市のスラム街には，途上国のスラム街や極貧の農村に匹敵するような BOP 層がいる。ただし，以下では混乱しないよう，途上国の BOP 層のみを対象に論じる。

BOP 市場開拓型グローバル・マーケティングは，一般には「BOP ビジネス」とよばれているが，本書はグローバル・マーケティングを取り扱っているので敢えて BOP 市場開拓型グローバル・マーケティング（以下，省略して BOPGM）とよぶ。BOP 層が抱える問題の解決と利益を上げるというビジネスの両立こそが，新しい挑戦なのである（Prahalad and Hammond［2002］）。

BOPGM の第 1 の発生因は，貧困対策である。BOPGM は貧困とそれに伴う諸問題を解決するために 1990 年代末から 2000 年代にかけて提唱され，企業や大学，NPO/NGO（以下，NPO と表記）が実際に取り組み始めるとともに，国連や世界銀行，USAID などの諸機関が支援した。国連の人間開発指数（HDI）にも関与したインド人の「貧困の経済学者」セン（Sen, A.）が 1998 年にノーベル経済学賞を受賞し，同じインド出身のプラハラード（Prahalad, C. K.）らが「BOP（the Bottom of the Pyramid）」の概念を提唱し「ビジネスこそが貧困問題を解決する」と主張した（Prahalad and Hart［1999］, Prahalad［2005］）。1999 年には人権・労働・環境に関する国連の「グローバル・コンパクト」が発表され（後に腐敗防止を追加），翌 2000 年には「ミレニアム開発目標（MDGs）」が 2015 年までに達成すべき 8 つの目標を定めた。また，2006 年に

はマイクロ・ファイナンス（グラミン銀行）で尽力したバングラデシュのユヌス（Yunus, M.）が，ノーベル平和賞を受賞している。ユヌスは利益の極大化を目指すビジネスとは異なる，社会的目的を達成するためのビジネスを「ソーシャル・ビジネス」と名付けた。例えば，グラミン銀行とフランスの食品大手企業ダノンが協力して設立した「グラミン・ダノン・フーズ」（2007年）は現地の牛乳を用いて低価格のヨーグルトを販売しているが，利益の海外持ち出しは禁止されている。通常のビジネス（営利型）であれソーシャル・ビジネス（非営利型）であれ，貧困とそれに伴う諸問題の解決がBOPGM発祥の一因であった。通常の取引（貿易）でもフェア・トレード（公正な取引）でも援助でも解決しない問題を，ビジネスを通して解決しようという新しい試みである（菅原［2010a］［2010b］，野村総合研究所［2010］，菅原・大野・槌屋［2011］）。各国政府機関も主としてこの方向からアプローチしている。日本政府も国連や先進諸国に遅れること約10年，経済産業省が「グローバル企業と経済協力に関する研究会」（2008年）を開始したり，「BOPビジネス政策研究会」（2009年）を開いたりしている（JICAやJETROも独自の支援システムを開設している）。

　貧困対策としては政府開発援助（ODA）などの援助やボランティア活動などがあったものの，それらが必ずしも十分な成果を上げるに至らなかった。加えて1990年前後における社会主義体制の崩壊は，貧富の格差を生み出す資本主義体制のアンチテーゼを喪失させ，新たな貧困対策を模索させたのである。そこに低迷する先進国市場から新興国市場に力点を移動させつつあった多国籍企業が，新天地を求めてBOPGMに乗り出すことになった。正にスローガンは，「ビジネスこそ貧困問題を解決する」である。

　BOPGMの2つ目の発生因は，地球環境問題への対応である。1987年には「持続可能な開発（Sustainable Development）」の概念が提唱されたものの（WCED［1987］），地球温暖化などの地球環境問題は悪化し続け，持続可能性を損なう恐れが出てきた。イギリスのサスティナビリティ社のエルキントン（Elkington, J.）は1997年に「トリプル・ボトムライン」を提唱し，企業評価を財務的側面のみならず環境的側面と社会的側面からも評価すべきとした。「ボトムライン」とは決算書の最下部の数値すなわち収益を意味するが，財務

高まってきたのだが,非営利型の対応は別として,営利型のBOPGMを実現することはそう簡単ではない。


## 第2節　BOPGMの困難性


### 1. 一般的困難性

　BOPGMの困難さは,第1にBOP層の多様性である。「BOP層は40億人,5兆ドルの規模がある」といわれるが (Hammond et al., [2007]),これだけ巨大だと当然その内部における格差も大きい。単に所得格差ばかりでなく,住んでいる国の違いや都市か農村かといった差も著しく大きい。一般に,BOP層はアジアやアフリカでは農村に多く,ラテンアメリカでは都市のスラム街に多いといわれている。同じアジアでもインドのデリーのスラム街に住む人々とインドネシアの熱帯雨林に住む人々とを同列に扱うことはできない。「BOP層は年間世帯所得が3,000 USドル(あるいは5,000 USドル)未満」と前述したが,都市スラムに住む年間世帯所得800 USドルの人よりもある程度自給自足ができている農村の年間世帯所得300 USドルの人の方が裕福な暮らしをしていることが多い(小林ほか[2011])。マーケティングのSTP (Segmentation, Targeting and Positioning) の論理でいえば,BOP層はあまりに多様すぎて対象を絞ることが困難である。当面はケース・バイ・ケースのBOPGM戦略を立てるほかない。しかしながら,本来BOPGMは地域を越えて横展開できなければ,「規模の経済」論理からしても成功はおぼつかない(Polak [2008])。ここにBOPGMの難しさがある。

　第2に,BOPGMは収益性が十分に確保しにくい。所得の少ないBOP層を対象とするのだから,1個1個の量も少なく,価格も安くならざるを得ない。

よく，洗剤やシャンプー，石鹸，菓子などの小袋（sachet）が BOPGM の代表例のようにいわれるが，途上国で販売しようと考えるなら，一部の富裕層を例外として小袋になるのは当然であり，BOPGM の典型例とはいえない。もっとも，単価が安く（affordable），消費者が入手しやすい（available）ことは BOPGM においても絶対的条件であり，それだけ企業の 1 個当たりの収益性は小さくならざるをえない。乗用車や大型二輪，高級家電などは BOPGM の素材にはならないが，乗用車でもインド・タタのナノのような低価格車が出てきたり，100 cc 前後の途上国向け小型二輪や 22 インチ以下の液晶テレビなどが開発されたりしている（インドではテレビの 8 割は壁掛けにされている）。これらは意外と BOP 層においても需要がある。企業としては，そのような製品やサービス（以下，合わせて商品とよぶ）でもきちんと収益を出していく仕組みを作ることが持続可能性（sustainability）を保持する上で重要である。

　第 3 に，BOP 層にアクセスすることが困難である。BOP 層は都市ではスラム街に田舎では辺鄙な農村に住んでいることが多い。そのような場所へ，どのようにして商品を届けるのか，そして BOP 層の人々がどのようにして商品にアクセスできる（accessible）ようにするのかは，BOPGM における困難な課題である。フィリピンにおいてはサリサリストアという小売店が全国にあり多くの人々が活用しているが，スラム街や辺鄙な農村においても BOP 層の重要なアクセス手段となっている（舟橋 [2011]）。インドで有名なシャクティ・プログラムでは，農村の若い女性が販売員となることによって知人の家を回り，小分けしたヒンドゥスタン・ユニリーバ（HUL）の石鹸やシャンプーを販売している（Prahalad [2005]）。フマキラーはインドネシアで 2008 年よりエリア・フォーカス作戦を開始した。そこでは 3 人一組の営業チームが最小行政単位の郡を 3 カ月間集中して回り，インドネシア全土に 230 万軒あるといわれる雑貨屋ワルンを 1 軒 1 軒訪問して回るのである。営業チームの男性 1 人がワルンに 1 巻（2 回分）500 ルピア（約 4 円）の蚊取り線香を置いてもらうよう交渉している間に，他の女性 2 人が近所に試供品を配るという作戦である。ジャワ島だけで 6 つの州があり，その州に約 120 の県があり，その県に 2,000 以上の郡があるという中で，1 つひとつの郡を押さえていくという気の遠くなるような

作戦を展開している（菅原・大野・槌屋［2011］）。

　第4に，BOPGMは多様な組織・団体とパートナーシップを組むことを求められる。一般的に，企業は自社のコントロールを最大化するために自前の組織で自由に活動することを好む。海外事業を営むに際しても，可能ならば100%支配の子会社を通じて事業を行いたいと考えている。しかしながら，BOPGMにおいては国際機関や大学，世界的NPO，現地NPOなどと提携し，事業を進めることが有利であり，そうしなければ進まないこともある。先述のHULのシャクティ・プログラムにおいても，HULは通常のチャネルが組めるところは自ら事業を営んでいるが，それが不可能なところではシャクティ・アマを活用している。1996年にシャクティ・プロジェクトを開始したHUL（当時はULL）は，2000年秋，世界銀行と「水と衛生プログラム」が「世界銀行—オランダ・水に関するパートナーシップ」の支援を得て，官民パートナーシップ（PPP）を推進していることを知った。このPPPはロンドン大学衛生熱帯医学大学院や国連児童基金（UNICEF），米国国際開発庁（USAID），USAIDの「環境衛生プロジェクト」の支援を取り付けて「石鹸による手洗いを推進する官民パートナーシップ」を開始していたので，HULはそのインド・ケララ州プログラムに参加したのである。しかしながら，このPPPは他のNPOや政治団体の反対にあい，大幅な予算規模の縮小を余儀なくされた。それでもHULは石鹸による手洗い活動を続け，下痢疾患の減少と自社の収益を同時達成していった（Prahalad［2005］）。

## 2. 日本企業にとっての困難性

　日本企業におけるBOPGMの困難性は，その市場選択に由来する側面もある。第二次世界大戦後，日本企業は復興のための市場を国内の拡大する中間層と欧米先進国市場に求めてきた。日本企業商品は，先進国市場においては当初「安かろう，悪かろう」の下位市場にアプローチせざるを得なかったが，次第に品質向上とコスト優位性を高め「低価格・高品質」商品を供給して次第に上

位市場に進出していった。1960年代・70年代前半の初期海外投資時代においては途上国の低賃金労働を活用して国内市場や先進国市場へ輸出する戦略を採用し，70年代後半から80年代にかけての本格海外投資時代においてはこれに先進国生産が加わったものの，主たる市場が国内を含む先進国市場であることに変わりなかった。しかしながら，現在の主たる市場は途上国市場に移行している。従来の先進国向け商品は途上国の富裕層へは大きな変更なしに適用可能であったが，主戦場たるボリュームゾーン（MOP）やさらにその下位に位置するBOPに対しては必ずしも魅力的ではない（新宅［2009］）。「日本の商品は品質が良くて欲しいけど，高くて手が出ない」というのが現状である（筆者の2011年のインドネシア（3月），インド（9月）の現地調査）。

　菅原秀幸教授は，日本企業のBOPGMに対する潜在的能力と可能性を，①明確な企業理念，②強い使命感，③長期的視点，④現場志向，⑤優れた商品・サービスというBOPGM成功の5つの要因と，日本企業の有する経営のあり方との適合性に見いだし，一貫して「日本企業こそBOPGMに強みをもっている」ことを強調してきた（菅原［2008］［2009］［2010a］［2010b］，菅原・大野・槌屋［2011］）。BOPGMといえば欧米の先進的事例ばかりが紹介されがちな風潮に対して，「日本企業も以前から取り組んでいること」，「日本企業もいっそう挑戦すべきこと」を主張した意義は大きい。菅原・大野・槌屋［2011］は，ヤクルト，フマキラー，日本ポリグル，住友化学，雪国まいたけ，ヤマハ発動機などの日本企業の具体的事例を紹介している（ヤクルト本社は，筆者のヒアリングによれば，同社のビジネスをBOPGMと結びつけられることを否定している）。

　もっとも，菅原の挙げるBOPGM5つの成功要因は必ずしも日本企業固有のものではない。優良外資系企業においては，5つの要因すべてとはいわないが，多くの点で日本企業を上回るものが多い。米国の経済雑誌 *Fortune* が毎年発表している「World's Most Admired Companies」の2011年版では「Top50」の中に入っている日本企業はトヨタ（33位），ホンダ（42位），ソニー（46位）の3社のみである（Fortune［2011］）。もちろん，このランキングが絶対的なものではないが，明確な企業理念や強い使命感，長期的視点，優れた商

品・サービスといったものはむしろ優良外資系企業に一日の長がある。現場志向という日本企業の特性は生産現場では妥当するかもしれないが，市場現場においては必ずしも証明されていない。インド家電市場においてはLGやサムスンといった韓国企業の市場現場志向が目立っているし（朴［2009］），ユニリーバやボーダフォン，フィリップス，P＆G，GEなども市場現場に密着している（Prahalad［2005］, Hart［2007］, Smith［2007］）。加えて，日本企業には「乏しい資金調達先」や「社会的投資の不在」といった困難さもある（菅原・大野・槌屋［2011］，ただし指摘しているのは槌屋）。NPOとのパートナーシップ形成においても日本企業は慣れているとは言い難いし，BOPGMへの関心そのものも高いとはいえない。

## 第3節　日本企業へのアンケート調査結果

### 1. 調査方法

　筆者が2011年7〜8月に東証一部上場企業（外資系を除く）1,675社に対して実施したアンケートの結果を簡潔に見てみよう。詳細な統計分析は別稿で行うことにして，ここでは主要な項目についての単純集計とクロス集計だけを述べる（アンケート票は章末に掲載。発送先は国際事業部長。ただし回答者はさまざま）。有効回答は191社（11.4％）である。なお，アンケートでは「BOPビジネス」の用語を用いているが，本章の用語を一貫させるために本文ではBOPGMをそのまま使う。

## 2. 調査結果の概要

　第 1 に，BOPGM についての「関心」について Q1 で尋ねたところ「非常に関心がある」20 社（10.5%），「やや関心がある」40 社（20.9%）で，併せても 60 社（31.4%）に過ぎない。いや，60 社，31.4% もあったというべきだろうか。「あまり関心がない」が 97 社（50.8%），「まったく関心がない」が 29 社（15.2%）で，「無回答」が 5 社（2.6%）であった。回収率が低かったことが BOPGM に対する関心度合いを示しているかどうかは不明であるが，少なくとも回答企業の 7 割は BOPGM への関心が低いか，関心がない。関心が低い理由としては，Q2 の回答で「自社のビジネスに適合しない」が圧倒的であった。「自社のビジネスに適合しない」という理由を選んだ割合は「あまり関心がない」で 72.2%，「まったく関心がない」で 93.1% であった。「まったく関心がない」企業は無回答が 6.9% あるので，理由を明記した回答すべてが「自社のビジネスに適合しない」を選んだことになる。ちなみに「あまり関心がない」と回答した企業のうち 9 社（9.3%）は「時期尚早」と回答し，7 社（7.2%）は「関連性は薄いが取り組むべき課題だと考えている」と回答している。

　ちなみに，経済同友会が 2010 年 1 月に実施した「企業の社会的責任（CSR）に関するアンケート調査〜第 3 回『自己評価』および『経営者意識調査』〜」の「自己評価シート」を見ても，「BOP ビジネスについては，どのような受け止め・取り組みをしていますか」という問いに対して，「他の優先課題があるため，今はまだ BOP ビジネスに関心を向けていない」という回答が無回答を除くと 77.5%（386 社中 299 社，無回答を含めても 67.2%）もあった。「主に社会問題解決の視点から取り組んでいる」が 47 社（無回答を除き 12.2%），「市場開拓と社会問題解決の両方の視点から取り組んでいる」が 20 社（同 5.2%），「主に市場開拓の視点から取り組んでいる」がやはり 20 社（同 5.2%）であった（経済同友会［2010］）。経済同友会が会員の経営者に尋ねても 4 分の 3 以上が「関心を向けていない」というのであるから，本調査の「7 割が関心を向けていない」という結果もほぼ妥当性があるといえよう。

第2に，Q4でBOPGMへの取り組みを1つだけ選んでもらったところ，「非常に関心がある」20社のうち11社（55.0％）は「本業の一部として取り組んでいる」と回答している。「小規模だが実験的に取り組んでいる」も2社（10.0％）あった。「やや関心がある」40社のうち10社（25.0％）は「現在，社内で検討を行っている」と回答し，4社（10.0％）は「本業の一部として取り組んでいる」とし，3社（7.5％）は「小規模だが実験的に取り組んでいる」と回答している。「あまり関心がない」，「まったく関心がない」回答者の6割強は無回答で，3割強が「今後5年以内に取り組む予定はない」としている。興味深いのは，「一度取り組んだが撤退した」と回答している企業が6社あることである（「やや関心がある」で4社，「あまり関心がない」で2社）。撤退の理由についてはQ12で「現地向け商品生産のコスト困難性」とする回答が1件あるだけなので不確かであるが，既に6社の撤退事例があるとすれば，今後，撤退の経緯についても検討する必要がある。

　なお，BOPGMに対する理解度は（Q3），「知っているが内容は漠然としている」が42.9％で一番多く，「言葉だけは聞いたことがある」が25.1％と続き，「まったく知らない」が15.2％，「よく知っていて内容も理解している」は12.6％に過ぎなかった（「無回答」4.2％）。

　第3に，BOPGMへ取り組む理由であるが（Q5, 3つ以内の複数回答），「非常に関心がある」と「やや関心がある」の累積度数180のうち，無回答（91, 50.6％）を除いて最大の理由は「BOP市場の成長性」であった（24, 13.3％）。ついで「新たな収益源の確保」（17, 9.4％），「国内市場が成熟・飽和」（14, 7.8％），「既存の海外市場が成熟・飽和」（7, 3.9％）が続く。「社会貢献」は8回答（4.4％）あったものの「CSRの遂行」は1回答（0.6％）しかなかった。回答企業の多くはBOPGMを市場問題として把握していることが分かる。「ブランド（レピュテーション）の向上」（3）や「経営革新」（1），「グローバル人材の育成」（0）なども少なく，現段階ではBOPGMをイノベーションと捉えてはいない。「日本政府の支援」（1）よりも「現地国政府の要請」（4）の方が多く，「NGO/NPOからの連携申し出」も1回答あった。

　日本の経済産業省は2010年7月に10件の支援事業を採択し，同年12月に

第4章　BOP市場開拓型グローバル・マーケティング　81

はJICAが20件採択している（2011年10月にはさらに13件採択）。2010年10月には「BOPビジネス支援センター」が設立され，2011年9月には「BOPビジネス・パートナーシップ構築支援事業［A］パートナー発掘調査サポート」8社，「同［B］パートナー連携促進現地活動サポート」3社が採択されている（JETRO管掌）。今回の調査ではこれらの採択事業を必ずしも網羅していないので，日本企業のBOPGM実態そのものについてはこれら詳細な分析が必要だろう。

　第4に，BOPGM取り組みの内容について尋ねてみると（Q6，予定を含む），「実施済み」では「情報収集（文献収集やセミナー参加）」が25回答と一番多く，「視察（社員による現地視察）」が22，「現地調査（外部委託）」が15，「パートナー探し（国内外の企業，NGO/NPO，政府機関など）」が14となっている。「実施予定」は「商品開発（BOPに適合した商品の試験的開発）」および「販売（BOPに適合した商品の実際の販売）」がともに17と最も多く，後は9～12件と満遍なく広がっている。「実施予定なし」では「現地調査（外部委託）」と「パートナー探し（国内外の企業，NGO/NPO，政府機関など）」および「提携に向けて協議（パートナーとの具体的な話し合い）」が16と多く，「商品生産（BOPに適合した商品の生産）」が15とほぼ同数となっている。「情報収集」や「視察」，「調査」などは実施しており，「商品開発」と「販売」が今後の予定で，「パートナー探し」や「提携に向けて協議」および「商品生産」は予定なしということは，だいたいこの順序でBOPGMへの取り組みが進展していくことを示唆している。

　第5に，BOPGMにおいてはさまざまな機関とパートナーシップを提携することが有効であるが，どのようなパートナーを想定しているかといえば（Q09），「現地企業」と回答した企業が24と一番多かった（無回答を除く回答企業75社の32.0%。残りは1桁のパーセンテージである。また，パートナーシップをどの段階で必要とするかという問い（Q07）には，「現地調査」という回答が17社（回答企業数103社の16.5%），「現地政府との交渉（認証，販売許可取得含む）」が16社（15.5%）であり，残りは1桁であった。BOPGMにおいては，ハートも指摘するように，主要ステークホルダー（投資家，顧

客，監督機関，従業員，コミュニティ，取引先，NPO，競合他社）だけでなく末端ステークホルダー（利害対立者，極論者，貧困者，弱者，非識字者，無関心者，人類以外の生物など）との関係を築くことが重要である（Hart[2007]）。これら多様なステークホルダーと1民間企業が自分の力だけで良好な関係を築き，さまざまな困難を乗り越えていくことは至難の業であろう。そこに多様な相手とのパートナーシップの意義があるのだが，もともとそのような提携に慣れていない日本企業にとって未知の挑戦である。自然，アンケート結果にもみられるように，従来の企業間提携などでいくらか知見のある「現地企業」とのパートナーシップを模索することになり，現地のNPOや日本国内のNPO，世界的なNPOなどとのパートナーシップには躊躇せざるをえない。これを脱却するには経営のイノベーションが必要であろう。

　最後に，回答者はBOPGMにどのような問題・課題を感じているのだろうか（Q10）。問題・課題を感じているのはBOPGMに関心がある企業なので，Q01の「非常に関心がある」と「やや関心がある」とに分けてクロス集計してみると，両者が感じている問題・課題にはかなり違いがあることが分かる。「非常に関心がある」企業は，「収益率があまりに低い」と回答したものが8，「現地での販売網確立の困難性」が6，「BOPビジネスを推進できる人材が不足」と「現地での商品に関する認証」が5であったのに対し，「やや関心がある」企業は「BOPビジネスを推進できる人材が不足」と回答したものが11と最も多く，「収益率があまりに低い」が9，「良いパートナーの探索困難性」が7，「現地政府の信頼性欠如」が6という順番であった。「収益性があまりに低い」ということと「BOPビジネスを推進できる人材が不足」という共通点を除けば，「非常に関心がある」企業は販売網や商品認証などの具体的活動に問題・課題を感じているのに対し，「やや関心がある」企業はパートナーや現地政府に対する事前不信を問題・課題と感じている。

　先述したような経済産業省やJICA，JETROの支援事業は，現地ニーズの理解や市場・制度の把握，関係政府機関やNPOの探索などさまざまなFS（Feasibility Study）や実際の事業支援を行っているが，他方で政府間協議などを深め現地政府の腐敗や汚職の防止や認証制度の改善などBOPGMのための

インフラ作りにも尽力する必要がある。

## 第4節　今後の展望

　日本企業のBOPGMはまだ緒についたばかりである。多くの企業の理解も十分ではなく，取り組みも政府等の支援を得て足を踏み出したばかりである。貧困問題の解決，地球環境保全，CSRというBOPGM推進の外圧が高まっていることは感じつつも，低利益率や赤字に悩まされている身としては「それどころではない」というのが大方の本音であろう。BRICSを始めとする新興国の市場開拓においても，ようやく富裕層からボリュームゾーン（MOP）に攻め入ろうとしているのであり，それさえも容易ではない（遊佐［2010］，池上［2011］，伊藤［2010］，黒田［2010］，天野［2010］）。安室［2010］が指摘するように，高品質で競争優位を獲得してきた日本企業がBOPGMに参入することには，「低収益／マーケットシェア最大化」戦略に突き進む危険性や現地ないし第三国のコモディティ企業群から十字砲火を浴びる危険性，従来維持してきたコア・テクノロジーの自己破壊の危険性などが潜んでいる。これらの危険性を乗り越えて日本企業がBOPGMに本格的に取り組むためには，経営・マーケティングにおける広範なイノベーションが不可欠であろう。

　菅原・大野・槌屋［2011］が的確に示すように，日本ポリグルによる水質浄化剤PGα21Caのバングラデシュでの普及や同じバングラデシュでの雪国まいたけによる緑豆ビジネス，ヤマハ発動機によるセネガルでの点滴灌水など，多くの困難を乗り越えて軌道に乗りつつある事例もある。味の素(株)も現在，ガーナにおいて栄養改善プロジェクトを進行させつつある。ここでも野口英世記念医学研究所やガーナ大学，国連機関や現地政府機関，学校，現地食品会社，NPOや地元住民とのパートナーシップを形成し，マイクロ・ファイナンスを活用しつつリジンを添加した離乳食用栄養強化食品をBOP層が購入できる価格で提供しようとしている。

これらの日本企業の事例や海外の先進事例などから考えられる，今後必要とされるイノベーションには以下の3点がある。

第1に，企業の存続理由についてのイノベーションである。企業も組織である以上，利益を上げて存続を図らなければならないが「何のための存続か」を問い直す必要がある。それが強欲な利益極大化志向である限りサスティナビリティは保証されず，社会とともに発展し社会の抱える問題を解決することに尽力するものだけが存続を許されるであろう。

第2に，マーケティングにおけるイノベーションである。市場の見方から始まり，商品開発，価格設定，チャネル作りなどあらゆる点で発想の転換が必要である。BOPGM を「自社のビジネスに適合しない」と否定するのではなく，BOPGM に合わせて「自社のビジネスを創造していく」ことが必要である。

第3に，経営戦略におけるイノベーションである。これまで考えられてきたありとあらゆる経営戦略は「いかに競合に打ち勝つか」を主命題とするものであった。そのため外部のステークホルダーも競争優位を獲得するための手段と考えられてきた。いまや外部の多様なステークホルダーを誘い込み，持続可能な経営戦略を創造することが求められている。

―【キーワード】――――
BOP，BOPGM，グローバル・コンパクト，ミレニアム開発目標，ソーシャル・ビジネス，サスティナビリティ，トリプル・ボトムライン，CSR，CSV，ISO26000

【参考文献】

Fortune［2011］"World's Most Admired Companies," March 3.

Hammond, A. L. et al.［2007］*The Next 4 Billion: Market Size and Business Strategy at the Base of the Pyramid*, IFC & WRI〈http://www.wri.org/publication/the-next-4-billion〉（2011.10.3.）.

Hart, S. L.［2007］*Capitalism at the Crossroads*, Wharton School Publishing.（石原薫訳［2008］『未来をつくる資本主義』英治出版。）

London, T. and Hart, S. L.［2011］*Next Generation Business Strategies for the Base of the Pyramid: New Approaches for Building Mutual Value*, Pearson

Education.（清川幸美訳［2011］『BOP ビジネス　市場共創の戦略』英治出版。）

Polak, P. ［2008］ *Out of Poverty: What Works When Traditional Approaches Fail*, Berrett-Koehler Publishers.（東方雅美訳［2011］『世界一大きな問題のシンプルな解き方』英治出版。）

Porter, M. E. and Kramer, M. R. ［2002］ "The Competitive Advantage of Corporate Philanthropy," *Harvard Business Review*, December.

Porter, M. E. and Kramer, M. R. ［2006］ "Strategy & Society: The Link between Competitive Advantage of Corporate Social Responsibility," *Harvard Business Review*, December.

Porter, M. E. and Kramer, M. R. ［2011］ "Creating Shared Value," Harvard Business Review, January-February.（邦訳［2011］「共通価値の戦略」『DIAMOND ハーバード・ビジネスレビュー』6月号。）

Prahalad, C. K. and Hammond, A. ［2002］ "Serving the World's Poor, Profitability," Harvard Business Review, September.（松本直子訳［2003］「第三世界は知られざる巨大市場」『DIAMOND ハーバード・ビジネスレビュー』1月号。）

Prahalad, C. K. and Hart, S. L. ［1999］ "Strategies for the Bottom of the Pyramid: Creating Sustainable Development," unpublished.

Prahalad, C. K. and Hart, S. L. ［2002］ "The Fortune at the Bottom of the Pyramid," *Strategy+Business*, issue 26, January.

Prahalad, C. K. and Lieberthal, K. ［2002］ "The end of Corporate Imperialism," *Harvard Business Review*, July-August.

Prahalad, C. K. ［2005］ *The Fortune at the Bottom of the Pyramid*, Wharton School Publishing.（スカイライト・コンサルティング訳［2005］『ネクスト・マーケット』英治出版。）

Smith, C. ［2007］ *Design for the Other 90%*, Smithsonian Institution.（槌屋詩野監訳［2009］『世界を変えるデザイン』英治出版。）

WCED ［1987］ *Our Common Future*, Oxford University Press.（大来佐武郎監修［1987］『地球の未来を守るために』福武書店。）

天野倫文［2010］「新興国市場戦略と日本企業の国際経営―アジア等中間層市場への浸透化―」『世界経済評論』11・12月。

池上重輔［2011］「新興国市場の『ボリュームゾーン』攻略とブルー・オーシャン戦略」『国際ビジネス研究』第3巻第1号，Spring。

伊藤清道［2010］「なぜ，トヨタがインドでは苦戦するのか─技術の下方硬直性─」『国際ビジネス研究』第3巻第1号，Spring。

大石芳裕［2003］「多国籍企業と地球環境問題」『世界経済評論』Vol. 47, No. 8, 8月号。

黒田篤郎［2010］「三つのビジネスチャンスと日本企業」『世界経済評論』7・8月号。

経済産業省［2010］『BOPビジネスのフロンティア』経済産業調査会。

経済同友会［2010］「企業の社会的責任（CSR）に関するアンケート調査─第3回『自己評価』及び『経営者意識調査』─」の「自己評価シート」（経済同友会HP〈http://www.doyukai.or.jp/pdf/csr100428_06.pdf〉（2011.10.14.））。

小林慎和・高田広太郎・山下達朗・伊部和晃［2011］『BOP超巨大企業をどう攻略するか』日本経済新聞出版社。

新宅純二郎［2009］「新興国市場開拓に向けた日本企業の課題と戦略」『国際調査室報』第2号，8月。

菅原秀幸［2008］「貧困層市場への多国籍企業の共創アプローチ」北海学園大学『経営論集』第5巻第4号。

菅原秀幸［2009］「日本企業によるBOPビジネスの可能性と課題」北海学園大学『開発論集』第84号。

菅原秀幸［2010a］「BOPビジネスの源流と日本企業の可能性」『国際ビジネス研究』第2巻第1号。

菅原秀幸［2010b］「世界40億人貧困層へのビジネス・アプローチ［上下］」『世界経済評論』5・6月号＆7・8月号。

菅原秀幸・大野泉・槌屋詩野［2011］『BOPビジネス入門』中央経済社。

野村総合研究所［2010］『BOPビジネス戦略』東洋経済新報社。

朴英元［2009］「インド市場で活躍している韓国企業の現地化戦略」『赤門マネジメント・レビュー』第8巻第4号。

舟橋豊子［2011］「貧困削減に向けて企業は何ができるのか─フィリピンBOP層へのある試み─」明治大学大学院『研究論集』第34号。

水尾順一［2010］「戦略的CSRの価値を内包したBOPビジネスの実践に関する一考察」『駿河台経済論集』第20巻第1号，9月。

安室憲一［2010］「グローバル市場の活断層に潜む戦略リスクの分析」『世界経済評論』7・8月号。

遊佐弘美［2010］「日本企業の新興国中間層向け事業戦略の施策及び事例─中国とインドを中心に─」『国際調査室報』第4号，3月。

（大石　芳裕）

調査票

お願い：回答は，番号選択問題については該当する番号に○をつけてください。単一回答と複数回答があります。「その他」および自由回答欄には，楷書でご記入ください。

BOP ビジネスは新興国の低所得者に対する有償の製品・サービスの提供と想定してください。

Q1. BOP ビジネスへの関心について，あてはまるものに<u>ひとつだけ</u>○をつけてください。
　1．非常に関心がある，2．やや関心がある，3．あまり関心がない，
　4．まったく関心がない
　※ 3 または 4 と回答された方は，Q3 まで回答された上で返送いただいても結構です。

Q2. BOP ビジネスへの関心の有無について，あてはまるものに<u>ひとつだけ</u>○をつけてください。
　1．自社のビジネスと大いに関係がある，
　2．関連性は薄いが取り組むべき課題だと考えている，
　3．競合相手が既に取り組んでおり競争上不可欠，
　4．自社のビジネスに適合しない，5．収益が見込めない，6．時期尚早，
　7．その他（　　　　　　　　　　　　　　　　　　　　　　　　　　　）

Q3. BOP ビジネスの理解について，あてはまるものに<u>ひとつだけ</u>○をつけてください。
　1．よく知っていて内容も理解している，
　2．知っているが内容は漠然としている，3．言葉だけは聞いたことがある，
　4．まったく知らない

Q4. BOP ビジネスへの取り組みについて，あてはまるものに<u>ひとつだけ</u>○をつけてください。
　1．本業の一部として取り組んでいる，2．小規模だが実験的に取り組んでいる，
　3．コンサルティング会社に F/S 調査を依頼している，
　4．現在，社内で検討を行っている，5．一度取り組んだが撤退した，
　6．今後 5 年以内に取り組む予定，

調査票

14-4　貴社の海外売上高比率（小数点１位まで）
　　　（　　　　　）％
14-5　海外売上高に占めるアジア・アフリカ・ラテンアメリカ比率（小数点１位まで）
　　　（　　　　　）％
14-6　海外研究開発拠点数（消費者／生活研究所を含む）
　　　（　　　　　）社
14-7　海外研究開発拠点数のうちアジア・アフリカ・ラテンアメリカに所在する数
　　　（　　　　　）社

Q15. 回答者プロフィール（集計結果を要望される場合，ご記入ください）
　15-1　回答者芳名
　　　（　　　　　　　　　　　　　　　　　　　　　　　）
　15-2　回答者所属名
　　　（　　　　　　　　　　　　　　　　　　　　　　　）
　15-3　回答者役職名
　　　（　　　　　　　　　　　　　　　　　　　　　　　）
　15-4　送付先住所
　　　郵便番号（　　　　－　　　　　）
　　　住　　所（　　　　　　　　　　　　　　　　　　　）
　　　電話番号（　　　　－　　　　－　　　　　）
　　　メルアド（　　　　　　　　　　　　　　　　　　　）

Q16. 自由ご意見欄（本調査ならびに BOP ビジネスについて，ご意見があればご記入ください）

質問は以上です。ご協力，心より感謝いたします。

# 第5章
# グローバル市場参入戦略

---
**本章のねらい**

① アジア新興国企業の中でも世界市場で躍進著しい中国とインドの多国籍企業の市場参入戦略の特徴を説明する。とりわけ国際 M&A を用いるのはなぜかを，企業特殊的優位と国家特殊的優位のフレームワークなどから解明する。

② 半導体の生産における委託と受託といった経営機能別企業間国際分業が成立するメカニズムを，BB レシオや経験曲線効果といった半導体産業特性と，関係特定的資産やスウィッチング・コストといった企業特殊要因から明示する。

③ ソフト開発において委託と受託の関係が存立し，望ましい分業関係に発展するための条件を特定化する。期待収入，技術供与収入，開発コスト，営業経費，技術消散コスト，機会費用，販売先変更コストを組み入れて定式化する。

④ 1990 年代より頭角を現したボーン・グローバル (BG)・ベンチャーの生成・成長要因とグローバル戦略特性を示す。ケーススタディを通して，BG 群が「真の BG」と「急進的国際派」に分かれると指摘し，その決定因を明かす。

---

## は じ め に

本章では，21 世紀になって多国籍企業の世界市場参入戦略を考察する上で重要な現象をいくつか洞察し，その因果関係を一般化するため理論的な考察を行う。21 世紀を代表する市場参入戦略の 1 つには，アジア新興国系多国籍企業の世界市場への販売攻勢と現地生産へのシフトが挙げられる。第 2 に，企業内国際分業から企業間国際分業へのシフトが顕著にみられる。半導体企業とソ

フト開発企業の国際展開がその典型をなす。第3に，情報コミュニケーション技術の進展に伴って，ボーン・グローバル・ベンチャーの世界進出も見逃せない。

　これらの割合に新しい市場参入戦略は，世界市場における競争環境の変化によって生み出された多国籍企業のビジネス・プロセス・イノベーションの結果として展開されてきたとみなせる。例えば，自社内国際分業がベスト視された1980年代とは違って，21世紀では「委託と受託の関係」へとシフトし，こうした企業間国際分業が花盛りとなっている。

　次いで，世界市場でのプレゼンスを急速に大きくしてきた新しいアクターの登場も見逃せない。本国籍別で見ると，その代表格となるのが，中国およびインドに本拠を置く新興市場国系多国籍企業に他ならない。両国の多国籍企業に共通して典型的なのは，海外進出経験が浅い割に，M&Aを駆使する点にある。こうしたM&Aは先進国向け進出時にも意図されており，世界市場でイノベーションを巻き起こすような中国系とインド系多国籍企業の市場参入戦略の展開から目が離せない。一方，企業形態別に区分すると，ボーン・グローバル・ベンチャーが21世紀を象徴するグローバル情報コミュニケーション時代にふさわしい新たなアクターとして登場してきたことも無視できない。

　したがって，旧来のビジネスモデルを変えるような企業間関係とか，あるいは新規参入から短期間でグローバル展開を企図して世界のトップ企業に匹敵するだけの競争力を持ち得るような新興勢力を対象として，これら企業のグローバル市場参入戦略にどういったイノベーションがみられるかを洞察していくとしよう。この種のグローバル市場参入戦略の成立メカニズムについては，理論的研究が十分にし尽くされたわけではない。その意味で，革新的なビジネスモデルの展開が待たれているといえよう。

## 第1節　アジア新興国系多国籍企業の市場参入戦略

### 1. アジア新興国からの対外直接投資の決定因

アジア新興国系多国籍企業の市場参入戦略の特徴を把握するため，アジア新興国からの対外直接投資がどのような国内外の決定要因によって残高を増やしてきたかというトレンドを分析してみよう。特に国内からの輸出との関係に注目してみる。両者が代替的か促進的かを把握するためである。国家の競争力との関係にも注視する。

図表5-1の重回帰分析結果から分かるように，アジア新興国からの対外直接投資（以下，FDIと略記）は主に，政府支出額と財輸出額に支えられ，これ

**図表5-1　アジア新興国からの対外直接投資残高の影響要因**
—重回帰分析結果—

| モデル | 非標準化係数 | | 標準化係数 | $t$値 | 有意確率 |
|---|---|---|---|---|---|
| | B | 標準偏差誤差 | ベータ | | |
| （定数） | 1056.879 | 1016.943 | | 1.039 | .300 |
| 年貯蓄額 | －.007 | .025 | －.045 | －.268 | .789 |
| 国内消費高 | －.071 | .016 | －.830 | －4.425 | .000 |
| 政府支出額 | .251 | .043 | .812 | 5.811 | .000 |
| 財の輸出額 | .065 | .023 | .627 | 2.797 | .006 |
| 財の輸入額 | －.124 | .028 | －.981 | －4.361 | .000 |
| サービスの輸出額 | －22.225 | 117.267 | －.026 | －.190 | .850 |
| サービスの輸入額 | 164.699 | 95.612 | .205 | 1.723 | .087 |
| 対外直接投資残高 | .086 | .033 | .282 | 2.560 | .011 |
| 対外直接投資フロー | 2.175 | .165 | .661 | 13.153 | .000 |
| 対内直接投資フロー | .363 | .133 | .326 | 2.721 | .007 |

出所：ユーロモニター社　*GMID, World Competitiveness Data* などから入手し，筆者が分析。
　　　対象国は，中国，インド，インドネシア，タイ，マレーシア，フィリピン。対象年は1997～2008年。

ら数値が大きいと，海外への直接投資が進む傾向にあると判断される。ここでは，アジア新興国の対象として，中国，インド，インドネシア，タイ，マレーシアおよびフィリピンを抽出している。これらの国々では，財輸出額が国家の輸出競争力を示す指標となり，政府支出額が国内企業の技術開発の促進など競争力を生み出す促進剤となっているようだ。両指標が国家競争力を反映するFDIを増長するのと対照的に，国内消費高と輸入額はともにFDIに負で有意な影響を及ぼす点が注目されよう。調査対象国にはマレーシアを除き，国内人口とGDPが割と大きな国が多く，そういった国々では国内消費高が伸びれば，海外からの輸入が同時に増えやすいから，新興国企業としては輸入品との競争上，国内市場製品開発や増産のための国内設備投資など対内投資にマインドが向きやすく，その点がFDIと負の関係に結びつくものと推測される。

　今後は，重回帰分析結果から予知されるように，新興国の輸出競争力が強化されると国内企業の経営資源力を活用してFDIが増える一方，政府支出が国内経済発展に寄与すれば，国内での資本蓄積が進み，FDIに資金が廻ると期待されよう。海外直接投資の受入れ国から投資主体国へと変転著しい国として，中国とインドに注目が集まるのは自然の成り行きかもしれない。いずれ近いうちに，新興国の中からFDI残高が大きくなる国が出てこよう。とともに，FDI残高が大きくなれば，果たして新興国が目指す国家競争力ランクの引き上げに寄与するであろうか。

　こうした問題にこたえるべく，図表5-2に示される分析結果より，FDI残高比率が大きくても，国家競争力のランクを高く保つには何が重要かを探り出してみるとしよう。

　ユーロモニター社が編集した *World Competitiveness Data* から得られる世界の国家競争力ランクの順位に従って，競争力が強い国家群とそれが弱い国家群に類別している。

　FDI残高比率は，「(対外直接投資の残高－対内直接投資残高)／対外直接投資残高」として定義し，その比率の大きさが－0.25を上回っている国家がサンプルに選ばれている。

　FDI残高比率が相対的に高い国家群のうち，国家競争力が強い国としてシ

**図表5-2 国家競争力ランク別にみた高FDI残高比率国の判別**
—Fisherの線形判別関数の適用—

| 分類関数係数 | 国家競争力が強い国群 | 国家競争力が弱い国群 |
| --- | --- | --- |
| 国内消費高 | $-1.874$ E-5 | $-1.713$ E-6 |
| 財の輸出額 | $7.596$ E-6 | $-5.913$ E-5 |
| 財の輸入額 | $-2.296$ E-5 | $4.821$ E-5 |
| サービスの輸出額 | 0.12 | 0.211 |
| 対内直接投資残高 | $9.066$ E-5 | $1.527$ E-5 |
| 定　数 | $-3.914$ | $-8.726$ |

正準相関係数＝0.865　　Wilksのラムダ＝0.251（有意確率≦0.001）
注）E-6は正準相関係数の値が小数点第6位の大きさであることを意味する。
出所：図表5-1で用いたデータを筆者が正準判別分析にかけた結果を示す。

ンガポール，香港，日本，マレーシア，競争力が弱い国として中国，台湾，韓国が入っている。FDI残高比率が大きくて国家競争力が強い国では財の輸出競争力が強く，財の輸入には頼らず，国内消費依存度が割合に低い。すなわち，海外への直接投資を多く積み増す本国として国家競争力を維持するには，FDIに伴う技術流出が起きても，それに代わる新しい技術を開発し，競争力が高い製品の国内生産を増やすことで輸出を伸ばす努力が欠かせない。そのことがアジア新興国にとっての課題となろう。その課題を担うのが，これら諸国から出自した多国籍企業である。

　上記2つの分析を通して，アジア新興国からのFDIの特徴が把握され，今後のFDIの増大に何が鍵となるかを把握できたといえよう。

## 2. 新興市場国系多国籍企業の外国市場参入戦略展開モデル

　そこで，ラグマン（Rugman, A.），ラママルティ（Ramamurti）＆シン（Singh）の説を援用し，今日躍進著しい新興市場国系多国籍企業の市場参入方式の選択モデルを概説してみる。
　図表5-3に表されるマトリクスの軸となる「企業特殊的優位（firm-specific

advantage；FSA)」とは，競合他社と対比してみられる経営資源力の強さを表す。例えば，製品技術力，製造技術力，マネジメント能力，ブランド力，販売網などが該当する。もう1つの軸に使われる「国家特殊的優位（country-specific advantage；CSA)」は，本国がもつ労働力の質やコスト，技術力，天然資源などの要素賦存が恵まれている場合に強いとみなせる。

**図表5-3 企業特殊的優位(FSA)と国家特殊的優位(CSA)のマトリクス**

| CSA(本国) | FSA 弱い | FSA 強い |
|---|---|---|
| 強い | 1<br>コストリーダーシップ；<br>製品ライフサイクル後期のコモディティタイプの製品の国際生産 | 3<br>FSAとCSAの双方の強みを生かした多種多様なグローバル戦略；<br>多角化，コングロマリット型 |
| 弱い | 2<br>グローバル化の見込みなしの企業；<br>撤退 | 4<br>マーケティングとカスタム化による強みを発揮しての差別化戦略；<br>本国のCSAは世界市場競争に不可欠ではない |

出所：Rugman［2009］p.51を参照にして作成。

ラグマン（Rugman［2009］)は図表5-3において，象限1（左上のセル）で示される「コストリーダーシップ型」を，新興市場国系多国籍企業が生まれる有力なパターンとして取り上げている。国家資源をベースとしながら，成熟して製品ライフサイクル上，コモディティ・タイプと化した製品を大量生産して低価格で販売する多国籍企業である。生産面での企業特殊的優位は，自社が無形スキルを保持しているよりも，立地とエネルギーコストが国家特殊的優位を生み出すのに寄与していることの方が重視され，こうした国家特殊的優位が企業の競争優位の源泉になるという。

他方，本国ベースの国家優位性を持ち得なくても，企業特殊的優位があれば，象限4のように，差別化戦略を駆使していくような多国籍企業が出自する。象限3には，企業特殊的優位も本国の国家特殊的優位も兼ね備えた多国籍

企業が多角化戦略やコングロマリット戦略を展開すると示唆される。多種多様な製品事業部とか製品ラインにわたり，包括戦略を用いてグローバル化を図れる。

## 3. 中国系多国籍企業の市場参入戦略モデル

　中国に本拠を構える代表的な多国籍製造企業として，ハイアール，レノボ，華為，TCLがよく知られている。21世紀に入ってからも成長著しい中国企業のグローバル市場参入にみられる戦略行動特性を一般論的に捉えてみたい。特に中国企業の対外進出方式に占めるM&Aが件数，規模ともに急増しているので，中国企業が海外進出する際になぜM&Aを多く選択するのか，その根拠と論拠を理論枠組みや分析フレームから導き出したい。

　中国系多国籍企業急成長を遂げて，今なお躍進著しいのは，海外M&Aが強く関係している。標的市場への参入時間を節約するという意味では，M&Aは「時間を買う戦略」とも称される。また，「外部資源を一気に獲得する手段」でもある。

　中国系多国籍企業によるM&Aの展開パターンに見られる特徴を把握すべく，図表5-4を活用してみる。中国系多国籍企業はここ数年，対外直接投資額のうち約8割を海外M&Aで占める傾向にある。とりわけ，大半の先進国系企業よりも財務資源が豊かであり，これを1つの大きな企業特殊的優位の梃子として海外企業のM&Aを積極展開している。むろん中国国内には数多くの多国籍企業が進出しており，こうした外資系企業の現地子会社との国内競争で優位に立つには，安価な割に能力に優れた豊富な労働力を中国人が得意とするオープンモジュール型製品の製造工程で生かしてこそ，である。こうして，財務資源をより多く生むのにつなげている。

　したがって，中国系多国籍企業は象限3からスタートし，海外M&Aを豊富な財務力を梃子として展開する結果，象限1にシフトしている。さらに，とりわけ先進国系多国籍企業を買収し，またはそれらと合併して成功を収めた

**図表5-4　企業特殊的優位(FSA)と国家特殊的優位(CSA)のマトリクス**
—中国企業への適用—

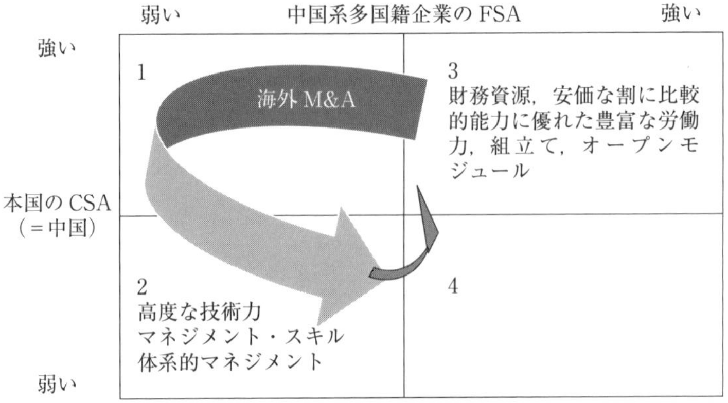

|  | 中国系多国籍企業のFSA | |
|---|---|---|
|  | 弱い | 強い |
| 本国のCSA（＝中国）　強い | 1　海外M&A | 3　財務資源，安価な割に比較的能力に優れた豊富な労働力，組立て，オープンモジュール |
| 本国のCSA（＝中国）　弱い | 2　高度な技術力　マネジメント・スキル　体系的マネジメント | 4 |

出所：Rugman [2009] p.52-59を参照して作成。

ら，高度な技術力とマネジメント・スキルを獲得するばかりでなく，中国企業が苦手とする体系的マネジメント能力も身に付けられるようになる。こうして海外M&Aを通して海外事業経験を積むうちに，多角化とコングロマリット化が一層進むため，象限3に帰着する可能性が高い。

## 4. インド系多国籍企業の市場参入戦略展開

　インド系多国籍企業の発展戦略はどうであろうか。図表5-5の通り，セル1のNorth-Northといった先進国系企業同士の対外直接投資と並んで，North-Southといったセル2の先進国系多国籍企業の発展途上国への進出が初期に見られたが，セル4で表される通り，インド企業の場合，発展途上国系企業の中では割合に早くから上位市場向け，すなわち，先進国系への対外直接投資を1970年代にスタートさせている点が注目に値しよう。その後，発展途上国への直接投資が伸びたが，2006年から再度，先進国への直接投資に第二波が起こり，インド全体の対外直接投資のうち6割から7割を占めるに至っている。では，なぜインド企業は先進国への進出を容易に行えるのであろうか。

**図表5-5　インド企業における対外直接投資の母国と受入れ先国の関係の変遷**

|  | 先進国 | 受入れ国 | 発展途上国 |
|---|---|---|---|
| 先進国（母国） | セル1<br>North–North FDI | | セル2<br>North–South FDI<br>（下位市場向きFDI） |
| 発展途上国（母国） | セル4<br>South–North FDI<br>（上位市場向きFDI）<br>インド企業の1970年代FDI<br>第1波動期．2006年を経たFDI<br>第2波で総FDIの60〜70%<br>〈バーノンモデルに反する〉 | | セル3<br>South–South FDI<br>（下位市場向き一辺倒のFDI） |

出所：Ramamurti and Singh［2009］p. 113 を参照して筆者が加筆．

　実は，インドを代表する財閥系企業の存在が無視できない．タタ（Tata）グループをはじめインドでは財閥系企業が買収を盛んに繰り広げている．例を挙げてみよう．①Tata Motors が韓国の自動車メーカーである Daewoo Commercial Vehicle を買収，②Tata Steel が Anglo-Dutch Corus Steel を買収，③Tata Chemicals がイギリスの Brunner Mond を買収，④Tata Tea がイギリスの Terley を買収，など枚挙にいとまがない．

　興味深いことに，Tata Steel にみられる鉄鋼企業の買収は，買収アナウンスメントを市場で公表した時に，アナウンスメント効果で自社の株価を上げており（買収実施の1カ月前が自社株の高値期日到来），企業価値を高める手段として，TOB を通じた買収を盛んに行う動機付けとなっている．買収が被買収会社の経営資源を獲得する手段としてだけでなく，海外有力企業の買収を盛んに行うほどインド企業の企業価値を上げるのに役立つことから，海外買収が海外買収を呼ぶ展開へと繰り広げられるところに，インド系多国籍企業のグローバル戦略の特徴が垣間みられる．インド企業は中国企業に比べて割合に買収で成功しているといわれる．買収の成功率が高い理由には，次のような買収段階を経ていることが関係すると考えられる．

▶第1段階；本国市場内での買収

▶第2段階；新興国市場での水平型買収
▶第3段階；先進国市場向け買収
▶第4段階；先進国と新興国での同時進行型買収（グローバル統合型）

　最初の段階で本国内企業を買収し，それに成功を収めるなどして買収経験をじっくりと積んでから，新興国市場国系企業の買収に乗り込み，最後に先進国系企業に買収をかけるといったように，低リスクの買収から段階的に高次元へとステップアップしている点が見逃せない。そして第4段階において，グローバルな足がかりを築いた企業は，グローバルなブランドと流通網を得て経営機能統合と価値連鎖の世界的分散を図るようになる。この段階では，先進国系多国籍企業を凌ぐ程の勢力を誇るケースも珍しくはない。財閥系多国籍企業に特有な成長パターンとみなせる。

## 5. 中国系 vs. インド系多国籍企業の進出戦略に関する比較考察

　インド企業によるM&Aを通した市場参入戦略展開は，中国系企業による海外M&A戦略の策定パターンと異なるであろう。なぜなら，中国系多国籍企業はインド系企業よりも戦略に多様性を発揮する傾向があるからだ。例えば，グローバル化の第1段階で国内外での有力企業との戦略提携（例として，ハイアールによる中国国内での三洋電機との戦略提携），そして第2段階として，国内外でM&Aに転じがちである（2004年12月におけるレノボによる中国PC工場の買収とIBMブランド利用権の取得が典型例）。

　だが，このように両国との対比で類型化し得たとしても，実際には，両戦略が入り交じっている場合が多い。あるいは，21世紀になって中国系多国籍企業の中でもM&Aに過度に依存せず，国際戦略提携と独自戦略を巧みに使い分けている企業も出現している。華為がそれに該当する。

　華為は，中国を代表するハイテク通信機器メーカーである。グローバル市場には後発参入でありながら，大手通信メーカーのエリクソン，富士通，ルーセント，モトローラと比較しても市場競争能力で決して見劣りしない。独自製品

開発戦略を完遂して能力強化を図ってきたからだ。だが，自社開拓型を基本としつつも，それ一辺倒ではない。市場競争条件や他社と比べた自社の技術・販売レベルに応じて，NEC，マイクロソフト，インテル，モトローラなど世界の一流企業と戦略提携を組む場合もある。そして，ネット資産の一部を合弁会社に供与し，グローバル・ハイテク市場へ参入するきっかけを作っている。世界的企業との間で国際戦略提携を締結するなど，戦略の使い分けが巧みである。

全般的に中国系多国籍企業においては，華為は例外的として，加工組立型産業におけるオープンモジュール技術の活用と，先進国系多国籍企業がもつ先進技術の模倣能力に優れ，これらの企業特殊的優位性をかかる優位性の1つである財務力と組み合わせて，海外市場開拓に向けて集中投下している。中国へ進出した欧日米系多国籍企業の合弁子会社の事業活動から経営資源を学習している点も強みとなって，海外事業に生かされている。

インド系多国籍企業の場合，ソフト開発力をはじめオリジナルな技術を開発する面で中国系多国籍企業に先行しているが，逆に家電産業のような加工組み立て事業にはあまり適していない。得意とするソフト開発ノウハウを求めてインドへ進出する欧日米系多国籍企業との共同事業を通して，これら先発企業の経営資源を学習した上で，財閥系の強力な資本力と融合させて先進国への進出が図られるから，事業リスクを減じることができる。

先進国への進出は2005年以降に急増したが，それ以前はRugman［2009］が指摘する通り，「アジア新興国企業においては，中国企業のように自国市場の販売比率が85％を占めるなど，アジアが依然として主要市場であるため，自国およびアジア市場向けのマーケティングなら優位性を保てる」という状況になっていた。

2005年以降，中国企業は豊富な資金力という企業特殊的優位に，国家特殊的優位の1つともいうべき中国元の対ドル，対ユーロの強含み（自国通貨価値の上昇）を結び付けて，鉱山，不動産，鉄鋼やアルミなどの素材産業，家電，情報機器や乗用車などのハイテク分野にもM&A攻勢をかけている。インド企業もこうした流れに追随していく傾向にある。

今後，海外M&Aが成功するためには，両国の企業ともに，先進国系多国籍企業から取得した製品技術や製法などをグローバルに適用可能となるよう，獲得した経営資源をいかに強化できるかが鍵となる。そのためには，財務資源に頼るばかりでなく，被買収企業の経営資源とうまく組み合わせられるような自社の知識優位を生み出す必要がある。とともに，両国企業ともにマーケティングにはまだまだ優位性を得ていないので，M&Aを通してマーケティングの重要性を学ぶべきであろう。

## 第2節　半導体企業の企業間国際分業の成立メカニズム

　本節では，半導体企業をモデルとして，製造の委託側と受託側との間で経営機能別に企業間国際分業がなぜ成立するかを明らかにする。かかるメカニズムを示すには，半導体にみられる産業特殊的要因の導入が不可欠となる。

　まず，一方の半導体企業が自社内生産から自社外生産に移行するところから経営機能別の企業間国際分業が生じる余地が見出される。自社の生産拠点が台湾と中国に立地するとした場合，かかる移行過程はこれまでの現象を洞察する限り，一般に下記の段階を経て進むと想定されよう。

① 自社の本国内生産を通じた輸出
② 自社の在台湾子会社内生産
③ 自社の在中国子会社内生産
④ 自社から台湾企業への生産委託
⑤ 自社が委託先とする台湾企業による中国企業への生産委託
⑥ 自社から中国企業への生産委託

　次に，機能別分業関係にある半導体企業について，製造委託企業をインテルなどの「ファブレス」と限定し，製造受託企業を台湾の「ファンドリー」と規定して，両社間での提携の成立と継続性を考察してみる。ファブレスは価値連鎖の中で研究開発とともに，半導体の自社ブランド販売に特化する。他方，

ファンドリーは前工程にあたる部品生産と後工程にあたる加工組立てを受け持つ。

図5-6に示されるスマイルカーブの法則に従えば，委託企業は価値連鎖の出発点である研究開発と終着点である完成品（半導体）販売を担うため，高い営業利益率を獲得できる。他方，受託企業は，全工程の中で一番営業利益率が低い加工組立てを担うとはいえ，比較的営業利益率が高い前工程を自社内で受け持つことで，利益率の低下をカバーできる。しかも，インテルやその他の有力な委託企業を常に取引先としていれば，大量生産が可能であり，平均生産コストを下げられるから，営業利益の総額を大きく保てる。こうして両社の関係は安定的に推移しえる。

果たして，委託企業にとって受託企業の数が多くなる方が好ましいか，限定された数で受託企業と取引関係をもつのが望ましいであろうか。

まず，委託企業からみて受託企業の数が多くなることのメリットとしては，ファンドリーに対して価格交渉力を強く発揮できる点が挙げられる。他のファンドリーと価格面で競わせられるからである。半導体の品質と機能性が同じで

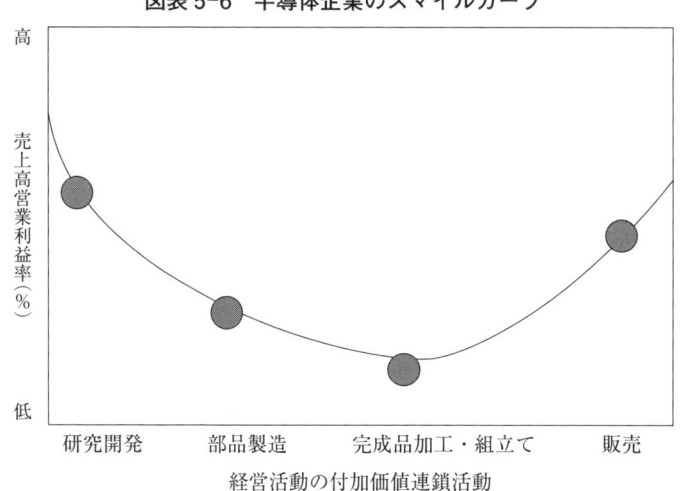

図表5-6　半導体企業のスマイルカーブ

縦軸：売上高営業利益率（％）（低〜高）
横軸：経営活動の付加価値連鎖活動（研究開発　部品製造　完成品加工・組立て　販売）

出所：筆者作成。

あれば，低価格を提示できるファンドリーを取引先に選ぶのが理に叶う。

逆に，ファンドリーの数が限られている場合，1社当たりの受託生産量を大きくできるため，ファンドリーの工場内生産において規模の経済性とともに，学習曲線効果が大きく享受でき，平均生産コストを下げられ，出荷価格も下げる余地がある。半導体においては，累積生産量を倍加するたびに20%もの平均生産コストを低減できるといった80%の経験曲線（学習）効果を享受できる。委託企業は総じて安価な価格での納品を期待できる。

委託と受託といった取引関係の中では，委託企業がファンドリーに自社の製品技術を供与しているケースが多い。納品価格が一定の下では，規模効果と学習効果の両面から受託側に半導体の生産量を増やす誘因が働き，その結果，技術使用料の算定基準となる売上高を伸ばせる。こうして，委託企業は技術使用料収入を増やせる。限られたファンドリーの大規模工場で委託企業仕様製品の大量生産が順調に進めば，委託側の技術収入は伸びるわけである。

また半導体の価格の実勢と推移に最大の影響を及ぼすBBレシオ（世界全体での総生産量に対する受注量の比率）が下落局面にあっても，規模の経済性と学習効果といったW効果の恩恵を受けて，ファンドリーの利益は確保される。逆に，ファンドリーの数が増えて，その中で各社ともに好況期に合わせて設備投資をしていればいるほど，製品ライフサイクルのまだ早い段階で価格の下落局面が早期に訪れるため，ファンドリーにとっても好ましくない。

BBレシオといった半導体産業に特有なあるいは特徴的な需給関係が価格形成に重大な影響を及ぼすため，競合企業数が少ない方が半導体市場での価格低下圧力を未然に防ぐには好ましいと考えられる。競合企業が限られていれば，相互に生産量の調整がしやすいからである。経験曲線効果が大きく働きやすいため，それが各社ともに増産を招く原因となる。こうした半導体特有の産業特性を併せて考えれば，学習効果とBBレシオはいわば「両刃の剣」同然である。

半導体価格の大幅下落は受託側だけでなく，当然，委託企業のユーザー向け出荷価格にも下落圧力をかけるため，相互にダメージを受けやすい。

むろん，ファンドリーにとっても限られた企業数であることのメリットは大

きい。ダイナミック・ケイパビリティを保持しやすくなるからだ。その1つを成す関係特定的資産（Relation-specific Asset；RSA）が形成できる。インテルといった世界有数の企業から取引先に選ばれているという事実はまさにファンドリーのRSAを例証する。この魅力的なRSAのおかげで，インテル以外にも有力メーカーから引き合いが来るであろう。インテルとの取引関係が長ければ長いほど，取引依存度が高ければ高いほど，そして取引の実績が技術レベルおよび製品品目に希少性を強く与えるほど，かかるRSAの価値を高め，それに吸い寄せられて半導体業界有数の企業から生産の注文を受ける機会に恵まれる。

ゆえに，ダイナミック・ケイパビリティの中でも，RSAは受託企業にとってきわめて重要である。インテルとの取引実績を起点としてその他にも超有力企業との間で委託と受託の関係が成り立つのであるから。そのため，RSA効果が大きければ大きいほど，インテルへの納品価格は引き上げにくいし，引き下げ圧力もかかりにくい。ファンドリーにすれば，RSAを梃子として，インテル以外にも納品先を多様化できる余地が生まれる。通常，「交渉上の地位」といった理論的な考えに照らせば，ファンドリー側に価格引き上げの機運は増す。

とはいえ，インテル向け納品価格を上げようとして価格交渉が決裂すれば，インテルとの取引関係をなくす恐れがあり，RSAは急低下してしまう。もちろん，インテルにとっても，長期にわたり生産業務を委託した既存のファンドリーには製品設計技術を渡しているし，生産工程の改善などにも提案をしたりして信頼関係を築いているため，RSAは高く保持しているに等しい。こういったパワーバランスを考慮する限り，BBレシオが上昇局面を迎えると，ファンドリーもインテルに対して当該半導体のスポット価格（市況価格）をにらみながら，ある程度の幅で価格の引き上げを要求できよう。

以上より，規模の経済性，経験曲線（学習）効果，BBレシオ，RSA，交渉上の地位といった考え方を当てはめれば，限られたファンドリーを抱えながら委託と受託の関係を形成し，長く維持できると，相互に理想的だといえよう。

半導体分野に象徴的な，委託企業と受託企業がそれぞれ得意とする経営活動

の付加価値連鎖を機能別に国際分業するといったビジネス関係は，同じ機能領域をめぐって協業する場合（例えば，共同研究開発，共同販売，合弁生産）に比べれば，取引コストの1種である知識消散リスクはあまり大きくかからない。そのため，こうした委託と受託の関係は長く続くと想定される。

　ただし，半導体生産の委託と受託の関係を長く維持していくために留意すべきは，両社にとってのRSAの相対的重要性とBBレシオが半導体納入・購入価格の交渉地位に影響を及ぼし得ることである。取引関係を継続できなくなった場合，RSAをより強く感じる企業の方が取引コストを大きく被らざるを得ない。

## 第3節　ソフト開発企業の企業間国際分業メカニズム

　前節までメーカーを対象とした市場参入戦略に焦点を当ててきた。

　直接投資であれ，提携であれ，実際に海外市場への関与件数はサービス業が上回っている。サービス産業の中でも，前節で考察したような委託と受託の関係が明確にみられ，収益に大きな影響を及ぼすのが，ソフト開発業務である。そこで，本節では，ソフト開発企業の提携ビジネスを委託者と受託者に分けて，参入方式別にコストや期待利益の面でどういった結果が導けるかを示してみる。

　まず，自社がソフト開発を断念し，他社にソフト開発を委託し，ソフト製品の輸入・販売に特化した場合，従来までのソフト開発が次世代に継続的に応用できなくなる。これは次世代のソフト開発・販売という事業機会を逃すことを意味する。かくして，$n$年間にわたり機会費用が発生すると考えられる。以下，定式化に必要な変数を特定化してみる。

　$R_1$：他社開発ソフトの輸入販売収入
　$R_2$：自社ソフト開発技術を他社に売り渡すことに伴う総収入
　$R_3$：自社開発ソフトの自社ブランド販売による総収入

$I_1$：他社開発ソフトの輸入コスト
$M_1$：輸入ソフトの販売促進用営業経費
$M_3$：自社開発・販売ソフトの自社ブランド販売促進用営業経費
$M_4$：受託比率に応じたソフトの販売促進用営業経費
$P_1$：他社開発ソフトの輸入販売純利益
$P_2$：自社開発ソフト技術供与から得る純利益
$P_3$：自社開発ソフトの自社ブランド販売純利益
$P_4$：自社開発ソフトの自社ブランド販売と他社ブランド販売供給の混合型純利益
$O_1$：ソフト開発販売を逃すために生じる機会費用
$O_2$：自社ソフト開発技術を売り渡すことで生じる機会費用
$D_1$：次世代ソフト開発に役立ち得る自社内の既存ソフト開発コスト（既に減価償却済みと想定）
$D_2$：自社ソフト開発技術を売り渡す前に投じた当該ソフトの開発コスト
$D_3$：次世代ソフト開発用の新規追加的開発コスト
$r_2$：ソフト開発技術を供与したことに伴う技術消散リスク（$0<r_2<1$）

自社の既存ソフト開発コスト $D_1$（償却済みと仮定）に占める次世代ソフト開発に役立ち得る割合を $\alpha$（$0<\alpha<1$）とする。

$O_1 = R_3 - (D_3 - D_1\alpha) - M_3$ ……………………………………(1)

$O_1$ を発生させないために鍵を握るのは，$R_3 < D_3 - D_{1\alpha}$ ……………(2)

つまり，次世代ソフト開発コストにかなり投資費用がかかる上に，既存技術とのシナジーが生まれにくいこと，すなわち連続性が小さいことが $O_1$ を発生しにくくすることと関係する。

$P_1$ には $O_1$ が関係することから，$P_1 = R_1 - I_1 - M_1 - O_1$ ………………(3)

ここで，$P_1 = \sum_{i=1}^{n}\prod_{1i} - \sum_{i=1}^{n} O_{1i}$ ……………………………………(4)

上式右辺の左項は機会費用を計上しない段階での $n$ 年間に及ぶ輸入ソフト販売純利益を表す。右項は自社ソフト開発・販売しないことによる機会費用に

他ならない。

$$\sum_{i=1}^{n} O_{1i} = \sum_{i=1}^{n} R_{3i} - D_3 \cdots\cdots\cdots\cdots\cdots\cdots\cdots\cdots\cdots\cdots\cdots\cdots\cdots\cdots\cdots\cdots\cdots\cdots(5)$$

一般に機会費用＞開発費用ならば，自社開発すべきである。

他方，自社がソフト開発技術を他社に譲り渡した時に得る $n$ 年間の技術供与利益はどのように算定されるであろうか。金銭譲渡する技術が他のソフト開発に役立つという意味では，技術消散リスクを伴うから，そのリスク $r_2$ を考慮した結果，自社開発ソフト技術の輸出純利益 $P_2$ は，次のように定められる。

$$P_2 = R_2 - D_2 - O_2 \cdots\cdots\cdots\cdots\cdots\cdots\cdots\cdots\cdots\cdots\cdots\cdots\cdots\cdots\cdots\cdots\cdots\cdots(6)$$

$n$ 年間のソフト開発技術供与から得られる純利益は，技術消散コスト（$r_2$）が絡むから，以下のように定められる。技術消散コストが高ければ，$r_2$ が大きくなるから，ソフト技術供与利益は小さくなる。

$$P_2 = \frac{\sum_{i=1}^{n} \Pi_{2i}}{(1+r_2)^n} \cdots\cdots\cdots\cdots\cdots\cdots\cdots\cdots\cdots\cdots\cdots\cdots\cdots\cdots\cdots\cdots\cdots\cdots(7)$$

第3に，自社開発ソフトの自社ブランド販売による純利益は，

$$P_3 = R_3 - D_3 - M_3 \cdots\cdots\cdots\cdots\cdots\cdots\cdots\cdots\cdots\cdots\cdots\cdots\cdots\cdots\cdots\cdots\cdots\cdots(8)$$

なお自社開発ソフト販売の場合，主として自社ブランド販売型と受託開発・販売型に分かれる。ここで，顧客からの注文量に占める受託依存度を $\beta$（$0<\beta<1$）とする。受託依存度が高ければ営業経費が少なくなる。なぜなら，委託企業側がソフト製品販売に自社ブランドを付けて販売するため，市場開発コストを大きく負担しなければならないからである。その代わり，自社ブランド販売に比べて，営業利益率は低くならざるを得ない。委託側（供給先）がソフト販売営業権を握るため，営業利益の一部を譲渡する格好となるからである。

そこで，ソフト受託OEM販売において，自社ブランド販売営業利益率に占める供給先への営業利益譲渡率を $\gamma$（$0<\gamma<1$）としよう。こうして受託企業の側面（自社開発ソフトの他社ブランド向け輸出）を考慮し，受託比率に応じたソフト販売営業経費を $M_4$ と定義し，$M_4 = M_3(1-\beta)$ とおく。自社ブランド販売方式でも受託開発・OEM供給方式でも，総販売収入が不変であり，研究開

発コストも同額を要すると仮定すれば，自社開発ソフトの自社ブランド販売と他社ブランド販売供給の混合型における純利益 $P_4$ は，次式のように示せる。

$P_4 = \{R_3(1-\beta\gamma) - M_3(1-\beta)\} - D_3 = R_3 - M_3 - \beta(R_3\gamma - M_3)$ ……………(9)

式 (9) より，$P_4$ が大きい値を得るには，$\beta$ が正であるから，$R_3\gamma - M_3 < 0$ が満たされるとよい。

ゆえに，$\gamma < \dfrac{M_3}{R_3}$ が満たされる限り，ソフト開発製品の相手先ブランド供給受託比率を高めるのが営業純利益からみて望ましい。その場合，$\beta$ が大きいほど，$M_3$ が $R_3\gamma$ を大きく上回るのが望ましい。

したがって，注文量に占める受託依存度（OEM 供給比率）が高いほど，OEM 供給先となる委託企業への営業利益譲渡率を小さくし，逆に，自社開発・販売ソフトの自社ブランド販売促進に営業経費を多く使って自社ブランドの強化に力を入れるのが望ましくなると示唆されよう。このようにして，ソフト開発企業にとっては，OEM 供給時に委託先へ許容するソフト販売営業利益率と自社ブランド販売を促進するための営業経費が競合し，双方の比重をバランスさせる形で，「受託と自社開発・販売という混成型」における最適ミックスが問われることになる。

他社開発ソフトの輸入販売方式，自社ソフト開発技術の供与，自社開発ソフトの他社ブランド販売，自社開発ソフトの自社ブランド販売方式を，ソフト業界の主要な 4 つの参入方式とするならば，図表 5-7 の通り，コスト要件と期待収入に関して違いが示される。

ソフト販売だけでなくコンサルテーションを実施するという観点から，自社開発ソフトを自社ブランド販売する企業は，営業コストを大きくかける必要がある。と同時に，顧客密着型のコンサルテーションにも投資をしているだけに，販売先の変更を余儀なくされると，販売先変更コスト，すなわち，スイッチング・コストを大きく生じてしまう。

ソフト開発技術は新薬などのハイテク製品技術と比べれば，模倣されやすいだけに，知識消散コストは決して大きくない。しかも，顧客の国籍や使用言語への適応も重視されるゆえに，顧客密着型が可能なソフト開発ないし販売業者との国際分業を形成するのが競争優位を得る上で不可欠である。その意味で，

**図表 5-7　ソフト開発企業における外国市場参入方式別のコスト要件と期待収入**

| コスト決定因と収入水準<br>参入方式タイプ | 自社開発コスト | 自社営業コスト | 技術消散コスト | 機会費用 | 販売先変更コスト | 期待収入 |
|---|---|---|---|---|---|---|
| 他社開発ソフトの輸入販売 | 0 | 小 | 0 | 小 | 0 | 小 |
| 自社ソフト開発技術の供与 | 大 | 0 | 大 | 大 | 小 | 中 |
| 自社開発ソフトの他社ブランド販売 | 大 | 小 | 小 | 中 | 中 | 大 |
| 自社開発ソフトの自社ブランド販売 | 大 | 大 | 0 | 0 | 大 | 大 |

出所：藤澤［2008］225頁表2に「自社開発ソフトの他社ブランド販売」の箇所を追加記入。Refer to Fujisawa［2010］.
〈注記〉セル内の大／中／小／0は，Fujisawa［2010］の立式から得られた解である。

　ソフト開発に際してデザインから顧客への提案コンサルテーションに至るまでの工程間国際分業に組み込まれ，受託も委託も兼備できる企業こそが，グローバル競争優位を築けるであろう。

　ソフト開発企業の国際市場参入方式決定を検討した結果，開発と販売の両面を1企業内で統合しないで，委託と受託といった依存関係を国際的に保持する方が一貫垂直統合型より営業利益に貢献する場合が多いと見受けられる。ソフト開発には取引コストが製造企業に比べて低いという点も関係しよう。得意な分野に専業化し，アウトソーシングを組み合わせると，経営資源の有効活用が図れる。産業特性からして顧客密着性による利益獲得が重要視されるだけに，顧客変更に伴うスイッチング・コストをいかに防ぐかが肝心となる。自社開発の限界が顧客に露呈しないうちに，有望なアウトソーシング先を選定するのも肝心となろう。とはいえ，アウトソーシングの行き過ぎによる自社開発技術の枯渇が原因で顧客から信頼を失う恐れもあろう。その意味で，ソフト開発の工程の中でどの段階を自社内で遂行すると最適となるかを決定し，得意な分野に専業化すると，スイッチング・コストを生じないで済むかもしれない。

## 第4節　ボーン・グローバル・ベンチャーの世界市場参入戦略の特性

### 1. 研究対象としてのボーン・グローバル・ベンチャーの独立性

　起業家（entrepreneurs）を中小企業の所有者と概念上明確に区別した試みは，カーランド（Carland, J. W., Jr.）らによる *Academy of Management Review* への1984年の寄稿論文で周知されている。約10年後，ベンチャーが中小企業と異なる国際化プロセスを歩むという発見が注目を集めた。中小企業が漸次的な国際化をたどるのに対して，ベンチャーの一部にはボーン・グローバル（Born Globals；以下BGと略記）といった「生まれながらにしてグローバルな企業」がみられるという。1993年にマッキンゼー（McKinsey & Co.）が，高付加価値品を製造するオーストラリア系ベンチャーの輸出にBG現象をなぞらえたのが最初である。1994年からマクドガル（McDougall, P. P.）やオビアット（Oviatt, B. M.）を開祖として，新しい国際派ベンチャーという呼称の下に理論研究が進められた結果，BG企業には中小企業の国際化に当てはまるはずの理論が適用できないと示唆された。

　近年，ベンチャーの国際展開パターンについて，創設間もなく短期集中的にグローバル化を果たすBGと，中小企業の国際化と酷似した「漸次的進捗型」（以下，本章では「漸次的国際派」と呼称）に二分されており，それが通説となっている。ベル（Bell, J. D.）らの調査では，ローテク企業なら漸次的国際派に属するというのが典型的とされる。つまり，漸次的国際派は国内で競争基盤を固めてから輸出を始め，技術供与を経て，事業リスクの低下とともに海外子会社を設立するといった段階を踏んだ参入時系列が多い。ローテク・ベンチャーの場合，中小企業と比べて規模が劣ることからの派生要因（輸出額，輸

出先国数，在外子会社の数と規模）を除けば，中小企業の国際化決定因と差異がなく，海外事業リスクに敏感な点は中小企業と同様なため，ベンチャーらしき姿はあまり想像できない。

次に，BGが急増した時期や原因，業種類型，戦略特性を概述し，漸次的国際派との差異をいっそう明確にしたい。

## 2. ボーン・グローバル・ベンチャーの生成要因と業種類型

BGを，起業して1カ月から2年以内に海外事業に関与し，そこから急速に世界へ事業を拡張していく会社と規定する。

BGを多く輩出してきたフィンランドでは，1985年がBGの起源にあたり，1990年代初期から隆盛をみたようだ。BGの生成時期は世界でもほぼ同様だ。

BGが発生しやすい事業領域としては，高度技術専業や高度システム，高度サービス専業，高度ノウハウ専業，高度デザインなど多岐にわたる。製造業ではハイテク型，サービス業ではサービスの質やノウハウやデザインに優れた事業が対象に選ばれやすい。

1990年代からBGが急増した原因は5つある。第1に，世界のマクロビジネス環境の革新効果を挙げなくてはならない。輸送手段の進歩による時間的距離の短縮，情報経路とコミュニケーション経路の迅速化，データ，知識，画像，ビジネス情報の転送のリアルタイム化，マネーの世界的移転の即時化により，グローバル事業を求める企業の異大陸への参入と浸透が進んだ。

第2に，国内外市場のマクロ環境で，情報，コミュニケーション，輸送，マネー，知識移転に関わるシステムがグローバルに発展したため，消費者の嗜好，ニーズ，需要パターンが一様化し，グローバル統一化傾向が促された。

第3に，グローバル競争企業の出現で競争反応と対抗手段の尺度がグローバルになったため，グローバルなタイミングが重要性を増した。迅速者が鈍間を食うとまでいわれ，迅速にグローバル化しないと撤退の道しか残されないとなれば，BGこそが最善手となった。異なる市場でも統合を進めていけ，さらに

統一化された大規模市場を異なった大陸に創出できるという強みがある。

　第4に，医薬品，バイオ技術，情報技術といった産業で製品開発費が増大する中，開放経済体制の下では，小規模市場国系の企業が技術面で優れていても，標的が小規模市場では利益貢献度が小さい。新製品の革新成功率が低く，新製品が成功してもライフサイクルが短いと分かれば，逆に短期間で利益を上げる必要上，世界市場への参入圧力が増す。

　第5に，グローバル化により規模と範囲の経済性が生まれ，研究開発強化に伴うリスクと不確実性は克服可能だから，小国でもBGの設立動機が高まる。

## 3. ボーン・グローバル・ベンチャーの戦略特性

　BGならではの国際展開に顕著な戦略特性には，以下の6つが挙げられる。

　第1に，市場参入初期から戦略提携が多用される。輸出だけを長年続ける意図はない。世界の企業から自社製品やサービスへのオファー（注文）を受け，割合に相手先ブランドによる製造供給比率が高い。研究開発投資へ資金を重点的に配分するため，マーケティング投資に余裕がない場合が多いからだ。BGにとって競合他社や納入先との合弁生産や共同研究開発といった戦略提携は，有力な市場開拓方式であるのみならず，知識の獲得と学習の場ともなる

　第2に，他社と差別化可能な製品やサービスを外国の1つのニッチ市場（隙間市場）で販売したら，その国での採算を拠り所にして，短期間で同様のニッチ市場を開拓し，数年内に世界市場を標的として事業を営む。

　第3に，製品ブランド以上に社名の世界的認知を気にかけ，技術力こそブランド力という顧客の想起を意識し，売上高よりも研究開発費の伸び率が上回るという傾向が強い。

　第4に，固定資産が少なくて無形資産の比重が格段に大きいから，バーチャル・コーポレーション（仮想企業）を通じて，情報技術を核にしたインターネット取引を多用している。それは提携先を探すのにも役立つ。

　第5に，産業クラスターと経営者ネットワークの中心に位置して，ニッチ戦

略を取る場合でも革新性を強く求めている。

　第6に，マイクロソフト，Yahoo，Google に代表されるハイテク型のように，国内に加えて外国でも株式を新規公開し，株式市場からの資金調達によって海外事業に重点配分できる。

　BG は国際事業の規模と範囲を拡張してこそ利益を高め，逆にグローバル化しない方が競争力を失う恐れもある。大規模事業に欠かせない多様なスキルとコストの発生を戦略提携でカバーし，成功要件となる海外事業の統合，新技術の採用，事業の調整と統制を果たせる。これらは国際化コストを引き上げ，事業の失敗を増やし，経営者にリスクへの知覚を高めさせるが，事業のグローバル化に伴って無形資産から得る収益力と市場力，およびリスク多様化の方が上回る。競争能力への投資や遠距離市場からの学習，知識を梃子に革新を生み，競争力が倍増する。

　他方，一般に中小企業に多くみかけられる漸次的国際派は初期の国際事業でこそ成果を改善するが，国際市場で製品と市場の多様化を進めても複雑性と厳密性の要求に応じられず，市場への反応が鈍くなり，コストが増す。

　こうした国際展開度に差を生む源泉の1つに，BG の起業家に備わったグローバル事業に挑ませるだけの個人属性が関係する。その属性とは，①ビジネススクールで高度なビジネスの知識を有し，そこで得た人的ネットワークを仕事に生かせる，②工科大学院やハイテク企業で高度な技術を習得し，共同研究仲間を得やすい，③多国籍企業での勤務経験または起業家としての実績を有し，以前の勤務先や取引先と良好な個人的関係を保っている，④年齢が比較的若い，⑤情報技術を駆使する，⑥語学力と国際性に富む，⑦事業リスクに寛大でリスク・テーカーに近い，⑧ベンチャーのスピンオフや他のベンチャーとの融合を好む，といった要素である。

## 4．ボーン・グローバル・ベンチャーの実態と見分け方

　BG の戦略特性を指摘したが，国際派ベンチャーを代表する真の BG をみか

け上のBGと見分ける基準を十分に定めたとはいえない。つまり，上記の要件に照らせば，BGへの仲間入り基準に適合したようにみえて，実質上，BGらしき企業の中にも，グローバルな進捗の仕方に差異が発見されるかもしれない。

そこで，グローバルな発展を遂げたベンチャーの事例を取り上げ，既述したようなベンチャーの国際化パターンに関する二分法的通説，すなわち漸次的国際派とBGといった二分化だけでベンチャーの世界的進捗を十分に把握しきれるかどうかを考察してみたい。

その場合，仮にかかる二分化でベンチャーの世界展開をすべて説明しきれない場合には，何が新たな説明条件として盛り込まれるべきかを提示するとしよう。最後に，ベンチャー全般がグローバル化する上での決め手とは何であり，その中でBGならではの決定因を明らかにしてみよう。

以下，事例を紹介し，かかる問いに答えたい。

### (1) ベンチャーの創設過程と国際化の基盤

①Hemming；1998年にイギリスで赤血球分析用の診断機器システムを生産する事業を開設。設立者は病理学者，統計学者，技師とソフトウェアの専門家。グラスゴー大学の血液学研究から技術革新を学習。ソフトウェア開発会社の買収により製品開発を推進。政府の基金，大学や病院の研究施設および臨床施設への近接性を活用。新規市場国に最初に参入した優位性で売上高と利益が上昇。生産コスト低減と収益性の向上，新規市場国の流通経路への割り込み，未知なる製品作りが成長への挑戦課題。

②Artan；1990年にアメリカで操業開始後，92年にイギリスで自己資金によってベンチャーを開設。起業家は製造知識の専門家，心臓外科医，製造業で働く外科医の息子。スコットランドで，自動再生心嚢中心弁膜として知られる第二世代製品を開設1年未満で開発。技術の大躍進と，医療分野における設立者の対人ネットワークが販売増に寄与。アメリカ市場に製品の標準を合わせられなくとも，資金を得られれば成長は可能。

③Atrium；ある多国籍企業の元マーケティング部長，財務／経理経験者，

電子工学技師，心臓生理学者，元投資家兼起業家が起業家。うち2名が自己資金でアメリカの発明家から自動心臓弁膜の特許権を入手し，以前アメリカ人が所有していたイギリスの製造工場を1992年に買収。その後は，ベンチャーキャピタル，株式公開で成長。自動心臓弁膜と心臓モニターといった特殊的製品でグローバル・ニッチに徹するため，売上高の伸びで企業成長するには国際化が必須。開発資本の不足，生産の労働集約度の向上，原材料供給源の確保が課題。

④Desco：電子工学分野などの技師が以前の雇用者から周辺的技術を取得する一方，銀行からの借入れ，ベンチャーキャピタル，創設者が持つ外科医とのネットワークを拠り所として，心理学者とともに1983年にイギリスで超聴診器を製造する事業を開設。飽和化したイギリス市場への依存から脱却するとともに，企業成長と生産性の向上に向けて売上高の増大を図ることが，国際化志向を必須とさせる要因。日本企業と韓国企業からの競争圧力もまた国際化姿勢の刺激要因。

⑤Miro：2名のスコットランド人技師が，共同製品開発に従事した2名のアメリカ人技師とともに，あるイギリス企業が行ったX線機器の開発成果を応用して，1991年に事業を開始。開設形態はアメリカの親会社による買収。イスラエル企業からのベンチャーキャピタルを有効活用。WHO（世界保健機関）を通じて医療に手を差し伸べるのに適した小型携帯用X線機器を製造中。

⑥Harrow：アメリカの親会社の販売支店であっても，技術能力があるために1994年に買収が実現。割合に独立した子会社。消音血液採集製法が得意。親会社所在国と国別市場に自社製品を販売。言語の難しさが壁となり，外国市場への割り込みには迫力不足。

(2) マーケティング要因への配慮

①Hemming：製品別収益性，信頼性，納期，割安性，小企業特有の迅速かつ柔軟な解決法が競争優位。直接競争は当初からほとんどないが，今後は大手ブランド・メーカーとの競争を予想。製品採用国数の拡大による生産・販売面の収益性アップと，大手メーカーとの折衝が今後の課題。将来の被買収には合

意。

②Artan；第一世代よりも第二世代の製品に卓越。知識集約的な中小専業メーカーからの競争に直面する傾向。人間や動物を相手に実験するのを支援し，さらに欧州連合に市場参入するのに有利な企業との提携に期待。

③Atrium；優れた構成品と企業の機動性，創設者のハイレベルな医療知識（技術表彰の対象）に魅力。伝統的な大手の自動心臓弁膜メーカーが競争相手。技術の改良と開発による企業成長とインドでの事業拡張によって対抗。

④Desco；小型携帯用機器は1983年に製品ベースの技術革新が終了したため，開発費負担は軽減。日本と韓国の大手メーカーに，国際的拡張の継続と売上増で対抗。

⑤Milo；工学技術と継続的な研究開発により小型携帯用の診断能力付き機器で競争優位を保持。競合2社とは名指しできるほどのライバル関係。発展途上国の遠隔地への浸透と，市場アクセスとブランド名を得るための大手企業との提携を希望。

⑥Harrow；開拓的製品，強固な顧客ネットワーク，製品開発への顧客の参画，販売スタッフの技術能力が競争優位。競争相手はスウェーデンとアメリカに各1社。血液採集への全力投球と顧客ニーズ充足能力の改善で対抗する構え。

### (3) 国際化プロセス

①Hemming；1998年という創設年度に流通業者の力を借りて，イギリスの他，2カ国で自社製品を販売。その後，スペイン，ポルトガル，イタリア，クウェート，ドイツ，台湾，イスラエルへと市場展開。自社ブランド品の流通業者による輸出以外に，流通業者ブランド向け契約製造も実施可能。将来は，食品医薬品管理局（FDA）の規制撤廃次第でアメリカ，カナダ，中国への輸出と，補完的製品をもつ大手メーカーとのピギーバック流通協定を締結する構え。

②Artan；アメリカの本社が創設2年後にアメリカの生産拠点を閉鎖し，スコットランドに直接投資。事業開始年にイギリス国内販売，翌年から流通業者

による輸出を開始。折衝可能な人や友人とのネットワークを通じた直接販売も同時並行。今後はヨーロッパへの深い浸透とともに，FDA承認後のアメリカを市場標的に設定。

③Atrium；創設と同時にアメリカ人から特許権を入手。当該技術を用いた製造品の初期の販売先はイギリス，ドイツ，フランス，イタリア。流通業者を介した輸出を皮切りに，流通業者との提携，受託製造，供給業者との提携，共同研究開発など多岐に事業を展開。アジア，中でも市場としてのインド，後方垂直統合を通じての原材料供給国としてのオーストラリアに要注目。

④Desco；創設の翌年1984年にヨーロッパ向けに流通業者を介して輸出開始。20年経過して約100カ国に参入。輸出先の多様化と既存市場での浸透が目標。

⑤Milo；1991年に創設者が異国間研究開発協力に関与し，イスラエル企業からの融資で会社が発足。当初は，アンゴラ，エチオピアなどアフリカのみで販売。1995年にはユーゴスラビア，ロシアなど東欧諸国で市場開拓。世界保健機関を通じた契約に加えて，貿易見本市と展示会で流通業との商談が結実。1999年に被買収。新しい親会社はグローバル事業を営む多国籍企業との提携を企図。

⑥Harrow；アメリカの多国籍企業の販売支店として創設。イギリスでの開発技術で製品を製造。販売先はアメリカから始まり，ヨーロッパ，その他へと浸透。流通業者との提携，規制機関や顧客とのネットワークのおかげで，輸出先は120カ国へと拡大。今後も20年の歩みと同様，ゆっくりとした漸次的拡張を継続。

(4) 国際展開に示唆を与えるリンクとコンタクト

①Hemming；中小企業相手では流通業者ネットワーク。大企業とはイタリアで自社製品を一手独占販売してもらう代わりに相手先ブランドで供給するという契約を交わしたイタリアの医療機器メーカーとの提携に注目。

②Artan；大企業が自社のマーケティング・流通とのリンクを要請。

③Atrium；製品開発と市場参入に関係して，医療・医薬品産業と病院の心

臓医療部をつなぐ国際的コンタクト・ネットワークを自社内に保持し，大企業とのリンクが可能。シンガポールの契約製造業者との製造協定，南アフリカのカテーテル・メーカーとのマーケティング協定に加えて，オーストラリアのポリマー製造企業の買収とそれ以降の研究開発協力を実施済み。

④Desco；中小流通企業とのネットワークに依存。

⑤Milo；中小流通企業とのネットワーク以外には，チェコの大企業と交わした相手先ブランドによる販売提携。

⑥Harrow；主に中小流通企業とのネットワークのみで，親会社からの支援があるので大企業とのリンクは不要。

以上のケーススタディを踏まえた結果，HemmingとArtanとAtriumが真のBGであり，いずれも一見BGにみえるであろうDescoとMiloとHarrowは実質的に「急進的国際派（rapid internationalizers；以下RIと略記）」（RIはPhili, T., Jones, M. V. & Wheeler, C. がBGタイプのベンチャーと区別するために命名）に属すると考えられる。

両群の企業プロフィールを比較することにより，BGであるための要件が抽出できる。その要件に，①保有技術の先端性（革新度），②一貫性を有する特殊化したグローバル・ニッチ戦略，③自社の経営活動付加価値連鎖に及ぶ提携の範囲，④大企業との戦略提携，⑤産官学連携および人的ネットワークの広がり，が選ばれよう。これら５つの要因を規定する背景に，起業家の顔ぶれと，開設時の技術の高度さが関係している。販売先市場国数やその市場開拓スピードならびに製品ラインの多様化は，RIにも共通するので，BGを規定するのに特に重要性をもたないようだ。

ベンチャーの事業グローバル化過程のケーススタディの結果に従うと，図表5-8に例示される通り，漸次的国際派も加えると，国際展開を試みたベンチャーは３つのタイプに分類される。これら３類型間を相対比較した結果，図表5-8に列記された事業グローバル化の各種決定因の重要度に差があるのがわかる。それだけに，BGには相当強い独自性があると認められよう。

従来まで，RIはBGとして扱われる傾向にあったので，真のBGを峻別で

図表5-8 ベンチャーの国際化・グローバル化行動特性に応じた3類型化

| 〈決定因〉 | 漸次的国際派 | 急進的国際派 | ボーン・グローバル |
|---|---|---|---|
| 事業グローバル化のニーズ | 低い | 高い | 高い |
| 事業国際化による損益 | リスクの方が大 | 利益の方が大 | 利益の方が大 |
| 事業国際化の速度 | 遅い | 速い | 速い |
| 事業国際化の範囲と規模 | 狭くて小さい | 広くて大きい | 広くて大きい |
| 保有技術の革新度 | 低い | 割合に高い | かなり高い |
| グローバル・ニッチ戦略 | 弱い | 必要な場合もある | 特殊的かつ重要 |
| 戦略提携への依存度 | 低い | 割合に低い | かなり高い |
| 大企業への取引依存度 | 割合に高い | 割合に低い | かなり高い |
| 起業家の国際マインド | 低い | 割合に高い | かなり高い |
| 産業クラスターの重視度 | 低い | 割合に高い | かなり高い |

出所：Phili, et al.［2004］pp. 249-273 などを参考にして筆者が要約。

きたのは意義深い。BGを正確に見分けるには，当該企業が初の世界市場参入を果たした時点よりも，それ以後の戦略行動のあり方に分析の重点を置くべきといった考えにコンセンサスが得られるものと期待される。

最後に，ベンチャーの国際化・グローバル化現象を図表5-8の決定因に沿って3つのパターンに分けられたとして，実質どの程度正確に識別可能かは検証しにくいので，その点に課題を残している。

―【キーワード】――――――――――――――――――――――――――
企業特殊的優位，国家特殊的優位，新興市場国，経験曲線効果（学習効果），OEM（相手先ブランドによる生産）供給，機会費用，関係特定的資産，スイッチング・コスト，ボーングローバル，漸次的国際派

【参考文献】
Bell, J. and Young, S.［1998］"Towards an Integrative Framework of the Internationalization of the Firm," in G. Hooley, R. Loveridge & D. Wilson eds., *Internationalization: Process, Context and Markets*, Macmillan.
Bell, G. G.［2005］"Clusters, Networks and Firm Innovativeness," *Strategic Management Journal*, Vol. 26, No. 3, March.

Boulton, W. R. and Carland, J. C. [1984] "Differentiating Entrepreneurs from Small Business Owners: A Conceptualization," *Academy of Management Review*, Vol. 9.

Dosi, G., Teece, D. J. and Chytry, J. eds. [1998] *Technology, Organization, and Competitiveness: Perspectives on Industrial and Corporate Change*, Oxford Univ. Press.

Dunning, J. H. [1989] *Transnational Corporations and Growth of Services, Some Conceptual and Theoretical Issues*, United Nations, New York.

Echols, A. and Tsai, W. [2005] "Niche and Performance: The Moderating Role of Network Embeddedness," *Strategic Management Journal*, Vol. 26, No. 3, March.

Fujisawa, T. [2010] "The Analytical Framework and Theory for Software Developers' Internationalization Process: Integrating Transaction Cost Approach with Internationalization Approach," *Kwansei Gakuin University Social Sciences Review*, Vol. 14, Kwnasei Gakuin University.

George, G., J. Wiklund and Zahra, S. A. [2005] "Ownership and the Internationalization of Small Firms," *Journal of Management*, Vol. 31, No. 2, April, p. 213.

Gils, A. V. and Zwart, P. [2004] "Knowledge Acquisition and Learning in Dutch and Belgian SMEs: The Role of Strategic Alliances," *European Management Journal*, Vol. 22, No. 6, December, p. 690.

Krishna, M. E. and Rao, C. P. [1993] "Service Firms' International Entry-mode Choice: A Modified Transaction-cost Analysis Approach," *Journal of Marketing*, Vol. 57, July, pp. 19-38.

McKinsey and Co. [1993] *Emerging Exporters; Australia's High Value-Added Manufacturing Exporters*, Melbourne Australian Manufacturing Council.

Oviatt, B. M. and McDougall, P. P. [1994] "Toward a Theory of International New Ventures," *Journal of International Business Studies*, Vol. 5, No. 1, pp. 45-64.

Oxley, J. E. [1999] *Governance of International Strategic Alliances; Technology and Transaction Costs*, Harwood Academic Publishers.

Phili, T., Jones, M. V. and Wheeler, C. [2004] "Returning to the Field in Internationalization: An Exploratory Study of Contemporary Small Firms in the Advanced Medical Product Industry," Jones, M. V. & P. Dimitratos eds., *Emerging Paradigms in International Entre-preneurship*, Edward Elgar.

Ramamurti, R. and Singh, J. V. [2009] "Indian Multinationals: Generic Internationalization Strategies," in Ramamurti, R. & Singh, J. V. eds., *Emerging Multinationals in Emerging Markets*, Cambridge University Press, Chapter 6.

Reijo Luostarinen and Mika Gabrielsson [2004] "Finnish Perspective of International Entrepreneurship," Dana, L. ed., *Handbook of Research on International Entrepreneurship*, Edward Elgar.

Rugman, A. [2009] "Theoretical Aspects of MNEs from Emerging Economies," Ramamurti, R. & Singh, J. V. eds. *op. cit.*, Chapter 3.

Williamson, P. J. and Zeng, M. [2009] "Chinese Multinationals: Emerging through New Global Gateways," Ramamurti, R. & Singh, J. V. eds. *op. cit.*, Chapter 5.

江夏健一・大東和武司・藤澤武史 [2008]『サービス産業の国際展開』中央経済社。

藤澤武史 [2008]「ソフト開発企業国際化の分析フレームと理論」江夏健一・大東和武司・藤澤武史（編著）『サービス産業の国際展開』（第9章，所収）中央経済社 225 頁。

諸上茂登・藤澤武史・嶋正編著 [2007]『グローバルビジネス戦略の革新』同文舘出版。

（藤澤　武史）

# 第6章

# グローバル・マーケティング・ミックス戦略の最適化
―参入戦略および経営機能領域との統合―

---

**= 本章のねらい =**

① グローバル・マーケティングにおいて，マーケティング・ミックス（MKGM）がマーケティング活動内にとどまらず，市場参入戦略および他の経営機能領域と統合されるべきなのはなぜかを説明する。

② 日本におけるグローバル・マーケティング研究成果の中で，「国際マーケティング複合化戦略」，「グローバル・マーケティング活動の配置と調整と統制」，「製品と製法のアーキテクチャー論」を検討し，各説が持つマーケティング・ミックスの上記統合可能性を示唆する。

③ 国際マーケティング発展段階論を展開し，4つの段階ごとにマーケティング・ミックスを最適化するための決定因を取り上げる。グローバル・マーケティング段階を迎えると，マーケティング・ミックスの上記統合の重要度が最大になることを例証する。

---

## はじめに

マーケティング・ミックス（marketing mix；以下 MKGM と略記）政策は，製品（product），価格（price），販売促進（promotion），流通経路（place）といった4Pから構成される。多国籍企業の MKGM は国内企業と違って，市場参入戦略との連動性が強い。例えば，現地ニーズに強く対応すべき製品であれば，現地生産の方が需要を取り込みやすい。

対照的に，グローバル・デファクト・スタンダード（global de facto standard：事実上の世界業界標準；以下 GDFS と略記）の獲得をマーケティング目標に掲げ

るならば，自社の製品規格ないし自社の製品規格陣営に世界市場シェア No. 1 が至上命題として課される。単独競争力に秀出ていれば自社内生産（親会社または子会社での生産），そうでなければ，技術力に優れた製品を低価格で製造できる国で同じ製品規格を有する企業と合弁事業を営むのが得策となろう。例えば，欧米日企業の中で国際合弁パートナー関係を締結し，中国で大規模生産を行うケースも少なくはない。生産拠点の設営にも増して，大規模標的国で競合他社を上回る販売数量を計上できるかどうかが優劣を決する。耐久消費財をアメリカで販売する際，世界最大の売上高を誇るウォルマート（Walmart）で自社製品が取り扱われなければ，GDFS は取れない。販路ルートが確定すれば，世界のターゲット消費者への販売促進に注力していくようになる。

　2つの対照的な例より，現地適合型製品の販売と比べて，GDFS 製品のごとく世界市場全体を販売対象とする場合，研究開発，調達，製造，販売，アフターサービスを MKGM と最適に組み合わせなくてはならない。各種経営機能と MKGM とが統合化されてこそ，事業目標（市場シェア，売上高，キャッシュフローなど）の達成を早められるのであるから。

　1980 年代まで日本における国際マーケティングの議論は，意思決定の次元ならびに順序を基準として，外国市場参入戦略は「上位戦略」，MKGM 戦略は「下位戦略」に相当すると区分されがちであった。ところが，グローバル・マーケティングの段階で MKGM を捉えるならば，GDFS 製品の例で既述したとおり，そういった伝統的な区分は意味をなさない。

　21 世紀に入り，両戦略を上位と下位に分けるのが無効となる程，同時点においてグローバル MKGM 戦略自体が市場参入戦略と連動し，連結すべき性格のものとなっている。MKGM の効果をさらに上げるには，研究開発やロジスティックスとの連携も欠かせない。それゆえ，これら2つのマーケティング・イノベーション的な発想を前面に出して，グローバル MKGM ならではの国際 MKGM との違いを見出し，その差異を決定因とみなして，MKGM の最適化を追求すべきである。

　ところが，多国籍企業の MKGM に関する日本の研究者の考え方は，1980 年代まで国際マーケティングなら現地適応化，グローバル・マーケティングな

ら世界標準化といった二分法的な発想に等しく，MKGM の範囲内だけで両タイプのマーケティングを識別しがちであった。

そこで本章では，グローバル MKGM に市場参入戦略および経営機能領域がどのように接合ないし統合が可能かを考察し，MKGM の最適化に対する両要因の戦略的貢献を探り出したい。

こうした試みのために，わが国で統合的視点からグローバル MKGM にアプローチした研究をサーベイし，最適なグローバル MKGM の構築に不可欠な構成要素と決定因を抽出し，問題解決に役立てるとしよう。

## 第1節　日本におけるグローバル・マーケティング・ミックス戦略の主要な学説

### 1. 国際マーケティング複合化戦略

大石［1996］は，国際 MKGM の最適化を，国際マーケティング複合化という視点から捉えている。特に，国際 MKGM の世界標準化に重点が置かれ，その決定因が提示されている。かかる標準化の分析枠組みの全体像を分かりやすく示すと，図表 6-1 のとおりになる。

大石によれば，国際 MKGM の世界標準化決定要因は，企業要因→製品／産業要因→環境要因という順に整序され，これらのフィルターを通して標準化が決定されるという。企業要因が最初に配置されるところに特徴が見出される。これら3つの要因に続いて，国際マーケティング・プロセスがあり，最後に，国際マーケティング・プログラム（＝MKGM 実施計画）が上記の要因に従って，確定される。

国際マーケティング・プロセスは，①子会社による計画策定，②親会社によ

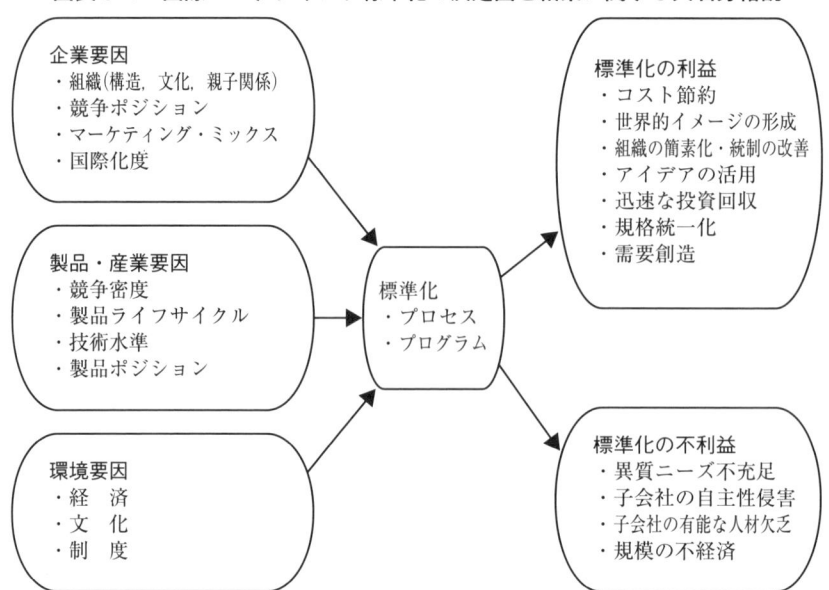

**図表6-1　国際マーケティング標準化の決定因と結果に関する大石芳裕説**

- 企業要因
  - 組織（構造，文化，親子関係）
  - 競争ポジション
  - マーケティング・ミックス
  - 国際化度

- 製品・産業要因
  - 競争密度
  - 製品ライフサイクル
  - 技術水準
  - 製品ポジション

- 環境要因
  - 経　済
  - 文　化
  - 制　度

→ 標準化
  - プロセス
  - プログラム

→ 標準化の利益
  - コスト節約
  - 世界的イメージの形成
  - 組織の簡素化・統制の改善
  - アイデアの活用
  - 迅速な投資回収
  - 規格統一化
  - 需要創造

→ 標準化の不利益
  - 異質ニーズ不充足
  - 子会社の自主性侵害
  - 子会社の有能な人材欠乏
  - 規模の不経済

出所：馬場［2007］117頁。大石［1993a, b］をもとに馬場一が作成。

る統制，③親子間のコミュニケーション，から成る。プロセス標準化は親会社と子会社との敏感な関係を内包しているため，プログラム標準化を決定する場合の前提条件になる。プログラムは外的要因の制約を受けやすいから，プロセスの方が標準化は容易とされる。組織の簡素化／統制の改善は，プロセス標準化の利益を生み出す源泉（決定因）となる。これらは大石説の最重要な示唆に当たる。

マーケティング・プロセスにもマーケティング・プログラムにも「複合化」が提示される。マーケティング・プロセスの複合化の中では，①子会社への適度な権限委譲，②親会社による柔軟な統制，③親会社−子会社間の双方向コミュニケーション，を要する。加えて，親会社は子会社間のコミュニケーションを調整し，子会社は親会社や他の子会社に良いアイディアを移転して，多国籍企業全体のシナジーを高めている。

マーケティング・プログラムの複合化を進めることは，4Pの世界標準化に

よる利益と現地適応化の利益を同時達成することに狙いがある。かかる同時達成政策には，①MKGM政策内でのハイブリッド政策，②世界標準化したプログラム項目の中から子会社に選択させる方案，③製品政策の中で具現化される共通要素方案，④共通分母方案，が含まれる。共通分母方案とは，市場細分化，クラスター化，ポジショニングといった3つの政策を統合する国際マーケティング独特の方策を指す。

大石による国際MKGM複合化戦略は，1970年代に全盛を極めた国際マーケティングの環境論的アプローチから脱却し，世界標準化の最大決定因に企業要因を最重視した点に特徴がある。

しかしながら，世界標準化の典型例ともいえるGDFS絡みの製品政策に着眼してみると，GDFSの必要性は製品／産業要因から元来生じるものと判断される。GDFSに匹敵する製品かどうかの区別は，新製品開発プロセスで識別可能だからである。VTR，DVD，基本ソフト（OS）や携帯電話には，消費者からGDFSへの要望が強く，加工食品や家具にはGDFSを求めはしない。「ネットワークの外部性」が強く作用すると，消費者はGDFS製品の購買に向かう。つまり，企業要因の1つである技術力を問う以前に，「ネットワークの外部性」を得やすい製品の利用上の便益に消費者は期待を寄せる。となれば，GDFS製品の世界標準型MKGMを企業要因第1主義によって説明するのは適さない。

MKGM複合化戦略の第2の課題は，国際マーケティングのプロセスとプログラムの関係付けが厳密で狭い視野の下，狭い戦略の範囲にとどまっている点にある。

国際マーケティング論者の中では，プロセスを世界統一化（集権化；標準化）すればするほど国際マーケティング・プログラムの世界標準化が容易に行われやすいと主張する側と，プロセスの標準化はプログラムの標準化と必ずしも連動しないという立場に分かれる。大石説は，先記した特徴を見る限り，前者を支持している。

傾向的には前者の見方に合致するケースが多いと考えられる。GDFS製品政策では，親会社の集権度が高い。他方，グローバル・マスカスタマイゼーション（GMC）を骨子とした製品政策では，プロセスとプログラムの因果関係は

複雑化する。例えば，親会社は製品の中核機能（部品）と汎用部品の世界共通化（標準化）を進め，子会社は応用機能や品質要件といった本質的製品属性，外見，サイズ，重量，型などの付随的製品属性に現地適応化を提案する。製品政策をめぐって，親会社と子会社は相互意思決定を試みる。その他，価格政策よりも広告などの販売促進政策において親会社から子会社への意思決定権限委譲度が高まり，流通経路政策ではその度合いが最大となりやすい。

問題は，MKGM内の親子間の権限委譲度に関して，GDFS製品であれ，GMC製品であれ，生産拠点の所在国および事業形態次第で影響が及ぶという点にある。自社の海外完全所有子会社あるいは現地企業との合弁会社，さらには国際戦略提携型の合弁会社（例として，日米合弁企業が中国で生産を実施），あるいは委託生産先というように参入方式が使い分けされている。仮にGDFS製品において世界標準化を推進するにしても，当該製品が合弁子会社による生産となれば，マーケティング・プログラムの前提となるMKGM意思決定も生産拠点国の事業体による影響を受け，国際マーケティング・プロセス自体も子会社あるいは合弁パートナー企業に権限委譲するといった姿勢を取らないとも限らない。この場合，マーケティング・プロセスは意思決定権限委譲型（＝非標準化型）でありながら，マーケティング・プログラムは世界標準化型といった矛盾したケースが想定される。

あるいは，GDFS製品の研究開発機能が海外子会社にシフトすると，マーケティング・プログラムの世界標準化は推進されても，親会社はプログラムの決定権限を子会社に多く譲歩するかもしれない。GDFS製品のマーケティングの成功に研究開発が大きく関わるからだ。この場合，生産子会社の所有形態とは対照的に，研究開発子会社は完全所有形態であると，マーケティング・プログラムの決定に権限を発揮しやすい。経営資源上，完全所有型研究開発子会社の方が合弁タイプよりも親会社は依存しやすいから，権限を委譲しやすい。つまり，子会社を信頼して，GDFS製品のMKGM意思決定権限を委譲できるのは完全所有子会社に対してである。ただし，研究開発機能の中に限れば，当然ながら合弁会社に対して親会社は集権化よりも分権化をさらに強く意識せざるを得ない。

以上より，マーケティング・プログラム，すなわちMKGMの決定には，市場参入戦略と経営機能領域からの影響度を考慮に入れて，プログラムの最適化ならびにそのためにあるべきプロセスを検討する方が適切であるといえよう。

次に，これら2つのMKGM影響要因について，本節で洞察したように，単なる影響要因レベルで捉えるだけで十分なのか，それともMKGMの最適化のために統合すべきかを検討してみたい。

## 2. グローバル・マーケティング活動および関連活動の配置と調整と統制

根本・諸上［1996］は，企業活動のグローバル化が進展した結果，「マーケティング・ミックスの標準化対適応化パラダイム」に限界が露呈したとの見解を強く表明し，「グローバル経営調整メカニズム」の導入を緊急に要すると唱道した。その成果が図表6-2で示される「グローバル経営の4類型モデル」である。その類型化の主軸の1つは，「経営資源の分散度」である。多国籍製造企業の主活動を担い，同時に重要な経営資源を有するマーケティング子会社，生産子会社，研究開発子会社が世界の中でどのくらいの国に分散立地しているかによって分散度が表わされる。もう1つの分類軸に，「グローバル政策調整度」が使われる。グローバルな事業政策への調整が本国の本社主導型であるならば高度な調整に該当する。また親会社と子会社の双方が相互に意思決定で強くコミットメントする場合も，同様に高度な政策調整度を保つ。子会社が主体的に事業調整を行えば低レベルの政策調整とみなされる。先記した大石説ではマーケティング・プロセスに当たるが，かかる調整はマーケティングだけでなく，生産と研究開発にまで及ぶので，大石説にはない経営機能領域面にも及んでいる。根本＆諸上説ではマーケティングおよびマーケティング関連活動として捉えられる。この類型モデルは，日系多国籍製造企業を対象としたアンケート調査により検証されている。

図表6-2のモデルは，ポーター（Porter［1986］）の国際戦略4類型モデルにおける「事業活動の配置と調整」という概念と，バートレット＝ゴシャール

**図表 6-2　グローバル経営の 4 類型モデル**

|  | 現地資源レベル |  |  |
|---|---|---|---|
|  | 高 | 低 |  |
| 高 | グローカル<br>(Global-Local)<br>相互調整型 | ユニ・グローバル<br>(Uni-Global)<br>本社調整型 | H　本社主導性　L　シンプル・グローバル |
| 中 | ローバル<br>(Local-Global)<br>子会社調整型 | マルチ・リージョナル<br>(Multi-Regional)<br>地域本社調整型 | |
| 低 | マルチ・ドメスティック | ドメスティック | |
|  | 高　　　　中　　　　低<br>経営資源分散度 | | |

(縦軸：グローバル政策調整度)

出所：根本・諸上［1996］16 頁。

（Bartlett and Ghoshal［1989］）が世界的企業の経営戦略タイプと管理・組織タイプを 4 分類したときに用いた「資産と能力の配置」,「海外子会社の事業の役割」,「知識の開発と普及の仕方」といった考え方を統合した成果と見受けられる。ただし，図表 6-2 の「グローカル」は，バートレット＝ゴシャール説の中で「トランスナショナル」という術語に相当する。

では，本章が目的とする MKGM の意思決定に「グローバル経営の 4 類型モデル」がどのように結びつくのであろうか。ここでは主に，「ユニ・グローバル」,「マルチ・リージョナル」,「ローバル」,「グローカル」に焦点を当てる。

まず，MKGM の意思決定権限に関しても，図表 6-2 で示される通りである。例えば，シンプル・グローバル戦略タイプの国際企業は，本国内で販売されているのと同じ製品を世界標準化品として本国内工場で大規模生産し，世界標準価格に近い価格帯で大量に輸出する。1970 年代後半から 1980 年代前半にみられたトヨタによる元町工場からのカローラの輸出が適例となる。こうした標準車ならではの高い生産性に品質の良さが加わり，きめ細かなアフターサービスも実施された結果，価格競争力だけでなく製品差別化能力でも他社を上回った。本社マーケティング部ならびに現地販売子会社が輸出マーケティング

能力に優れ，現地生産工場をもたなくても，海外顧客ニーズへの適合に成功した。

このように，シンプル・グローバル戦略では本国内生産に大きく依存するため，グローバル経営の4類型のいずれとも基本的に異なる。

シンプル・グローバル戦略に近いタイプをあえて4類型の中から見出すと，ユニ・グローバル型の多国籍企業が妥当である。両タイプとも，意思決定が本社集権的であり，親会社をはじめ本国内事業体の能力を活用してコスト優位を形成しようとするからである。ユニ・グローバル型は海外進出先でマザー工場を活用して，本国内生産体制を維持するので，親会社の能力が弱体化すれば，海外事業利益は生みにくくなる。ここでもトヨタを例に取れば，アメリカで現地生産を始めた1980年代半ばから2000年代前半までがユニ・グローバル型とみなせる。ジャストイン・タイム生産体制とカンバン方式と品質管理サークルおよびフレキシブル・マニュファクチャリング（機動的な生産方式）を利用した変種変量生産などを海外子会社工場でも導入した。生産能力とともに，トヨタが得意とする部品調達ネットワークに代表されるロジスティックスを武器にして，顧客ニーズ適合能力も増して，グローバル・テン（Global 10：世界市場シェア10％）を目指した。2008年には世界市場販売台数でアメリカのGM（General Motors）を抜いてトップに躍り出た。為替レートや労働コストや市場での競争力も考慮に入れ，本国事業体と子会社との間で車種別分業や生産・販売台数の調整と販売先市場の重複を避けるための分割が，本社集権的に実施されてきた。

2011年にトヨタは世界販売台数でGMとVW（Volks Wagen）に抜かれて第3位を余儀なくされた。事業環境の激変に備え，サプライ・チェーン・マネジメント（supply chain management；SCM）の見直し，新興市場国での販売強化体制作り，現地子会社への技術移転の推進と現地研究開発体制の拡充を企図するなど，思い切って子会社の現地化を進める構えである。トヨタは今まさにグローカル型への移行過程にある。ユニ・グローバル型では子会社が経営資源や事業活動の方向性に関して本国親会社に頼っていただけに，親会社が子会社に意思決定権限を委譲しても成功を収めるには，子会社のトップ・マネジメント

の能力が問われよう。

　ユニ・グローバル型と一番対照的なのは，4類型の中でローバル型に違いない。EU（European Unity：欧州連合）に本社を置く多国籍企業が当てはまる。製品の現地適応化政策を打ち出すなど，MKGM は総じて進出先国別の差異に迅速対応したものとなりやすい。MKGM に限らず他の経営機能領域でも子会社ごとに自立的な意思決定が行われる。そのため，子会社の組織能力をはじめ経営資源力が高く保持されないと，いくら現地適合化度で他社を上回っていても現地での競争に勝てなくなる。

　ローバル型が成功しにくくなれば，マルチ・リージョナル型への移行が有力となろう。各地域市場に根ざした戦略を展開するには，地域本社の指令の下，同地域の有力な子会社が得意とする能力を発揮するのがベストとなろう。地域ブランドの開発と管理など MKGM を地域レベルで考案するため，地域本社と当該地域内の子会社との連携が欠かせない。特に，地域本社がどの経営機能において意思決定権限をどの程度発揮するかによって，MKGM のあり方も変わってくるであろう。

　MKGM 戦略のグローバルな次元が鮮明になるにつれて，既述した GDFS と GMC が製品戦略の選択肢に入ってくる。ユニ・グローバル戦略タイプでは，製品規格の世界統一化を促進するのに適しており，自社単独の製品規格を立ち上げれば，GDFS 競争に立ち向かってくる企業が出現しやすい。規格競争を有利に進めたい企業は，GDFS の早期獲得のために他社との間で同一製品規格を採用し，こうしたファミリー形成を合弁生産や共同販売を通して実践するようになろう。M&A では得られない国際戦略提携の機動性を生かすのであれば，ユニ・グローバル型よりもグローカル型の企業の方が適していると考えられる。GMC も同様に，グローカル型で導入され実現すれば，最大限の MKGM 効果が発揮されると期待されよう。

　以上，「グローバル経営の 4 類型モデル」に依拠して，MKGM と他の経営機能との関連を追及した結果，生産とロジスティックスと研究開発との接合を前提としてこそ MKGM の最適なタイプを議論できると解せる。

　諸上［2004］は上記モデルから，グローバル・マーケティングのパラダイム

を導き出した。1990年代前半まで支配的であった「国際MKGMの世界標準化対現地適応化」から「グローバル・マーケティング活動の配置と調整と統制」へのシフトを唱えたのである。ここで、「統制」とは、どの事業体が調整の役割を担うかに焦点が当てられ、トヨタのユニ・グローバル戦略タイプでは、本国本社による強い統制のおかげで全世界の事業拠点を上手く調整でき、車種間の研究開発と生産と調達と販売で実績を挙げたといえる。グローバルMKGMの最適化は、これら関連活動の有機的連携の成果として生まれるのである。

それゆえ、多国籍企業におけるMKGMの最適化の追求には、グローバル経営の4類型モデルから例証されたとおり、その類型化の軸に使われた「配置」（経営資源分散度）と「調整」（グローバル政策調整度）および「統制」を基礎概念としたパラダイムも欠かせないとみてよい。ただし、マーケティング子会社以外に、生産子会社と研究開発子会社といったマーケティング関連活動が戦略タイプの類型化にとりわけグローバル化が進展するにつれて比重を増してくるため、MKGMに関する論点が定まりにくくなるという恐れがあろう。

## 3. 製品／製法のアーキテクチャー論からの最適MKGMへの接近

諸上［2004］はさらに、藤本［2001］が提起した「製品と製法のアーキテクチャー」を取り入れて、SCMとグローバルMKGM戦略との統合可能性を究明している。果たして、アーキテクチャー論はグローバル・マーケティングの新パラダイムの構築に役立つであろうか。

図表6-3の中で、SCMの国際移転が最も容易かつ重要度を帯びるのは、右下のセルに入る製品だと考えられる。すなわち、複数企業間の連携アーキテクチャー（基本的な設計構想）がオープン（開放的）であり、機能と部品（モジュール）の関係が1対1にあるといったモジュール型の製品では、企業を超えた「寄せ集め設計」が可能となる。設計図さえ入手できれば、組立てが容易かもしれない。こうした特性を持つオープン・モジュラーな製品／製法（工程）アーキテクチャーなら、中国に移転しやすい上に、移転しても取引コスト

図表 6-3　アーキテクチャーの分類

|  | インテグラル | モジュラー |
|---|---|---|
| クローズ | 自動車<br>オートバイ<br>小型家電 | 汎用コンピュータ<br>工作機械<br>レゴ（おもちゃ） |
| オープン |  | パソコン<br>パッケージソフト<br>自転車 |

出所：藤本［2001］6頁。

は高くない。中国はオープン・モジュールを得意とする国として知られているからだ。したがって，パソコン，パッケージソフト，自転車は，日本で作るのではなくて，中国の工場で生産した方が国際競争を有利に展開できる。つまり，内製化ではなく，海外アウトソーシングに頼り，生産受託企業から製品を自社ブランド輸入して標的市場で販売する方が効率的となる。オープン・モジュラーな製品に関しては，外注依存度が高くなるので，海外 SCM の構築が製品の国際競争力に最も直結しやすい。MKGM 政策上，OEM 輸入品の低価格販売が割合多くなる。

　対照的に，日本メーカーが得意とするのは，自動車のようにクローズ・インテグラルなアーキテクチャーを必要とする製品分野である。この場合，モジュール間のインターフェイスは1社内で閉じる。

　部品と部品の摺り合わせが重要になるので，日本の自動車メーカーが競争の武器とする「部品メーカーとの共同部品開発」などで成果を収め，実質的な製品差別化でリードできれば，自社専用の工場で乗用車を製造し，自社独自の流通ルートに供給し，最終消費者向けに新車を高価格で，かつ販売促進費用を抑えて販売していける。

　以上より，製品がオープン・モジュラー型か，クローズ・インテグラル型かによって，最適な MKGM の組み合わせに違いが生じることが示せる。それゆえ，製品／製法アーキテクチャーをマーケティング・ミックスと接合して，かかるミックスの最適化にアプローチする試みは意義深い。

ところで,「グローバルな事業活動の配置と調整と統制」概念も,「製品／製法アーキテクチャー論」も,MKGM が市場参入戦略とどのように結びつくかを間接的に示せても,直結するという程の関係を強く提起するには至っていない。そのため,次節で,両者に直接的関連性をもたせ,これまでの接合レベルではなく,統合的レベルで多国籍企業の国際マーケティングの発展段階に応じて,その変化をみていく。


## 第2節　国際マーケティング発展段階論で捉えた市場参入戦略と経営機能とマーケティング・ミックスの関係

　小田部＝ヘルセンが提示した広義の国際マーケティングの進化過程は4段階に分けられ,段階別の主なマーケティングの特徴が以下のように要約できる。段階別で一番大きな違いは,マーケティング意思決定の視野とマーケティングと統合される経営機能にみられる。

Ⅰ　輸出マーケティング
　①輸出国の選択　②輸出のタイミングと参入国の順序
Ⅱ　国際マーケティング
　①国単位でのマーケティング戦略の修正　②国単位でのナショナル・ブランドの開発と買収　③国単位での広告コスト,販売促進コスト,流通コスト
Ⅲ　多国籍マーケティング
　①地域単位でのマーケティング戦略の修正　②地域単位でのナショナル・ブランドの開発と買収　③地域単位での広告コスト販売促進コスト,流通コストの共有
Ⅳ　グローバル・マーケティング
　①国・地域を越えた MKGM の調整　②調達・生産とマーケティングの

統合　③ポートフォリオ・バランスと成長を目指した資源配分

　図表 6-4 において，グローバル・マーケティングのいくつかの学説を包摂して，広義の国際マーケティングの 4 段階別に，MKGM の特徴や評価基準，MKGM と戦略志向性および競争優位との関係を明示してみた。

　図表 6-4 の中で注視すべきは，4 つのマーケティング・タイプを識別するのに，生産高に対する販売高という比率の指標値を用いている点である。

　多国籍マーケティングは，同一地域内生産高に対する同一地域内販売高の比率が高いという条件を満たす。多国籍マーケティングからグローバル・マーケティングへの進化は，域内生産高に対する域外販売高の比率が高くなるのが判定基準となる。例えば，アジアで生産された製品がアメリカや EU（European Union；欧州連合）などへ輸出されれば，当比率は上昇して，グローバル・マーケティングの範疇に接近する。この指標値は，参入戦略，生産機能および

**図表 6-4　国際マーケティング段階の分類基準**

| 分類指標／要因 | 輸出マーケティング | 国際マーケティング | 多国籍マーケティング | グローバルマーケティング |
|---|---|---|---|---|
| 段階特有の高比率指標 | 輸出高／国内生産高 | 現地国内販売高／現地国内生産高 | 同一地域内販売高／同一地域内生産高 | 域外販売高／域内生産高 |
| 経営とマーケティングの志向性 | 自国民族中心主義 | 多中心主義 | 地域中心主義 | 地球中心主義 |
| 戦略志向性 | シンプル・グローバル | マルチ・ドメスティック | リージョナル | トランスナショナル |
| マーケティングミックスにおける製品政策 | 本国販売用製品の拡張 | 現地適応化（現地での製品適応化と製品多様化） | ・地域内標準化<br>・域内適応化<br>・域外差別化 | 全世界標準化と世界的差別化の同時達成 |
| 価格政策 | 海外販価＜国内販価 | 現地販価の格差拡大 | ・域内共通価格<br>・域外差別価格 | ・世界標準価格<br>・製品機能別価格 |
| 判定基準 | 効率性 | 効果 | 効果 | 効率性と効果 |
| 競争優位源 | 規模の経済性 | 範囲の経済性 | 連結の経済性 | 連結の経済性<br>ネットワークの経済性 |

出所：筆者作成。

マーケティング機能との連結を加味している。

製品政策において，現地適応化がメーカーに最大限意識されるのは，狭義の国際マーケティング段階に他ならない。この点は，通説に従う。多国籍マーケティングでは，域内では標準化，域外とは差別化を進める。グローバル・マーケティングでは，GDFS の他に，GMC を促進して世界市場シェアの上位獲得を目指す。

価格政策もマーケティングの発展段階に応じて異なる。輸出マーケティングでは，海外市場開拓のために国内販売価格よりも輸出価格を低く抑え，時として限界費用価格形成原理に従いやすい。つまり，生産設備費用などの固定費がコスト算定基準に入らない。次に，国際マーケティング段階の企業は，製品の現地適応化を進めるため，適応化コストが余分に掛かる。その分，現地市場内での販売価格は多様になる。

多国籍マーケティングでは，EU など域内共通市場を標的とするのが多い。域内では移動物品の関税率を考慮しなくてもよいため，人や物資の移動が国境を越えて自由に行われる。そのため，域内製品価格は開きが少なく，共通化しやすい。

グローバル・マーケティングでは，新興市場国の BOP（Base of the Pyramid）市場の開拓が至上命令となる。貧困世帯向けに簡易型商品を開発し，低賃金国でそれを製造し，利益を度外視した低価格販売に乗り出す例が多い。日本企業に典型的な多機能付きの高度な製品（ガラパゴス製品はその一例）もブランドの差別化に役立つゆえ，品揃え形成から外せない。こうして，製品機能別価格帯が用いられる。他方，GDFS 製品の販売価格には，製品普及のために市場浸透価格というレベルでの世界標準価格が採用される。

次に，競争優位の源泉を段階別に捉える。輸出マーケティングでは国内大規模生産品の大量輸出を通して「規模の経済性」を享受できる企業が競争に強い。国際マーケティングでは製品や販売促進や流通経路などに現地適応化を要するため，発生した適応化コストを分散すべく，研究開発，生産，マーケティングの各段階で異種製品を取り扱う際に「範囲の経済性」を生むのが肝心だ。同一生産ラインに載せた複数製品の混流生産や，同一販売店での異種製品の抱

き合わせ販売が例となる。

多国籍マーケティングでは,「連結の経済性」を取り込むのが肝心となる。10カ国が加盟するASEAN（東南アジア諸国連合）における乗用車,PC,家電のように,研究開発,生産,マーケティングの拠点が同一地域内で比較優位を生む国に分散立地し,これら経営機能が多国籍企業の地域本社（シンガポールに多く設営）の指揮により,市場条件や競争条件を勘案してマーケティングの最大効果を生み出せるよう最適統合される。グローバル・マーケティング企業は,自社の顧客,取引先,フォワーダー（総合物流会社）,競合パートナー企業,ベンチャー,研究機関,各国政府などとの情報ネットワークを通じた事業関係ネットワークを活用して,事業環境変化に応じたマーケティングを少ない費用で多くの効果を発揮できるよう構築している。

図表6-5では,MKGMが市場参入戦略や経営機能領域および国際組織とど

**図表6-5　国際マーケティング段階の分類基準**

| 分類要因 | 輸出マーケティング | 国際マーケティング | 多国籍マーケティング | グローバルマーケティング |
|---|---|---|---|---|
| 進出戦略 | 国内大規模生産品の輸出戦略 | ・現地企業との合弁や買収<br>・完全所有子会社 | ・完全所有子会社<br>・買収<br>・戦略提携 | ・完全所有子会社<br>・合併／買収<br>・戦略提携 |
| 主要機能の関連性 | MKG志向と独自大量生産機能が結合 | 現地製品適合への修正能力とFMSが結合。現地内で生産とR&Dが連結 | 地域本社が親会社-域内子会社間を調整。販売と生産とR&Dが連結 | ・親会社-子会社間の調整能力<br>・企業間情報ネットワーク力 |
| 事後能力（＝次の段階での事前能力） | ・標的市場調査能力<br>・市場開拓力<br>・海外販売経験 | ・標的国内での生産とR&Dの統合能力 | ・域内基準でみた生産と販売とR&Dの最適な配置と調整の能力 | ・全世界的視点で見た最適な生産と販売とR&Dの配置と調整 |
| 国際組織 | ・輸出事業部／国際事業部 | ・世界的製品別／地域別事業部 | ・世界的製品別／地域別事業部制＋地域本社制 | グローバル・マトリクス組織（統合情報ネットワーク型） |
| 日系先発製造企業の歩み | 1960年～70年代初期 | 1970年代半ば～80年代半ば | 1980年代後半～90年代後半 | 1990年代末～21世紀 |

出所：筆者作成。

のような連結関係にあるかを示す。馬場［2007］で提起された事後能力による影響を加えている。既存のマーケティング活動などで得られた事後能力は、次のマーケティング段階へステップアップする上で欠かせない。

　各段階に応じて、効果的な市場参入戦略のモデルには程度の差こそあれ、違いがある。世界の売上高トップ10に入る製薬メーカーに代表されるように、大型合併はグローバル・マーケティング企業の代名詞となろう。戦略提携は、パートナー企業間で適合能力が機能別さらには市場別に異なるのを梃子として、「連結の経済性」を発揮するのに有効な参入手段となる。戦略提携は、MKGMの中で価格優位と製品差別化を同時実現する参入方式としても期待される。

　MKGMと経営機能との統合は、マーケティングがよりグローバルへとシフトするにつれて、戦略的重要性を増す。連結されるべき経営機能領域が拡大し、内容的にも統合度の強さが増す。その統合を調整する主役と調整対象事業体の範囲が変わる点にも留意すべきだ。

　各マーケティングの発展段階に適した組織構造との対応も見逃せない。グローバル・マーケティングでは、統合情報ネットワーク型のグローバル・マトリクス組織が採用される場合もある。通常の組織構造に、仮想組織が組み合わされている。B to B、B to Cといった電子商取引、仮想店舗や仮想製品デザイン・センターなどマーケティング方式の進化に合わせて、組織デザインにも顧客密着性を高められるよう工夫が求められている。世界有数の化学メーカーであるダウ・ケミカル（Dow Chemical）や、プリンターとPCとソリューション・ビジネスで世界のトップに君臨するヒューレット・パッカード（Hewlett Packard）にも、機動的なMKGMが組めるよう、柔軟なマトリクス組織が導入されている。

　以上より、広義の国際マーケティングを4段階に分けたことで、MKGMが最大効果を発揮できるには、MKGMをどういった事業目標値、市場参入方式、経営機能領域、組織構造とどのようにして組合せて、最終的に統合すればよいかを十分に洞察できたといえよう。4段階別の比較考察を通して、上記決定因とMKGMとの統合化が最重要となるのは、グローバル・マーケティング

段階に達した企業であると証明されよう。

―【キーワード】――――――――――――――――――――――――――
マーケティング・ミックス，世界標準化対現地適合化，グローバル・デファクト・スタンダード，グローバル・マスカスタマイゼーション，グローバル・マーケティング活動の配置と調整と統制，製品・製法のアーキテクチャー，国際マーケティングの進化過程，範囲の経済性，連結の経済性，マトリクス組織

【参考文献】

Bartlett, C. and, Ghoshal, S.［1989］*Managing Across Borders : The Transnational Solution*, Harvard Business School Press.（吉原英樹監訳［1990］『地球市場時代の企業戦略』日本経済新聞社。）

Kotabe, M. and Helsen, K.［2008］*Global Marketing Management*, 4th ed., John Wiley R Sons, Inc.（栗木契監訳［2010］『国際マーケティング』碩学叢書。）

Porter, M. ed.［1986］*Competition in Global Industries*, Harvard Business School Press.（土岐坤・中辻萬治・小野寺武夫訳［1989］『グローバル企業の競争戦略』ダイヤモンド社。）

大石芳裕［1993a］「グローバル・マーケティングの分析枠組」『佐賀大学経済論集』第26巻第2号。

大石芳裕［1993b］「グローバル・マーケティングの具体的方策」『佐賀大学経済論集』第26巻第3号。

大石芳裕［1996］「国際マーケティング複合化戦略」，角松正雄・大石芳裕編著『国際マーケティング体系』ミネルヴァ書房。

根本孝・諸上茂登［1996］『グローバル経営の調整メカニズム』文眞堂。

馬場 一［2007］「グローバル・マーケティングの革新」，諸上茂登・藤澤武史・嶋正編著『グローバル・ビジネス戦略の革新』同文舘出版。

藤本隆宏［2001］『生産マネジメント入門』日本経済新聞社。

諸上茂登［2004］「グローバル・マーケティングの背景と諸機会」，諸上茂登・藤澤武史『グローバル・マーケティング（第2版）』中央経済社。

（藤澤　武史）

# 第7章

# 多国籍企業と製品開発

> **本章のねらい**
>
> ① この章では，マーケティング的な観点から多国籍企業の研究開発について考察する。
> ② まず，先人たちによって提唱されてきたさまざまな類型の多国籍企業では，諸活動がどのように配置され，市場機会がどのように充足されると想定されていたのかを明らかにする。
> ③ ついで，研究開発活動を上流と下流に分け，今日の多国籍企業が直面している研究開発上の課題について考察する。
> ④ 最後に，デジタル化やモジュール化が，活動の配置や機会充足のあり方に及ぼす影響について考える。とくに，それによって新興の多国籍企業が台頭する可能性と，それらの企業における活動の配置のあり方，活動の展開のあり方について考える。

## 第1節　多国籍企業の類型と活動の配置

　研究開発とは，科学的な事実（理論，法則，物質など）を発見し，その用途を考えだし，実際の製品（および，工程，材料，装置など）に展開することをいう。このようないい方は，イノベーションが技術プッシュで生み出されているような印象を与える。しかしながら，どのようなイノベーションであれ，市場のニーズがあるところでないと起こり得ない。イノベーションは，人々の満たされていないニーズを充足するために起こるからである。ニーズを伴わずにシーズから誘発されたイノベーションは，科学的あるいは技術的に偉大な仕事であっても，人々に喜ばれる。したがって，人々に受け入れられるイノベー

ションにはならない。だから，市場機会がどう充足されるかの分析が大事なのである。ただ，他方において，市場機会は，機会を充足する人がいて初めて充足される。したがって，潜在的な機会が存在している市場と，これに対峙する企業との関係が大事になる。この点で重要になるのが，多国籍企業の存在のあり方である。多国籍企業の形態によって，機会の捉え方が異なり得る。そこで，代表的な多国籍企業の類型をみよう。これまで，さまざまな論者が多国籍企業の類型に言及してきた。ここでは，内容が重複するものは，1つのものとしてまとめて論述する。

## 1. マルチナショナル（マルチドメスティック）

Bartlett and Ghoshal [1989] は，かつての欧州系多国籍企業を念頭においてマルチナショナル型（Porter [1986] のいうマルチドメスティック型）を概念化している（図表7-1）。

欧州企業は，戦前各国が規制によって分断され，コミュニケーションの手段

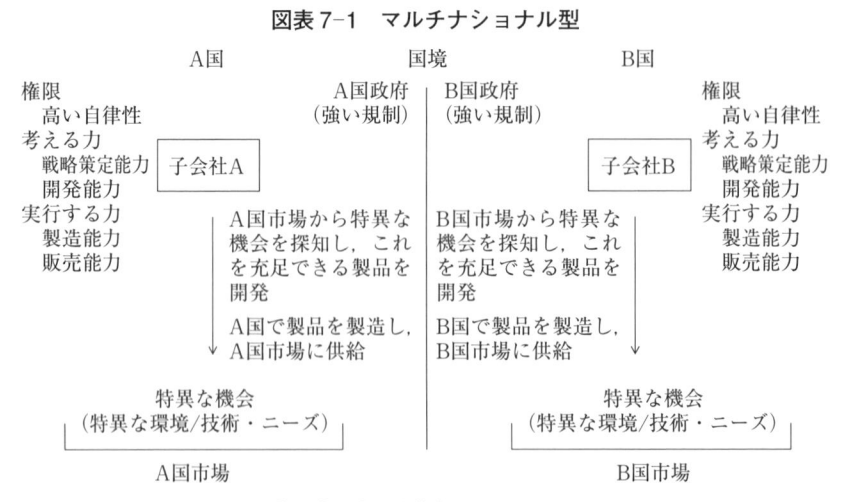

**図表7-1 マルチナショナル型**

| A国 | 国境 | B国 |
|---|---|---|
| 権限<br>　高い自律性<br>考える力<br>　戦略策定能力<br>　開発能力<br>実行する力<br>　製造能力<br>　販売能力 | A国政府　B国政府<br>（強い規制）（強い規制） | 権限<br>　高い自律性<br>考える力<br>　戦略策定能力<br>　開発能力<br>実行する力<br>　製造能力<br>　販売能力 |
| 子会社A<br>↓<br>A国市場から特異な機会を探知し，これを充足できる製品を開発<br>↓<br>A国で製品を製造し，A国市場に供給 | | 子会社B<br>↓<br>B国市場から特異な機会を探知し，これを充足できる製品を開発<br>↓<br>B国で製品を製造し，B国市場に供給 |
| 特異な機会<br>（特異な環境/技術・ニーズ）<br>A国市場 | | 特異な機会<br>（特異な環境/技術・ニーズ）<br>B国市場 |

出所：Bartlett and Ghoshal [1989] に基づき作成。

が発達していなかった時期に多国籍的展開を遂げた。輸出では商品を入れられない。また，本国と同じ商品を現地生産しようとしても，必ずしも事業許可が下りるとは限らない。そこで，同族もしくは，それに準じるような信頼の置ける者を送り，どのような事業を興すかも含めて，一切を委ねるしかなかった（同族資本主義）。

子会社は極めて高い自律性をもった。親会社は，財務上の報告を受けるだけで，もうけが出ている限り，経営の具体的な部分に関して口出しすることはなかった。その意味で，現地に置ける経営はまったく自由だった。

また，子会社は，考える力，いいかえると，戦略策定能力（どのような事業をやるのかを決定する能力）や開発能力（市場機会を探知し，それを充足できる製品を作り出す能力）をもった。そして，実行する力，つまり，製造能力や販売能力をもった。

一方，規制によって国境をふさがれた各国の市場は，非常に特異な環境をもち，特異なニーズと特異な技術を発達させていた。各国に置かれた子会社は，その担当国から，特異な機会を探知し，これを充足できる製品を開発する（プラットフォームになる技術は，親会社から送られるが，それをどのように使うかについては，まったく現地の自由に任される）。そして，担当国で製品を製造し，担当国の市場に製品を供給する。つまり，市場機会はあくまでも担当国の中で探索され，事業化され，担当国の中で充足されるのである。どの子会社もその活動が担当国の国境を越えることはなかった。あくまでも自分の担当国の消費者の要望を充足することだけに終始した。

こうして組織伝統ができてしまうと，時代が変わっても，組織はこのように動いてしまう。欧州系の多国籍企業は，戦後もしばらくは，このような組織運営の慣行に基づいて動いた。

このようなやり方には，各国の機会を活用でき，市場の深耕が可能であるというメリットがある。他方，このようなやり方は，イノベーションを国境を越えて移転できないとか，開発面，生産面でグローバルな規模の経済性を達成できないといった不利点をもった。

## 2. インタナショナル

　Bartlett and Ghoshal［1989］は，米国系多国籍企業を念頭に置いてインタナショナル型を概念化している（図表7-2）。その特徴は，概ねVernon［1966］の描く米国企業の多国籍化の特徴に一致している。

　多くの米国企業が，戦後米国および米国企業が圧倒的な優位をもった時期に多国籍的展開を遂げた。本国市場（米国市場）は，当時世界で最も進んだ市場であった。世界で最も豊かであり，高所得関連型，労働節約型のニーズをもっ

**図表7-2　インタナショナル型**

本国　　　　　　　　　　　　　　　　受入国

プログラムトランスファー
　製品その他マーケティングプログラムの移転
システムズトランスファー
　計画・予算策定システム
　工場の運営システムなどの移転

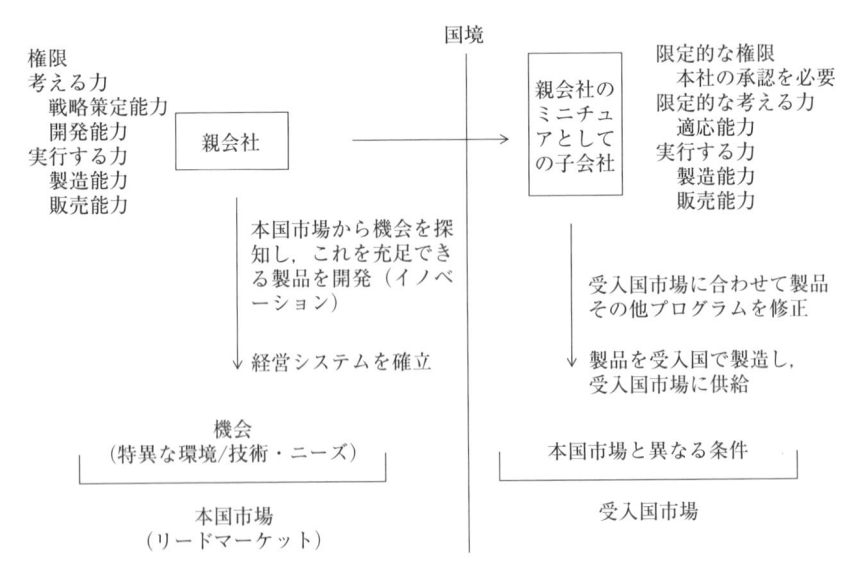

国境

権限
　考える力
　　戦略策定能力
　　開発能力
　実行する力
　　製造能力
　　販売能力

親会社　→　親会社のミニチュアとしての子会社

限定的な権限
　本社の承認を必要
限定的な考える力
　適応能力
　実行する力
　　製造能力
　　販売能力

本国市場から機会を探知し，これを充足できる製品を開発（イノベーション）

↓ 経営システムを確立

受入国市場に合わせて製品その他プログラムを修正

↓ 製品を受入国で製造し，受入国市場に供給

機会
（特異な環境/技術・ニーズ）
本国市場
（リードマーケット）

本国市場と異なる条件
受入国市場

出所：Bartlett and Ghoshal［1989］に基づき作成。

ていた。また，科学技術が発達しており，こうしたニーズを充足するのに必要とされる技術を生み出した。また，未充足ニーズを充足するモノを作りだすのに必要な新たな装置や部品・材料を供給してくれる幅の広い周辺産業をもっていた。

　米国企業は，当然，考える力，すなわち，戦略策定能力や開発能力を本国に置いた。そして，その考える力を本国の中で使った。つまり，どのような事業を起こすべきか，本国の中で考えるのである。そして，もっぱら本国市場から，機会を探知し，これを充足できる製品を開発するのである。いずれにせよ，親会社側が市場機会を探知するにあたってみているのは本国市場だけであって，海外市場はその視野に含まれていない。こうしてイノベーションが本国で生み出される。そして，こうして生み出されたイノベーションは，本国の中での競争を通して精緻化されていく。

　一方，海外市場に対しては，受入国に親会社のミニチュアとしての子会社を設置し，この子会社から（そこで生産，販売することによって）商品を供給するというアプローチがとられた。世界で最も労働コストの高い米国からみると，どの国も自国より安く作れる拠点であった。また，米国からの商品の供給は貿易障壁を立てられる原因になった。

　米国企業は，こうした子会社に対して2つのトランスファーを行った。1つは，プログラムトランスファーである。親会社の製品を始めとするマーケティングプログラムを子会社に移転してやるのである。これは，まさにイノベーションの国境を超える移転であった。

　もう1つは，システムズトランスファーである。労働移動が高い米国では，専門経営者を使い高度にシステム化された（つまり，専門化，標準化，公式化された）経営が行われていた（経営者資本主義）。親会社で使われているシステムがそのまま子会社に移転され，親会社と同じ経営システムがそこに構築されるのである。なかでも中心となるのが計画・予算策定システムである。このようなシステムの下で，子会社には，限定的な権限と限定的な考える力が与えられる。まず，子会社側が受入国における計画を策定する。その策定は手順を親会社のものに従っているので，子会社側が用意する原案は親会社にもよくわ

かり，親会社側は原案をみながら必要な指示を与えることができる。こうして，親会社から承認を得られる限りにおいて，子会社側にも一定のイニシアティブが認められる。このような手順を通して，受入国市場に合わせ，親会社側から与えられた製品その他のプログラムが修正された。ただし，あくまでも適応（修正）である。子会社側が，受入国に固有の機会を探して，独自な事業を展開するわけではない。

このやり方の下では，イノベーションの国境を越える移転が可能である。ただし，その方向は，本国から海外への一方向的な流れに限られる。反面，各国の機会は活用できない。また，開発面においてはグローバルな規模の経済を達成できるが，生産面においては達成できる規模の経済性が一国レベルに限定される。

## 3. グローバル

Bartlett and Ghoshal［1989］は，かつての日本企業を念頭に置いてグローバル型という類型を概念化している（図表7-3）。

日本企業は，自由な貿易体制の下で輸出によって世界を席巻した後，70年代，80年代に多国籍的に展開した。Bartlett and Ghoshal［1989］によると，

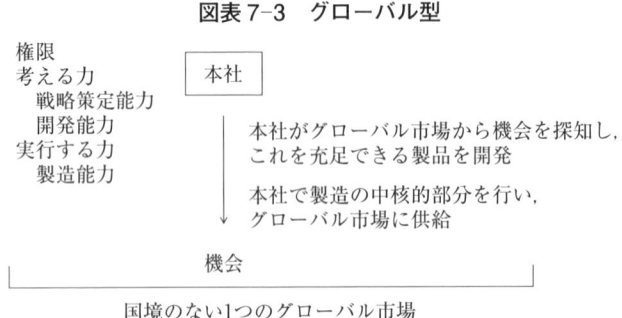

**図表7-3　グローバル型**

権限
考える力
　戦略策定能力
　開発能力
実行する力
　製造能力

本社

↓ 本社がグローバル市場から機会を探知し，これを充足できる製品を開発

↓ 本社で製造の中核的部分を行い，グローバル市場に供給

機会

国境のない1つのグローバル市場

出所：Bartlett and Ghoshal［1989］に基づき作成。

日本企業の特徴は集団資本主義にあり，重要な意思決定は，集団的なコミュニケーションと人間関係が貫徹する本社の中だけで行われる（権限の本社への集中）。

能力もまた，本社に集中される。考える力（戦略策定能力や開発能力）は，当然に本社に集中される。また，実行する力の中でも製造に係わる重要な部分は本社に集中される。現地には，組み立てや販売，サービスといった役割しか与えられない。そして，海外子会社の経営は，日本の経営システムの機微を理解している者に委ねられる。

Bartlett and Ghoshal［1989］によると，日本企業は，世界志向が強い。日本企業は，世界市場に焦点をあてており，世界を統合された1つの市場と捉えている。地球全体が分析上の1つの大きな単位となっている。

この考え方からすると，企業は国境のない1つのグローバル市場に対峙しており，本社がグローバル市場から機会を探知し，これを充足できる製品を開発し，本社で製造の重要な部分を行って，グローバル市場に製品を供給することになる。

このアプローチにおける大きなメリットは，開発面，生産面におけるグローバルな規模の経済性を達成できることである。一方，Bartlett and Ghoshal［1989］によると，このアプローチのデメリットは，子会社に製品や戦略を生み出す自由が少なく，既成のものを改良することもできないということである。

これに対して，Porter［1986］は，同じ日本企業をみながら少し異なった捉え方をしている。

Porter［1986］は，本国をグローバル市場に打ち出すための発射台（プラットフォーム）と位置付けている。そして，国の産業の優位が企業の優位のベースになるという考え方をしている。つまり，企業の優位は，企業戦略・構造・競争，要素条件，需要条件，支援産業からなる国の産業のダイアモンドの中で形成されるのである（Porter［1990］）。

この考え方からすると，本社は，主たる能力を本国に置き，もっぱら本国市

場だけをみて，本国市場から機会を探知し，これを充足できる製品を開発することになる。

たしかに，日本企業は，この時期には独自な製品カテゴリーを創り出していたのではなかったのかもしれないが，省スペース化という日本の特徴的なニーズに対応して，小型化，低価格化された商品を生み出していた（Kotler et al.［1985］pp. 74-76, Porter［1990］p. 403）。これはある意味においてイノベーションなのである。日本企業は，日本のダイアモンドの下で培ったこうした製品を世界に打ち出したわけである。

Porter［1986］流か，Bartlett and Ghoshal［1989］流かを決める要因の1つは，本国の大きさかもしれない。大国を背景にする企業は，国の優位を背景に事業を展開することができる。これに対して，小さな国を背景にする企業は，本国の需要に合わせても限られた市場しか確保することができないため，自ずと世界市場を念頭においた行動になる。

もう1つの要因は，後発の企業であるかどうかかもしれない。後発企業の場合，すでにグローバルに市場が存在している可能性がある。

もう1つの要因は，市場の性格かもしれない。市場の中には，最初から（普遍的であるという意味において）グローバルなものが存在し得る。いわゆるボーングローバルである。

一方，同じ日本企業をみながら適応という点に関して，Bartlett and Ghoshal［1989］と違う見方をしたのは，安室［1997］である。

安室［1997］は，自分たちのやり方に対して，硬直的なのはむしろ米国企業の方であり，日本企業は機動性と柔軟性に富むと主張する。製品が国境を越える前に本社が自らの手で適応措置を施すのである。FMSという生産面における柔軟性に加え，世界中に張り巡らされたネットワークのおかげで日本企業は，本体がローカルマーケットの微妙な要求の違いに敏感であり，機敏に適応できるのである。安室［1997］はこれをグローバルサプライ型とよんでいる。

安室［1997］とBartlett and Ghoshal［1989］との見解の違いは，本体の柔軟性をどう捉えるかの違いに起因しているように思われる。Bartlett and

Ghoshal［1989］は，日本企業は，子会社が自主性をもたないから市場の違いに敏感でないと考えた。これに対して，安室［1997］は，日本企業は，本体と海外拠点とが連携性に富み，本体が機動性，柔軟性に富むからこそ，現地の状況の違いにも機敏に対応できると考えたのである。これは，今日の韓国企業についてもあてはまるように思われる。

　また，グローバル展開を遂げた後の対応のあり方についても，Porter［1986］の主張は，Bartlett and Ghoshal［1989］と異なっている。

　Porter［1986］は，グローバル戦略として，集中戦略と配置と調整戦略を挙げている。集中戦略は，バリューチェーンの活動の重要な部分をもっぱら本国に集中して置くものであるが，配置と調整戦略は活動をバラして，個々の活動を世界の適所に置き，グローバルに統合することによって，完結させることをいう。

　集中戦略は，Bartlett and Ghoshal［1989］の権限と能力の本国への集中に一致しており，グローバル化の比較的初期の段階でみられるものと考えられる。これに対して，配置と調整戦略は，企業のグローバル化がさらに進んだ後でとられるものと考えられており，グローバル化の進展に伴い，今後この戦略の重要性が一層増すと考えられている。そして，この段階では，市場もプラットフォームとしての本国市場から拡張される市場とは概念的には異なるグローバルな市場が考えられているように思われる。

　このような違いが見られたのは，Porter［1986］がグローバルという理念型を出発点にしているのに対して，Bartlett and Ghoshal［1989］が日本企業という実態から出発しているためであろう。


## 4．トランスナショナル

　Bartlett and Ghoshal［1989］は，マルチナショナル型，グローバル型，インタナショナル型の利点をすべて併せもつ理想形としてトランスナショナル型

を描いた（図表7-4）。その特徴は，能力の分散，専門化，相互依存（連携）にある。

拠点には，（リードマーケットに立地し，能力的に優れている）戦略的リーダー，（能力的には優れているが，機会を他の拠点に依存する）貢献者，（リードマーケットには立地しているが，開発能力を他の拠点に依存する）ブラックホール，（大きな能力ももたず，重要なマーケットにも立地せず，ただ与えられたプログラムを遂行する）実行者とさまざまなものがあるが，戦略的リーダーからなる企業を考えると，次のような形になる。

それぞれの子会社は，高い自律性をもつ。また，考える力（戦略策定能力，開発能力）をもつ。また，実行する力（生産能力，販売能力）をもつ。

担当国は，特異な環境（特異な技術，特異なニーズ）の下にある非常に特異

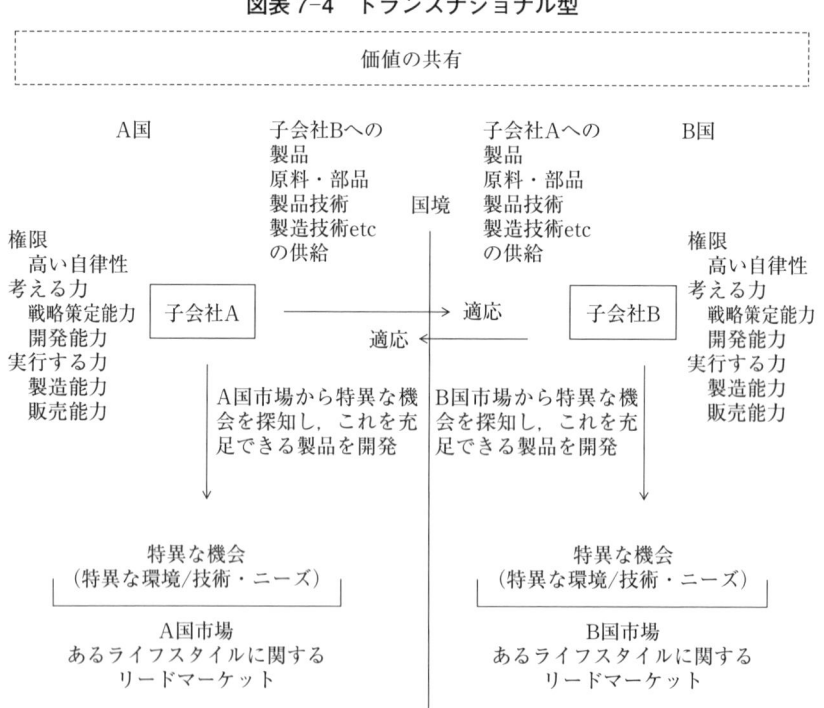

**図表 7-4　トランスナショナル型**

```
┌─────────────────────────────────────────────────┐
┊                   価値の共有                      ┊
└─────────────────────────────────────────────────┘

    A国        子会社Bへの      子会社Aへの         B国
               製品             製品
               原料・部品       原料・部品
               製品技術   国境  製品技術
               製造技術etc      製造技術etc
               の供給           の供給
 権限                                          権限
   高い自律性                                    高い自律性
 考える力                                      考える力
   戦略策定能力 ┌─────┐   →  適応   ┌─────┐   戦略策定能力
   開発能力   │子会社A│ ←────────  │子会社B│    開発能力
 実行する力  └─────┘     適応     └─────┘  実行する力
   製造能力      │                       │       製造能力
   販売能力      │A国市場から特異な機│B国市場から特異な機  販売能力
                │会を探知し，これを充│会を探知し，これを充
                │足できる製品を開発 │足できる製品を開発
                ↓                       ↓
              特異な機会              特異な機会
          （特異な環境/技術・ニーズ）  （特異な環境/技術・ニーズ）

             A国市場                  B国市場
          あるライフスタイルに関する  あるライフスタイルに関する
             リードマーケット         リードマーケット
```

出所：Bartlett and Ghoshal ［1989］に基づき作成。

な国である。ただ，あるライフスタイルに関して，リードマーケットといえる特徴をもっている。

　それぞれの子会社は，もっぱら担当国の市場を凝視し，担当国市場から特異な機会を探知し，これを充足できる製品を開発する。ただ，その活動は，担当国の中だけで完結するのではなく，他の子会社にも，国境を越えて有益なインプットを，あるいは製品という形で，あるいは材料・部品という形で，あるいは製品技術・生産技術という形で，供給する。リードマーケットを起点にイノベーションを起こしているゆえである。こうして供給された製品や技術は，受け入れた国の状況に合わせるべく，受け入れ側の子会社で適応措置が施される。

　以上にみられる行動は，他の国に設置された子会社を起点としても行われる。

　各国の子会社が多国籍企業のネットワークの中で，全体にとって適合的な行動をとるためには，価値を共有していなければならない。つまり，各子会社は多国籍企業全体としてのビジョンを共有し，主体的に多国籍企業全体の利益に貢献しようと思っていなければならない。

　この仕組みの下では，各子会社は，担当国の特異な機会を十分に開拓できると同時に，担当国に生まれたイノベーションを国境を越えて移転でき，製品の代金や特許料を通して巨額の開発費を世界から回収したり（開発面におけるグローバルな規模の経済性），製品や部品・材料の生産においてグローバルな規模の経済性を引き出すことができる。

　一方，このシステムに関していわれた問題点は，本当にこのような企業が存在するのかということである。とりわけ，子会社の自主性にゆだねたうえで子会社間の協働を確保することは可能なのかということである。

　ただ，現実にはないといわれつつ，トランスナショナルの動きは，次第にみられるようになった。いわゆる横展開の動きである[1]。

## 5. メタナショナル

これまでの議論は，国の優位を前提としていた。例えば，Porter［1986］の描く初期のグローバル（プラットフォーム）型や，Bartlett and Ghoshal［1989］の描くインタナショナル型は，本国の優位を背景に活動を展開している。また，Bartlett and Ghoshal［1989］の描くマルチナショナル型でも，各国の子会社は，受入国の優位を背景に活動していた。また，Bartlett and Ghoshal［1989］の描くトランスナショナル型でも，リードマーケット国の優位がその国におけるイノベーションに結び付いていた。

しかしながら，今日は，国の優位が流動する時代にある。一カ所の優位が持続しなくなってきた。また，COE（Center of Excellence）が世界の別のところに現れては台頭する。このような時代背景とともに出てきたのが，メタナショナルという考え方である（Doz et al.［2001］）。メタナショナルというのは，国を超越したというくらいの意味である。

その本質は，世界のリードマーケットやCOEにアクセスし，知識を獲得し，移転し，既存の知識と融合し，活用することで，イノベーションを達成することにある。この考え方の下では，自国に優位がない企業であっても，グローバルな企業になり得る。

大きな特徴は，3つある（浅川［2006］7-16頁）。

1つは，自前主義ではないということである。何もかも自社内でやるのではない。戦略的提携などを通して，外部から要素を取得することにウエイトを置く。

また，1つは，自国主義ではないということである。自国の優位は衰退するかもしれない。自国にしがみつくのではなく，腰軽く，優位のある国々へアクセスするのである。

また，1つは，新興国の重視ということである。米，欧，日などのこれまでのCOEにだけ目を向けるのではなく，中国やインドといった国の新興のCOEにも目を向ける。また，新興国のマーケットもある種のリードマーケットとみ

なす。自分たちに買える新しいものが欲しい。ここにおいて，大きなイノベーションの機会がある。このイノベーションは，他の新興国にも，先進国にも有用なものになり得る場合がある。

また，イノベーションを起こす組織のあり方については，次の2つが考えられる（浅川［2006］3頁）。

1つは，求心である。世界の至る所にある，リードマーケットに関する知識，要素技術に関する知識，マーケティングに関する知識が，中央の拠点に集められ，ここでイノベーションを起こすというスタイルである。

もう1つは，オーケストレーションである。世界中の拠点が水平的に連携し合いながら，イノベーションを起こすというスタイルである。このオーケストレーションの1つの変種として，機会をもつ国の拠点（もしくはプロジェクト）に，世界のさまざまな拠点から，さまざまな要素技術に関する知識や，マーケティングに関する知識や，人的資源をもち寄って，イノベーションを起こすというスタイルが考えられる。後述するGovindarajan［2009］の考えるローカルイノベーション・リバースイノベーションの実行体制もこの形である。

このアプローチは，まだ端緒的な形でしか出現していないものの，現実的だと考えられている。例えば，企業が海外に設けている研究拠点は，概ねこのメタナショナルの類型に入るといえるだろう。ただ，この類型の問題は，その実態がまだ詳細には，わかっていないことである。例えば，オーケストレーションは，現実には，強力なコンダクターを必要とするのかどうかなど，具体像はみえていない。

## 第2節　今日の多国籍企業にとっての研究開発上の課題

以上，第1節に述べた類型は，多分に原型ないし理念型としての色彩を帯びている。各国の企業（多国籍企業）は，ルーツからの系譜を引いているとはい

うものの，多分にその形を変化させてきている。

そこで，次に研究開発に関して今日の多国籍企業が抱える一般的な課題について考えてみよう。多国籍企業の研究開発活動は，上流の活動と下流の活動に分けて考えることが不可欠である。そこでここでは，それぞれについて議論をすることにしたい。


## 1. 上流の活動

まず上流の活動から議論しよう。

上流拠点（研究拠点）は，多くは世界の COE に設置される。COE はもとより，産業や製品や研究領域によって異なるが，かつては，先進国の特定地域に限られていた。しかしながら，今日においては，インド，中国などの新興国にも広がりをみせており，また，必ずしも特定地域の優位性が永続するわけでもなくなってきている（浅川［2006］16-19頁，日経エレクトロニクス［2008］）。

上流拠点は，コミュニティーの研究人材やコミュニティーの生み出す知識を取り込みながら，これまでになかった知識を生み出すことを期待されている。

上流拠点が有意に知識を生み出すためには，
①現地ラボ自体の研究能力（知識創造能力＝現地コミュニティーからの知識の吸収能力），
②現地コミュニティーとのリンケージ，
が必要とされる（浅川［2006］8-10頁）。

ただし，研究能力は，研究人材に依存しており，研究人材は現地の研究コミュニティーから取り込まれる。こうした研究人材は，現地コミュニティーとの生きたパイプになるので，①と②とは密接不可分の関係にある。

そのうえで，上流拠点が作り出した知識が多国籍企業の中に移転され，既存の知識と融合され，活用されるためには，
③現地ラボと多国籍企業内の拠点との社内ネットワーク，
④多国籍企業側の吸収能力（本社や他の研究拠点や他の事業拠点の，現地ラボ

側からの提案の重要性を理解できる能力），
が必要とされる（浅川［2006］8-10頁）。

　また，多国籍企業との対応のあり方についても，
▶上流拠点→本社の中央研究所というケース，
▶上流拠点→本社の事業部門というケース，
▶上流拠点→他の上流拠点というケース，
▶上流拠点→子会社の事業部門というケース，
が考えられる。上に行くほど「求心」に近くなり，下に行くほど「オーケストレーション」に近くなる。

　また，上流は，必ずしも自前のものであるとは限らない。成果を買ってもよいし，共同研究でもよい。ただし，大事なのは吸収能力である。世界のどこで誰がどのような研究をやっているのかがわからねばならない。また，その研究にどのような意義があるのかがわからねばならない。そして，先方に相手にしてもらわねばならない。そのためには，情報収集拠点が必要とされることがある。また，こうした吸収能力を確保するうえにおいても，ある程度の自前の研究能力がいる。これは，本社の研究能力という意味においてもそうであるし，多国籍企業全体として抱えている研究能力という意味においてもそうである。また，現地の知識にアクセスするには，現地ラボ（現地ラボの研究能力＝吸収能力および現地コミュニティーとのリンケージ）が必要なこともある（浅川［2006］14-15頁）。

## 2. 下流の活動

　次に下流に向かう活動（とりわけ，開発）について考えよう。
　豊かな世界が世界の中心であった時代，開発のあり方の違いを説明するうえでキーワードになったのは，製品の文化感応性の違いであった。すなわち，製品がカルチャーバウンドな場合（つまり，製品の購買や使用が各国の特殊な生活様式，消費様式の影響を強く受ける場合）は，基本的には，各国ごとの開発

が必要とされる。つまり、マルチナショナル（マルチドメスティック）的な展開である。一方、製品がカルチャーフリーな場合（つまり、製品の購買や使用が各国の特殊な生活様式、消費様式の影響を受けない場合）は、基本的には、本国からの製品拡張や、グローバルな市場を最初から念頭に置いたうえでの統一的な製品の開発が可能になる。Porter［1986］がいう意味での初期のグローバルであり、Bartlett and Ghoshal［1989］がいう意味でのグローバルである。こうした議論は、主に米、欧、日といった先進国市場を念頭に置いて展開されている（Wiechmann［1976］）。

　一方、新興国を想定した時にキーワードになるのが、1つには時間軸の問題であり、1つには購買力の問題である。


## 3. 新興国市場を巡る時間軸

　国際マーケティングには、先行マーケティングと後行マーケティングという考え方がある（鈴木［1989］40頁）。先行マーケティングは、先行市場に先に入ってそこでの経験を自国が発展したときに生かすという考え方を指している。一方、後行マーケティングは、自国における過去の経験を後行市場に生かすという考え方を指している。

　先行マーケティングは、新興国企業の視点からみると、今もなお有効である。新興国の市場は、すぐに発展するし、今この時点においても、先進国市場のライフスタイルをみており、ここに同一化することを志向しているセグメント（Khanna and Palepu［2006］のいう「グローバル」セグメント）が国内に存在するからである。タタのジャガー買収、吉利のボルボ（乗用車部門）買収、聯想のIBM（PC部門）買収、ハイアールの三洋（家電部門）買収などは、基本的には、この流れに沿っているといってよい。

　一方、後行マーケティングにも、例はある。スズキのMaruti 800やAltoがそうである。前者は、25年前の、後者は、10年前の図面をインド市場にもっていったものである。「安いが古い」というケースである（日経Automotive

Technology［2010］11頁）。

　ところが，今日においては，後行マーケティングは，やや意味をなさなくなってきている。時代の変化が速すぎて現在の新興国を過去における先進国になぞらえることが不自然な場面が出てきた。今日の新興国は，過去における先進国とライフスタイルにおいて大きく異なっている。まず，技術的な背景が違う。今日の新興国は，いわゆる「中抜き」で発展してきている。また，欲望が違う。情報がグローバルに行き交い，横を見ると，そこには魅力的な先進国のライフスタイルがある。違うのは購買力の差だけである。そこで，自分たちにも買えて，なおかつ最先端を求めるようになってきた。いわゆる「新しくて安い」というケースである。

## 4. 新興国市場への対応の4つのフェーズ

　ここで注目されるのは，Govindarajan［2009］の考え方である。Govindarajan［2009］は，多国籍企業の新興国への対応のあり方を次の4つのフェーズに分けている。

### フェーズ1　グローバリゼーション

　多国籍企業は，製品とサービスを世界中に販売する。つまり，先進国市場向けの製品とサービスがそのままの形で新興国に投入される。

　Khanna and Palepu［2006］によると，新興国の市場は，「グローバル」（高くて高品質のものを求める），「グローカル」（手頃な価格でそこそこの品質のものを求める），「ローカル」（低価格で低品質なものを求める），「ボトム」（限られた購買力しかもたない）という4つの層から構成される。このうちの「グローバル」という層は，新興国のプレミアムマーケットであり，グローバルスタンダードの（つまり，先進国のマスマーケットの）ライフスタイルに同一化しており，先進国と同一の製品を好む。したがって，この層をターゲットとする限り，先進国企業が提供する製品は，本国起点でよい。最先端の高い商品を

新興国に投入するのである。いわゆる「新しいが高い」というケースである（日経 Automotive Technology［2010］50 頁）。ただし，この層は，現下では新興国市場の小さな部分しか構成しない。したがって，市場のより深いところに浸透するには，これとは少し違う考え方が必要とされる。

### フェーズ2　グローカリゼーション

　先進国向けの製品は，そのままでは新興国では「グローバル」という限られた市場を越えて十分な市場を確保できない。購買力に問題があるからである。そこで，先進国企業は，まずローカルなニーズを満たせるように（より安い価格にするために）グローバルな提供物の適応（修正）を試みる。つまり，既存製品からの特徴省き（既存のプラットフォームのもとでの引き算）が行われるのである。この段階を Govindarajan［2009］は，グローカリゼーションとよんでいる。

### フェーズ3　ローカルイノベーション

　しかしながら，既存のモデルから特徴を省いても，市場の拡大には，限界がある。とりわけ，こうしたやり方では現地から出てくる競争者には対抗できない。そこでゼロベースからの開発が志向されるようになる。ここでは，市場起点（現地起点）という視座がとられる。まったく異なる価格-性能曲線に基づく解決策を実現するために，何らかの「イノベーション」が行われる。

### フェーズ4　リバースイノベーション

　元々貧しい国専用だったイノベーションに先進国での用途が考案される。適応措置が施され，スケールアップすることで全世界で使用されるようになる。これにより，リバースイノベーションのプロセスは完結する。

　また，Govindarajan［2009］は，ローカルイノベーションならびにリバースイノベーションの実施体制の特徴として，
▶ローカルマーケットへのフォーカス（ローカルマーケットを起点にものごと

を考える),
▶人を含む資源のローカルマーケットへの配置,
▶ローカルチームへの損益責任の付与,
▶ローカルチームへの,事業の立ち上げと実施に係わる一切の意思決定権限（どの製品を作るべきか,など）の付与,
▶ローカルチームへの,グローバルな経営資源にアクセスし,利用する権利の付与,
を挙げている。

　極めてローカル主体な考え方である。そのうえでローカルで成功した製品のグローバルな展開が志向される。新興国から新興国へというケースもあり得るし,新興国から先進国へというケースもあり得る。とくに先進国に適用される場合は,そこにおける（極端ともいえる）低価格,シンプルな機能を好む独自なセグメントの開拓が志向される。この層が,既存の高価格・高機能セグメントを侵食する可能性のあることから,破壊的イノベーションの一種に考えられるゆえんである。

　第1節で使ってきた言葉に当てはめると,フェーズ1は,Porter [1986]流もしくはBartlett and Ghoshal [1989]流のグローバルに相当するだろう。また,フェーズ2は,現地向けに適応を図ることから,Bartlett and Ghoshal [1989]流のインタナショナルか,安室 [1997]のいうグローバルサプライに相当するだろう。また,フェーズ3は,Bartlett and Ghoshal [1989]のいうマルチナショナルに近くなる。そして,フェーズ4は,ローカルチームの自主性と横展開を考えると,Bartlett and Ghoshal [1989]のいうトランスナショナルに近くなるであろう。

　以上の考え方は,極めてシンプルながら説得力をもっている。だが,Govindarajan [2009]の主張に対しては,次の問題点を指摘できる。

## 問題点1　「イノベーション」のレベル

　Govindarajan [2009]は,現地起点のゼロベースの開発をすべて,ローカルイノベーション・リバースイノベーションと考えている。しかしながら,「イ

ノベーション」には，異なるレベルがある。

　Zhang et al. [2009] は，新興国（中国）におけるイノベーションを「インクリメンタルイノベーション」,「プラットフォームイノベーション」,「ブレークスルーイノベーション」の3つに分類している。「インクリメンタルイノベーション」とは既存製品の修正や派生モデルの開発を,「プラットフォームイノベーション」とはプラットフォームから新しいモデルの開発（新製品ラインの導入）を,「ブレークスルーイノベーション」とは新製品カテゴリーの創造を，それぞれ指している。「インクリメンタルイノベーション」は，ゼロベースではないので，Govindarajan [2009] のいうローカルイノベーション・リバースイノベーションには該当しない（あえて Govindarajan [2009] の言葉にあてはめると,「グローカリゼーション」に相当する）。ゼロベースに該当するのは,「プラットフォームイノベーション」と「ブレークスルーイノベーション」である。しかしながら,「プラットフォームイノベーション」と「ブレークスルーイノベーション」とでは，同じくイノベーションとはいっても，質的な違いがある。ニーズを充足する手段に関して，前者は連続性を想定しているのに対して，後者は非連続性を想定しているからである。つまり，前者はプラットフォームこそ変わるものの，ニーズを充足する原理は変わらないのに対して，後者は，これまでとはまったく異なる原理でニーズを充足するものである。実際，Zhang et al. [2009] の調査結果でも,「プラットフォームイノベーション」は，エフォートの投入に比例して成果（売上高や利益，顧客満足への貢献）に寄与するのに対して,「ブレークスルーイノベーション」は，U字型の寄与をする（つまり，小出しにやっているうちは，成果の足を引っ張るが，大胆にエフォートを投入すると，成果に大きく貢献する）ということが明らかにされており，両者の間には成果との関係においても大きな違いがあることが示唆されている[2]。我々は，この2つを区別しなければならない。

## 問題点2　実施の主体

　Govindarajan [2009] では，イノベーションの実施の主体がローカルになっている。

ゼロベースから新しいプラットフォームを開発するには，現地ニーズの徹底した掘り起こしと，現地で調達できる部品・材料に合わせた設計が必要になる。ニーズの掘り起こしには，現地従業員の助けがいる。彼らは，顧客と生活様式や価値や経験を共有しているために，顧客が本当に必要としているもの，本当に欲しいと思っているものを捉えやすいからである。また，現地のパーツメーカーや材料メーカーを開拓するにも，現地従業員の知識がいる。これまでにない調達コストを実現するには，これまで使ったことのないサプライヤーを掘り起こしていかなければならないからである。

　ただ，設計における発想の転換が必要とされるものの，プラットフォームを作り込むスキルそのものは，本社から移転されたものでなければならない（日経ものづくり［2011］46-47頁，62頁）。こうしたスキルに基づかない限り，自社らしさが出ないからである。

　さらに，他に無い強みを打ち出すためには，会社のもつ独自な切り口をその製品に組み込むことが必要になる。そのためには，本社から技術や知識のインプットがなければならない（Ghemawat and Hout［2008］p.83，日経ビジネス［2011b］83頁）。

　結局，開発は，本社の知識と現地の知識の融合ということになる。そして，いずれに重きを置くかによって，その主体は異なり得る。とりわけ大事なのは，現地の能力である。現地に能力が形成されている場合には，Govindarajan［2009］の想定しているように，現地の主体性に委ねることができるかもしれない。しかしながら，現地に能力が形成されていない場合には，（現地の人々の知識を取り込みながらではあるが，）本社主体に進めざるを得ないかもしれない。

　一方，ブレークスルーイノベーションでは，これまでのプラットフォームを作り込むスキルさえ役に立たないかもしれない。ブレークスルーイノベーションは，これまでとは，まったく異なる原理によって先進国向けの製品が満たしてきたものと基本的には同じニーズを飛躍的な低価格で充足するものである。もちろん，現地の特異なニーズの掌握とその重要性の認識は必要である。しかしながら，そこには，最先端の新しい技術の投入が必要になる。例えば，GE

の中国における超音波診断装置の開発では，イスラエルの拠点から機械をソフトウェアに置き換える技術が投入された。また，問題を解決するにあたって，イスラエル，日本，韓国などの技術者が投入されている（Immelt et al. [2009]）。これは，単に現地レベルでは実現し得るものではない。何よりも，本社トップの肩入れが必要なのである。したがって，ここにおいても同じことがいえる。現地が抱えるニーズの重要性さえわかっていれば，また，それを充足することへの本社の肩入れさえあれば，イノベーションは現地主体でも起こり得るし，本社主体でも起こり得るのである。前者は，「オーケストレーション」のケースであり，後者は，「求心」のケースである。

**問題点3　開発の視野**

リバースイノベーションには，次の2つのケースが考えられる。
①新興国向けに開発したものが，結果的に先進国を含む他の国でも売れたというケース，
②最初から先進国を含む他の国でも売ることを見越して，最初から他国の条件を考慮に入れて開発するというケース，
である。

リバースイノベーションとしてGovindarajan［2009］が第一義的に想定しているのは，①のケースである。実際，GEの超音波診断装置や心電図はこのケースであった。

ただ，やがて来る新興国企業の攻撃に先手を打つという意味では，②もまたリバースイノベーションといえる。

この2つは，結果（イノベーションの移転）においてはよく似ているが，開発を行っているその時点において，誰が開発の主導権を担うかという点では，大きな違いをもっている。

つまり，①は，開発の時点では，ローカルのことだけを視野に入れておくだけでよく，ローカルに主導権を与えてもよいのだが，②ではローカルだけでなく他の国々も視野に入れて開発を進めなければならないため，（ローカルの人々の力を借りながらではあるが，）全体を見渡せるところが主体にならない

とできないのである。

したがって，これら2つのケースを区別しなければならない。

**問題点4　イノベーションのトレードオフ**

Govindarajan［2009］は，リバースイノベーションが，先進国に本拠を置く既存の多国籍企業にとって極めて重大な組織上のチャレンジを招くと考えている。分散したら，中央でのイノベーションがなくなるかもしれないからである。だが，中央の活動とローカルの活動とは，必ずしも相反関係にはない。ローカルイノベーション・リバースイノベーション（とりわけ，ブレークスルータイプのイノベーション）は，中央もしくは，他の先進的なユニットからのインプットの投入を得て行われることが多い。中央もしくは，全体での研究開発能力（優れたシーズを創り出す能力）がなくなると，新興国に置かれたローカルの拠点に優れたインプットを与えることができなくなるのである。したがって，今後リバースイノベーションが続くためには，本体ならびに多国籍企業全体の先端技術の底上げがなければならない。

## 第3節　アーキテクチャと開発の類型

これまでの議論は，大量生産時代（モノの時代）を想定して行われてきた。デジタル時代の到来を考慮に入れていなかった。だが，デジタル化は，活動の配置のあり方に大きな影響を及ぼすと考えられる。

デジタルは，同じ物的ローケーションで，製品の製造へと至る付加価値活動を相互に結び付けることの重要性を低下させる。0, 1の明示的な知識・情報（に落とされた製品の技術的情報や製造プロセスに係わる情報）は，ほとんどあるいはまったくコストを伴わずに，（インターネットを通して）距離を超えて移転でき，再現できるからである。

また，デジタルは，生産をコモディティー化させ，生産加工の能力から戦略

的武器としてのステイタスを奪う。物的なモノを作ることが価値の源泉ではなくなるからである。

　また，デジタルは，価値の源泉をモノづくりから，知識を創り出すことそれ自体へと，変化させる（Andersen［2006］p.105）。

　また，我々は，これまでモジュール化が及ぼす影響を考えずに議論してきた。しかしながら，モジュール化もまた活動の配置のあり方に大きな影響を及ぼすと考えられる。

　インテグラルアーキテクチャでは，コンポーネントとコンポーネントとのインターフェイスが事前に決められておらず，お互いの間で擦り合わせをしながら，作り込まなければならない。これに対し，モジュールアーキテクチャでは，モジュール（コンポーネント）間のインターフェイスが事前に決められており，モジュールの製作は，独立性を保つ（したがって，距離を保つ）ことができる。

　また，インテグラルアーキテクチャでは，部分は全体となって初めて１つの機能を果たすことができるため，全体のイメージが極めて大事になる。これに対して，モジュールアーキテクチャでは，モジュールの１つ１つに機能が振られていることが多く，全体はモジュールの結合であることが多い。

　また，インテグラルアーキテクチャでは，開発や生産が複雑になるのに対し，モジュールアーキテクチャでは，開発や生産は，簡単（シンプル）になる（Andersen［2006］p.106）。

　したがって，我々は，デジタル化やモジュール化を考慮に入れて議論をし直さなくてはならないであろう。この点で優れた分析の視角を与えくれるのが，Andersen［2006］の枠組みである。Andersen［2006］は，製品の製造へと至る付加価値活動が物的な性質のものであるのかデジタルな性質のものであるのかという軸と，製品アーキテクチャがインテグラルであるのかモジュールであるのかという軸の２つを交差させることによって，クラスターを４つに分類し，付加価値活動のリロケーションプロセスを説明しようとした（図表7-5）。

　この枠組みは，オリジナルにはデンマークのクラスターの分析のためのものであるが，個別の企業の分析にも使える。さらにこの枠組みは，新興の企業

図表7-5　アーキテクチャの類型

| バリュー活動の性質 | アーキテクチャ | |
|---|---|---|
| | インテグラル | モジュール |
| フィジカル | フィジカルインテグラル | フィジカルモジュール |
| デジタル | デジタルインテグラル | デジタルモジュール |

出所：Andersen［2006］p.107より作成。各セルの名称は筆者がつけたものである。

や，新興国の企業の台頭を説明してくれるように思われる。デジタル化や，モジュール化は，ビジネスのKFSがこれまでとは変わることを意味しているからである。

それぞれのカテゴリーごとに開発のあり方を考えよう。

## 1. フィジカルインテグラル

日本企業が得意とするアーキテクチャーである。

このアーキテクチャーでは，製品の全体的なイメージが大事になる。このため，顧客と同じ状況に身を置くことを通して，顧客が暗黙知としてもっているニーズやウォンツを暗黙知のままに捉えることが必要になる。そして，製品の形ができてくる過程において，実際のモノ（試作品）を介しながら，暗黙知のままにもたれているマーケットニーズやウォンツ（全体のイメージ）との擦り合わせが必要とされる。

また，顧客の求めるものを形にしていくためには，パートとパートを擦り合せながら，最適な全体を作り込んでいかねばならない。そのためには，コンテクストを共有したうえで，各パートを担当する者の間でのフェイストゥーフェイスの濃密なコミュニケーションが必要とされる。現物のモノを介して，お互いに顔を突き合せながら，調整し合わねばならないからである。この意味で，開発の各部署は近くにいなければならないし，サプライヤーも開発の近くにい

なければならない。

　さらに，生産が優位形成に重要な役割を果たす。形のないものを形にしていくためには，試行錯誤が必要とされる。実際に作ってみないとわからないことが多いからである。このため，開発と生産との間でも実際のモノを介して濃密な調整が必要とされる。また，モノが優位の源泉となるため，モノを作り出す能力そのものが問われることになる。

　かくして，リードマーケットが本国にある限り，また，周辺産業が本国に集積されている限り，オリジナルな開発は，本国で行われる。また，生産もオリジナルには，本国で行われる。

　このアーキテクチャのもとでは，製品に擦り合せの妙があり，他に無い特徴がある。また，擦り合せたプロセスが外からみえないため，その特徴は，模倣されにくい。したがって，差別化が可能である（日経ものづくり［2011］59-60頁）[3]。

　だが，一方において，こうした製品は，高くなる。特注の材料，特注の部品を使うからである。また，擦り合せに時間と労力を使うからである。

　こうした製品は，差別的な特徴や高い完成度のゆえに，先進国の市場では強みをもち得る。また，新興国でも，「グローバル」といわれるプレミアム市場では優位をもち得る。

　ただし，ローカルコンテントとか，輸送費とか，要素コストとか，現地生産に移行せざるを得ない状況が出てくると，アウトソーシングではなく，オフショアリングで対処することになる。現地における生産に関して調整が必要となるからである。また，出先でも，サプライヤーとの間で擦り合せが必要になるからである。製品のプラットフォームは，そのままに移転され，親クラスターから子クラスターへ知識の移転が行われる（Andersen［2006］pp.113-114）。

　新興国への展開においては，要素コストが変わるため，これにより，ある程度の低価格化が可能になる。しかしながら，新興国市場でKhanna and Palepu［2006］のいう「グローカル」マーケットや「ローカル」マーケットを本格的に攻めるとなると，このままでは難しい。

最初のうちは，プラットフォームはそのままに特徴省きが行われるかもしれない。しかしながら，こうした製品は，より下層の市場の需要には適合していない。市場のより下層のセグメントほど（先進国市場がもつニーズと異なる）独自なニーズをもつからである（Khanna and Palepu [2006]）。また，品質よりも価格に対する要求が強くなるからである。そこでゼロベースでの開発が必要になる。

　現地の顧客が求めている製品のイメージを掴むには，現地における顧客の行動の観察や，現地の顧客とのフェイストゥーフェイスコミュニケーションを通した，ニーズの洞察が必要になる。また，コストを抑えるためには，現地で調達可能な部品や材料を使わねばならない。しかも，現地のサプライヤーとの間に擦り合わせが必要とされる。ニーズ・ウォンツの洞察といい，現地サプライヤーの掘り起こしといい，現地従業員の力を借りないと仕事ができない。したがって，このアーキテクチャの下では，ゼロベースでの開発は，本来は，ローカルでやった方がよいのかもしれない。

　ところが，このアーキテクチャの下では，擦り合わせに高度な能力が必要とされる。したがって，プラットフォームからゼロベースで作るということになると，現地従業員の手には負えないかもしれない。これは，構造が複雑な製品ほどいえる。自動車のように構造がきわめて複雑な場合，プラットフォームから作るとなると擦り合せが複雑になるために，高度な能力がいる。したがって，その能力を現地がまだ形成していない場合には，本社が開発の主体にならざるを得ないかもしれない。例えば，トヨタのインド向け戦略車エティオスのチーフエンジニアは，日本人である。本社の担当者は，長期間，現地に滞在し，現地消費者と同じ状況に身を置くことによって，現地のニーズやウォンツを捉えている（日経ものづくり［2011］48-51頁，日経ビジネス［2011a］，日経デザイン［2011］40-43頁）。

　一方，プラットフォームを作りなおすだけでは，十分な低価格化を実現できない場合には，製品の原理が変えられるかもしれない。価格を劇的に下げるうえで鍵になるのが，ハードをソフトに置き換えることである。これは，アーキテクチャの転換を意味する。フィジカルインテグラルから，デジタルモジュー

ルやデジタルインテグラルへの転換である。

　こうして開発された製品は，他の新興国にも投入されるかもしれないし，先進国の中の低価格製品を求めるセグメントにも投入されるかもしれない。ただ，その際，製品が結果として他国に投入されるか，最初から他国に投入することを意図して開発を行うかで，開発の主体が異なり得る。ローカルが開発し，成功したものを事後的に他国に横展開するという場合には，ローカル主体の開発でも可能であるかもしれない。しかしながら，最初からグローバルで（もしくは複数国で）売る低価格商品を意図的に開発するというのであれば，ローカルに託するのは不可能でないにしても困難であるかもしれない。ローカルにグローバルな視野が形成されていないことが多いからである。結果として，こうした開発は，本社が主体にならざるを得ない（日経ものづくり［2010］33頁，日経 Automotive Technology［2010］51-57頁）。

　また，これによく似た問題は，製品に要求される品質基準の問題である。他の新興国で売るのならば，新興国で開発された製品でも売れるかもしれないが，先進国でも売るとなると要求される品質基準が違うので新興国拠点主体の製品開発は難しいかもしれない（日経ものづくり［2010］33頁）。


## 2．デジタルモジュール

　今日の新興の米国企業が，強みをもつ領域である。

　米国では，1980年代に既存の製造業に衰退化の兆候がみられた後，産業の主役交代がみられた。新しく台頭してきたものの1つが，このカテゴリーに属す企業である。

　こうした企業は，伝統的な企業とは，異なる行動パターンをもっている。

　デジタルモジュールは，多くの場合，最初からグローバル（ボーングローバル）である。つまり，このアーキテクチャをとる企業は，国境がない市場に対面している。デジタルモジュールでは，製品は，普遍的な機能の集合になるからである。

それゆえ，このアーキテクチャでは，標準をとることが死活を制することになる。標準をとれば，業界においてドミナンスをとることができ（顧客同士が「標準」の製品を使わないと，互換性を確保できなくなる），各種サービスの提供や新規格の打ち出しなどの点において，圧倒的な優位に立てるからである。

大事なことは，標準をとるために，開発を COE に置くことである。COE において学習競争が行われる。また，時に，知識創造のうえでの分業や協働，そして対抗が行われる。

これまでは COE は 1 カ所というケースもあった。実際，このアーキテクチャをとる多くの企業は，COE の中で生まれ，すぐにグローバル化した。しかしながら，最近では，徐々に様相が変わりつつある。リードマーケットの位置，要素技術に係わる COE の位置が次第に分散してきている。こうした分散したリードマーケットや COE にアクセスし，知識を獲得し，移転して，既存の知識と融合して活用することが大事になってきている。

一方，デジタルモジュールは，生産において場所を選ばない。モジュールは，世界の最適地からグローバルに調達される。また，モジュールを誰が組み立てても大きな差がつかない。生産が，コモディティー化しているからである。だから，多くが自社生産をせず，生産が最初から EMS に委ねられる。そして，生産拠点は，最初から世界の最適地にもってゆかれる。

ただ，差別化を図るうえで，キーパーツを押さえておくことが大事になるかもしれない（Arruñada and Vásquez［2006］）。

また，サービスの提供など，もうけを得る仕組みが生産や物的な製品とは別のところに構築されるかもしれない。

このように最初から低コストの生産拠点でやっていけるため，このアーキテクチャの下では，どの市場に対しても同じ製品で対応できる。多くの場合，先進国，新興国を問わず，同じ製品が供給される。

ただし，市場によって製品に対する価格感応度が極度に異なる場合には，市場ごとに異なる品質基準，異なる規格が設定されるかもしれない。そして，異なる品質基準や規格の製品の生産が同じ EMS に委託されるかもしれない。

## 3. デジタルインテグラル

　デジタルは，モジュールアーキテクチャとの相性が良いため，このカテゴリーは比較的稀である。考え得る例としては，テーラーメイドのビジネスソフトウェアソリューションのような製品が挙げられる（Andersen [2006] pp. 111-112)。
　この領域では，開発・生産面においてインドのような拠点が優位をもち得る。
　テーラーメイドである以上，市場は最初からローカル（つまり，マルチナショナル）である。しかしながら，活動を市場側と製作（開発）側に巧みに分け，製作側をインドのようなコスト面で有利な国に置くことによって，優位に立つことができる。
　市場側のユニットは，ユーザーの仕事のやり方を知っていなければならないため，ユーザーのすぐ側にいなければならない。市場側のユニットは，ユーザーの潜在的なニーズと企業がユーザーに提供すべきサービス（ソフトウェア）の全体像とを擦り合わせる。
　一方，その後の対応については，次の2つが考えられる。
　1つは，外インテグラル中モジュールというケースである。市場側のユニットが，必要とされる機能を具体的に明記し，コンポーネント間のインターフェイスを明確にしたうえで，コンポーネントメーカーにアウトソースするか，あるいは，製作側のユニットにモジュール単位で仕事をさせるのである。
　また，1つは，外インテグラル中インテグラルというケースである。顧客が求めるソフトウェア全体の製作（開発）が，全体像のままに，市場側のユニットから，オフショアされた製作（開発）側のユニットに委ねられる。製作側のユニットの中において，各コンポーネントを担当する部署が，お互いの活動を擦り合せながら，全体としてのソフトウェアを作り出す。製作側のユニットが作り出す全体としてのソフトウェアは，インターネットをとおして，市場側のユニットと擦り合わされる。市場側のユニットと製作側のユニット，また，製

作側のユニット内の各（コンポーネントを担当する）部署は，地理的に近接したところにいる必要はない。デジタルは，距離を越えて再現性をもつため，「現物を介して顔をつき合せながらの」調整が必要とされないためである。ただ，擦り合せが円滑に行われるためには，諸活動は企業のコントロール下に置かれる必要がある。

いずれのケースにせよ，市場側は顧客に密着しながらも，実際の開発・生産はインドのような低コスト国に集約させることによって，カスタムテーラーによる差別化優位とコスト面での優位を同時に達成することができるのである。

## 4．フィジカルモジュール

中国企業が得意とするアーキテクチャである。

このアーキテクチャの下では，開発はすごく簡単である。モジュールを調達して組み合わせるだけだからである。このため，機敏に顧客ニーズに答えることができる。ただし，誰にでも作れるのですぐに他社に追いつかれる。したがって，差別化は難しい。だから，顧客ニーズの変化に機敏に答え続けることや，大きなスケールメリットを生かし残存者利益を享受することが，生き残りの道になる。

このアーキテクチャの下では，製品はとにかく安い。とくに中国企業のように，広大な国内市場を背景に大きなボリュームを確保することができる場合や，安い労働コストを背景に低コストでの加工・組み立てができる場合には，安さでグローバル優位を達成できる（安室［2003］，Zhang［2007］）。

冷蔵庫のように輸送上の無駄の大きな製品は，組み立て拠点が現地市場に移される。生産の立ち上げ（トライアルプロダクションラン）やフォローアップをしなければならないため，組立拠点そのものは，オフショアリングで設置される。しかしながら，組み立て拠点を移したとしても部品はグローバル調達したものが使われる。したがって，生産を分散したとしても，企業は，部品調達については，極めて大きなスケールメリットを享受し続ける。

また，開発そのものは，すごく簡単である。したがって，開発の移転もすごく容易である。簡単な開発拠点を市場のすぐ近くに置くことにより，市場の要求に機敏に答えることができる（日経エレクトロニクス［2009］）。

　日本企業にとって，このアーキテクチャは必ずしも魅力のあるものではないかもしれない。果てしない価格競争に巻き込まれる恐れがあるからである。ただ，日本企業も，新興国の「グローカル」マーケットや「ローカル」マーケットを攻めるために（つまり，安さを実現するために），あえてこのアーキテクチャをとることがあるかもしれない。その際の鍵になるのが，ボリュームを稼げる企業との共同調達である。例えば，ダイキンは中国において珠海格力と合弁事業を組んでいるが，その過程において，ある面でアーキテクチャをフィジカルインテグラルからフィジカルモジュールに変えている。その意図するところは，珠海格力との共同調達で，モジュール調達において巨大なスケールメリットを享受することにあった（日経ビジネス［2011c］）。

（注）
(1) 例えば，日経ビジネス［2008］を参照。
(2) Zhang, et al.［2009］の調査結果では，「インクリメンタルイノベーション」は，成果に寄与しない。このことは，先進国のモデルから特徴省きをしても，目立った成果が得られないことを示唆しているように思われる。
(3) ただし，フィジカルインテグラルは，フィジカルモジュール化することがある。フィジカルモジュールのメーカーが，フィジカルインテグラルで使われているパーツを，そのままに発注し，取り入れることがあるからである（日経ものづくり［2011］59頁）。また，モノづくりが秘伝化されている場合でも，装置メーカーを鍛える過程でレシピや生産ノウハウが，装置に組み込まれてしまうことがあり，装置を購入すれば誰にでも作れるようになることがある（新宅ほか［2008］）。

## 【参考文献】

Andersen, P. H.［2006］"Regional Clusters in a Global World: Production Relocation, Innovation, and Industrial Decline," *California Management Review*, Vol. 49, No. 1, Fall.

Arruñada, B. and X. H. Vásquez［2006］"When Your Contract Manufacturer Becomes Your Competitor," *Harvard Business Review*, September.（鈴木泰雄訳［2007］「新興国企業へ賢く生産委託する方法」『ダイヤモンドハーバードビジネスレビュー』8月号。）

Bartlett, C. A. and S. Ghoshal [1989] *Managing Across Borders: The Transnational Solution*, Harvard Business School Press.（吉原英樹監訳［1990］『地球市場時代の企業戦略』日本経済新聞社。）

Doz, Y., J. Santos, and P. Williamson [2001] *From Global to Metanational*, Harvard Business School Press.

Ghemawat, P. and T. Hout [2008] "Tomorrow's Global Giants: Not the Usual Suspects," *Harvard Business Review*, November.

Govindarajan, V. [2009]. "What is Reverse Innovation?," Vijay Govindaran's Blog, http://www.vijay govindaran.com/2009/10/what_is_reverse_innovation.htm.

Immelt, J. R, V. Govindarajan, and C. Trimble [2009] "How GE is Disrupting Itself," *Harvard Business Review*, October.（関美和訳［2010］「GE リバース・イノベーション戦略」『ダイヤモンドハーバードビジネスレビュー』1月号。）

Khanna, T. and K. G. Palepu [2006] "Emerging Giants: Building World-Class Companies in Developing Countries," *Harvard Business Review*, October.（マクドナルド京子訳［2007］「新興市場で成長する企業の条件」『ダイヤモンドハーバードビジネスレビュー』7月号。）

Kotler, P., L. Farhey and S. Jatusripitak [1985] *The New Competition*, Prentice-Hall.

Porter, M. E. [1986] "Changing Pattern of International Competition," *California Management Review*, Vol. 27, No. 2, Winter.

Porter, M. E. [1990] *The Competitive Advantage of Nations*, The Free Press.

Vernon, R. [1966] "International Investment and International Trade in the Product Cycle," Journal of Economics, Vol. 80, No. 2.

Wiechmann, U. E. [1976] *Marketing Management in Multinational Firms: The Consumer Packaged Industry*, Praeger Publishers.

Zhang, R. [2007] "Raising Haier," *Harvard Business Review*, February.（大場由美子訳［2007］「海爾：現場主義の経営」『ダイヤモンドハーバードビジネスレビュー』8月号。）

Zhang, J., C. A. Di Benedetto, and S. Hoenig [2009] "Product Development Strategy, Product Innovation Performance, and Mediating Role of Knowledge Utilization: Evidence from Subsidiaries in China," *Journal of International Marketing*, Vol. 17, No. 2.

浅川和弘［2006］「メタナショナル経営論からみた日本企業の課題：グローバルＲ＆Ｄマネジメントを中心に」『RIETI ディスカッションペーパー』4月。

新宅純二郎・立本博文・善本哲夫・富田純一・朴英元［2008］「製品アーキテクチャからみる技術伝播と国際分業」『一橋ビジネスレビュー』8月号。
鈴木典比古［1989］『国際マーケティング』同文舘出版。
安室憲一［1997］『グローバル経営論―日本企業の新しいパラダイム』森山書店。
安室憲一［2003］『中国企業の競争力』日本経済新聞社。
日経 Automotive Technology ［2010］「マーチが変える新興国戦略」『日経 Automotive Technology』11月号。
日経エレクトロニクス［2008］「R＆D新体制世界の英知を使う」『日経エレクトロニクス』1月14日号。
日経エレクトロニクス［2009］「Philip Carmichael 氏　世界シェア1位でも伸びしろはまだ93％ある」『日経エレクトロニクス』11月30日号。
日経デザイン［2011］「エモーションに舵を切るトヨタデザイン」『日経デザイン』2月号。
日経ビジネス［2008］「コカコーラ，P＆G 世界で稼ぐ「和魂商才」」『日経ビジネス』4月21日号。
日経ビジネス［2011a］「トヨタ自動車インドで巻き返し」『日経ビジネス』1月10日号。
日経ビジネス［2011b］「リポートインドビジネス」『日経ビジネス』5月23日号。
日経ビジネス［2011c］「編集長インタビュー井上礼之氏：新興国でも「人が基軸」貫く」『日経ビジネス』7月11日号。
日経ものづくり［2010］「鋼が設計を変える」『日経ものづくり』6月号。
日経ものづくり［2011］「特集設計の常識を覆す」『日経ものづくり』4月号。

（田端　昌平）

# 第8章

# ICT革命とグローバル・マーケティング
——いわゆる「ロングテール」問題について——

**本章のねらい**

① ある商品の種類が増えると，よく売れる一部のヒット商品群とあまり売れない数多くのニッチ商品群に分かれる。商品の種類をさらに増やしていくと，このニッチな商品群はさらに売れる頻度を減らしながら，しかし微小に売れながら増えていく。これを「ロングテール」とよぶ。企業にとっては，これがビジネスチャンスとなる。

② グローバル ICT 時代には，消費者は，自らの欲しいものを検索でき，購買できる。また，商品を消費者間で評価し，求めているものについて情報発信できる。受動的な顧客ではなく，自立的な消費者として行動することが特徴となる。したがって，「ヒットの構造」をめぐるマーケティング環境は大きく変わることになる。

③ 「ロングテール」は，個人の好みや思い入れとは関係なく，対数目盛で表現される「べき乗則」に規則正しく従っている。これは，時間やジャンルを変えても同様である。さらに細かく分析しても同様の自己相似性（=「フラクタル構造」）をもっている。日常，意識しない「隠れた法則性」に支配されている。

## はじめに

1995 年，マイクロソフト社から Windows95 が全世界向けに発売され，以来インターネットが爆発的にグローバルな発展・展開を遂げ，今日 ICT（情報コミュニケーション技術）革命といわれる大変化が社会の隅々にまで起こって

いる。ICT革命とマーケティングの関係において，従来と決定的に違うのは企業による顧客＝ターゲット層へのアプローチの仕方と顧客である消費者の立場の変化である。

　今までの新聞・雑誌やラジオ・テレビといったメディア媒体では，いくら性別・年齢・時間帯や趣味・嗜好等を考慮して宣伝媒体を決定しても，せいぜい不特定多数を対象とする「マス・マーケティング」から，やや顧客ターゲットを絞った「セグメンテーション・マーケティング」までが限界であり，潜在的顧客ひとりひとりに合わせた「ワン・ツゥー・ワン・マーケティング」というレベルには例外的にしか達することはできなかったと考えられる。

　また，顧客は常に企業から与えられた情報の下で購入する財を選ぶという受動的な存在であり，自身が欲する商品を自らが積極的に情報を活用し，発信し求めるという手段を持っていなかった。したがって，消費者の発案が最初の出発点となり，その真に欲する商品が市場に出回るというのは，せいぜい，特別に新商品の発案を懸賞付きで企業が募集したり，マーケティング・リサーチ会社が顧客の潜在的要望を調査したり，新製品のパイロット生産部分だけを先行的にモニターで調査したりするという程度のものだったのである。

　さらに，多品種少量生産は，「ワン・ツゥー・ワン」ではなく，どこまで多品種の範囲を広げればよいのか，宣伝媒体やタイミングを考慮し，また常に売れ残りの在庫リスクを抱えることになるため，最初に需要予測と価格の関係から生産を決定する方法を企業は選ばざるを得ない。そこでは需要予測の精度を上げ，あらかじめ損失が出ないであろう（マークアップ）価格を決定する方法が必要となる。このことは，多品種少量生産の価格決定は，通常考えられる受給による市場メカニズムではなく，最初に利益が出るように価格をやや高めに設定し，それに合わせて商品の種類が決まるという供給サイドの決定であったといえる。

　また，顧客ひとりひとりに合わせたオーダーメイドは，注文があった後の価格の高いサービスであり，主に上級顧客を対象としたものになり，対顧客の対面ビジネスでは，該当顧客の特性を十分に熟知したベテラン店員にしか務まらない職人芸の「神わざ」領域であった。

総じていえば,「ワン・ツゥー・ワン」は, ICT 時代以前, 極めて例外的な存在としてのマーケティング手法だったと考えられる。こうして, マーケティングといえば, セグメンテーション化やカテゴリー化といった手法によって, 代表的な顧客ターゲット層が抽出され, それに基づいて企業が行動し,「ヒット」商品をどう作るかというテーマがマーケティングの主要な議論となってきたのである。ここでは, ターゲットとみなされた商品を中心にそこから分岐する類似の商品が大衆向けに開発・作成され市場に出回ることになる。

しかしながら, ICT 時代になると, そうではなくなる。企業はサプライチェーンの見直しを行い, より効率的な在庫の適正化を図る。さらに, 無形資産が多い ICT ベンチャーが急速に勢いを増し, 時に業界の垣根を壊しながら, 従来参入障壁が高いと目されていた部門に現れる。そうして, 顧客は消費者として自己の嗜好から購入する商品を積極的に多品種の中から選ぶことが可能となる。また欲しいものに関して新商品のヒントや発案をネットで発表したりする。顧客とは企業から見た場合の消費者の名称であり,「ワン・ツゥー・ワン」のサービスが比較的廉価になり, 誰でもが情報を得られ, 自らの欲する商品の情報を発信できるならば, 積極的で自立的な個人の消費者として ICT 時代に登場することになるのである。ここでは, 流通の省略化（いわゆる「中抜き」）があるため価格は引き下がり, 市場からのシグナルを把握する時間が短縮されるために, 需要と供給による価格決定という新古典派経済学が想定した教科書通りの「市場プロセス」が機能することになる。こうして, 多くの種類の商品が出回り, しかも商品の種類を増やせば増やすほど, それらもまた微小であるが売れていくという現象が発生する。つまり, 中心的・平均的な商品の周辺でない, 個々の消費者の要望に沿った, かなりニッチな商品が出回り, それもまた市場性を持つとみなされるようになるのでる。

加えてインターネットは, グローバルである。以上述べてきた内容は, 従来国内や地域を限定した場合を暗黙裡に想定していたが, ICT 時代は, この想定さえも突破する。企業は海外顧客に対しても直接アプローチをかけることが可能となるし, 顧客は個人の消費者として積極的に直接海外から商品を購入することができる。グローバル化が ICT 時代の特徴でもある。

本章では，こうしたICT時代の認識を背景に，特にマーケティング分野において注目される，いわゆる「ロングテール」問題に焦点を当てて，考察する。

## 第1節　ロングテールとは何か

### 1．ロングテールの意味

　ロングテールは，米国『ワイヤード（Wired）』誌の編集長であるクリス・アンダーソンによって最初に提唱された概念である。それによると，インターネットの普及によって，従来見過ごされてきた商品が新しいビジネスとして注目され，消費者はその満足度の幅を広げるという。この概念は，従来から注目されてきた「売れ筋商品」ではなく，むしろ「死に筋商品」と目されてきた商品群こそ，ビジネスチャンスと捉える点で，ICT時代の新しい問題として，考察に値するものである。

　具体的には，図表8-1のように，ある商品（有形の財でも無形のサービスでもよい）について，縦軸に「販売数量」，横軸にある商品のより細かい「商品種類」を取ってグラフ化すると，右下がりのなだらかな逓減型の線が引かれる。この時，下位80％に属する商品群は，恐竜に例えて長い尻尾のような形状になるので「ロングテール」とよび，上位20％の商品群は「ヘッド」とよばれる。ここで，上位20％の商品群がいわゆる「売れ筋」商品であり，下位20％が「死に筋」商品として一般に意識されているものである。もっとも「死に筋」商品の中には，今後「売れ筋」商品へと伸びていく「新商品」が含まれているし，逆に「売れ筋」商品から「死に筋」商品へと役目を終えて落ちていく商品も存在していることだろう。そうしたプロダクト・ライフ・サイク

ルを考慮しなければならないものの、本章では、ある特定の時点で、「販売数量」、「商品種類」を調べてやると、常にこうした形状のグラフが描けると想定して以下、議論を進めることにする。

ちなみに、上位20%の商品が市場全体の80%の売上を占め、下位80%の商品が20%の売上を占めるという経験則を「パレートの法則」とよぶ。もっとも「法則」という割には何ら理論的な説明はなく、実際のさまざまな商品市場で扱われた経験的な事実からいわれたにすぎない「法則」である。

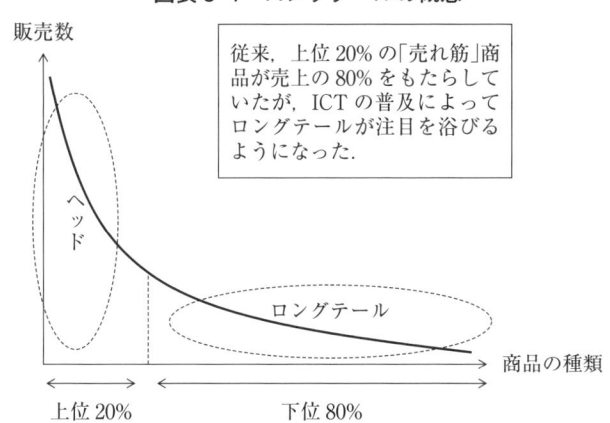

**図表 8-1　ロングテールの概念**

従来、上位20%の「売れ筋」商品が売上の80%をもたらしていたが、ICTの普及によってロングテールが注目を浴びるようになった。

## 2.「ヘッド」と「ロングテール」の関係

さて、ここで「ヘッド」と「ロングテール」の関係について考えてみよう。上位20%の商品「ヘッド」は、「売れ筋」商品であり、別名で「ヒット」商品といわれるものである。そして「ロングテール」は、「死に筋」商品であり、別名で「ニッチ」商品といわれるものである。

クリス・アンダーソンによれば、ICT時代に至る戦後の半世紀ほどは、大ヒット映画や2ケタのテレビ視聴率といった、巨大メディアやエンタテイメント産業によって作られた「大衆文化」の時代だという。そこではスターを生む

システムであるハリウッド映画や人気シェフに至るまで「ヒット」を生む構造が威力を持っていたと考えている。マーケティングは，いかに「ヒット」を生むか，「ヒット」の構造を研究し，その予測精度を上げて，需要を創出しようと考えてきた時代だともいえる。コンテンツの内容や芸術性よりも，「ヒット」に貢献できるかどうかが大事であって，そうでなければマーケティングの存在価値はないと考え，「ヒット」に関わって主たる努力を傾けてきたといえるだろう。

ところが，歴代の販売ランキング上位50の音楽アルバムは大半が70年代から80年代のものであり，2000年を過ぎてからは1つもない。ハリウッド映画の興行収入は2005年に6%の下落率を記録した。音楽や映画に関する人々の関心は多様化しているとクリス・アンダーソンは主張する。その正体が「ニッチ」であり「ロングテール」だと考えるのである。

ICT時代になり，オンラインDVDレンタル店の米ネットフリックスが登場し，日本のTSUTAYAでもリアル店舗とは別のオンラインを使って多様なコンテンツが楽しめる時代になっている。また，バーチャル・スペース（仮想空間）上に展開する「地球最大の本屋」であるアマゾンは急速にグローバルな展開を遂げた。グローバルICT時代に登場してきたこれらの多くの種類から消費者が購入を決定できるという新しいビジネスモデルを説明するために，「ロングテール」の考察が必要となってきている。

## 第2節　これまでにわかってきたこと

この節では，これまでにわかってきたことをまとめてみる。

## 1. アマゾンとグーグルの例

　我が国の平成 18 年度版「情報通信白書」では，「ロングテール」をテーマに扱い，その典型例としてアマゾンを引き合いに出して，同社のネット書籍販売では，全体の売上げの約 3 分の 1 が通常の書店では扱うことが困難な売上数の少ない本によって成り立っていることを紹介している。このネット書籍販売は，カスタマーレビューで多くの利用者による評価を需要の掘り起こしに活用し，データベースや API（アプリケーション・プログラミング・インタフェース）を公開しサービスの改善や拡大を図っているという。API を用いることで，商品検索，ランキング表示，中古本の最低・最高価格の状態など e コマースに必要なツールが簡単に手に入ることで参加企業がますます増えることになっている。

　また，同年の「情報通信白書」では，グーグルの「アドセンス」というインターネット広告を紹介している。「アドセンス」とは個人のウェブサイト・ブログの内容をグーグル側が分析し，それに関連性の強い広告を当該サイト内に自動的に表示するものである。同時にこの広告をクリックした人が，そこを媒介として広告主である企業のウェブサイトから商品を購入した場合に，成功報酬として個人サイトの運営者にアフィリエイトが支払われるという仕組みになっている。広告主の企業にとっては，広告の出稿料が低料金かつ掲載が容易であり，成功報酬は販売が確定した後の一定比率のため，多くの中小企業にとって参加しやすいものになったのである。アドセンスは多数の個人サイトが活用されることでロングテール部分にも触手を伸ばす広告商品であり，これまで広告とは無縁だった中小企業の広告戦略としても活用されている。さらに，グーグル本体も大企業ではなく小さな企業から多くの収入を得ていることもよく知られている事実である。

## 2. アップルの例

　2001年，アップルから発売された初代iPodは，60ギガバイトの容量に約1万曲が収納可能であった。これは，音楽マニアが従来のレコードやCDといった物理的な媒体でいえば，自分の部屋をまるまる潰しても，収納できないほどの分量である。iPodは，美しいシンプルなデザインと白いイヤホンの持つ，格好いいというイメージもさることながら，真に重要だったのは，iTMS（i-Tunes Music Store）というネットからダウンロードするデジタル化された音楽のMP3サービスのバーチャル店舗であり，その正体はファイル交換のP2P技術である。これによってリアル店舗にある「ヒット」商品だけでなく，「ニッチ商品」はいくらでも追加できることになったのである。色も形も重さもなく，何度聞いても劣化することがないデジタル・コンテンツは，製造コストや流通コストを極端に低下させ，しかも売り場面積の制約から解放され，在庫の問題も考えなくてもいいので，ニッチ商品の持つ新たな可能性が広がったのである。同時に，自分の好きな曲を好きな時に聞きたいという，人々が音楽の世界に感じていた本来の性格＝人間の本性を見事に浮き上がらせることになった。そこではヒットの構造をめぐる科学的なマーケティングではなく，多種多様な人々の好みがあるがままの状態を現出させ，これが市場化されている。

## 3. インターネット・ショッピングの検証例

　菅谷［2006］では，実際のインターネット・ショッピングから，ロングテール現象の検証を行っている。それによれば，上位20％がもたらす売上は全体の41％であり，残りの80％のロングテール部分が，売上の59％を占めていること，さらに25万点の商品のうち，「一度も売れたことのない」商品が22万4千点，すなわち全商品の90％も存在していたことが報告されている。しか

し，ICT の世界では，無駄と思い，見向きもされなかったロングテールは，購買頻度が次第に落ちていき，仮にその時点でゼロになったとしても，製造・流通・在庫等のコストがゼロに近づけば，その中に時々何かのはずみで将来購買される商品が含まれていれば，意味があることになる。購買頻度がとても小さいロングテールは，さらに大量に追加されることで，それなりの市場規模となる。少数の上位ランキング商品に偏ったマーケティングの考え方について修正を求めているのではなかろうか。ここまでみてきたようにインターネットをはじめとする ICT の進展は新しい問題を我々に投げかけている。

　第1に距離と空間による制約からの解放である。クリス・アンダーソンによれば，平均的な映画館は2週間で少なくとも1,500人を集客できる映画しか上映されない。また，CD や DVD の販売店は1つのタイトル当たり，年に最低4枚売らないとビジネスにならないという。このために店舗周辺の地域に集中的な宣伝をし，顧客の掘り起こしを行ってきた。映画館は半径15キロ以内，書店はもっと狭く，ビデオレンタル店はさらにもっと狭くなり2～3キロ以内である。こうした距離による従来の商圏の持つ限界を，ICT は超えることができる。映画でも音楽でも，オンラインなら，いつでもどこからでもアクセスでき，今まで考えられなかった地域・国に住む人々がやってくることが可能となる。また，マイナーな「ニッチ」商品もビジネスチャンスに変貌する。

　第2に商品（財およびサービス）の選択肢が増えると，ロングテールはどのようになるのであろうか。クリス・アンダーソンによれば，ロングテールにはニッチの拡大によって，より長いテールへ移行させる3つの側面があるという。第1は選択肢が10個から100個に増えると，需要は最初の10個に集中しないという。第2に欲しいものを見つける探索コストが ICT による検索機能や消費者評価などにより今までよりも安価になるという。第3は，インターネットによるお試し機能によって無料で音楽を30秒間試聴できたり，本の1部を読めたりすることで消費者にとっての購買リスクを減らせるという。つまり，この3つの側面からロングテールは，さらに長いテールへと移行する。

　第3に，ロングテールがより長いテールを持つと，図表8-1におけるグラフの形状にどのような影響が及ぶだろうか。ヒットは残るにしても，相対的に

ロングテールの比率が高まり，ロングテールが伸びることになる。つまり，図表 8-1 は，より横方向に伸びた形状を示すことになり，そのように修正されることになる。例えば，米国最大の大型書店（＝リアル店舗）の「バーンズ＆ノーブル」は，平均的な店舗で約 10 万タイトルの本を置いており，この場合の形状は図表 8-1 である。ところが，アマゾンの場合，4 分の 1 を超える販売部数がこの 10 万タイトル以外の本に拠っており，合計で 500 万タイトルを持っているので，横軸は 50 倍となり，ロングテールはずっと長くなる。さらにヘッド部分はやや低い形状を示すことになるだろう。こうして図表 8-1 は，縦に短く横に伸ばした形状となる。

　クリス・アンダーソンによれば，品質とは図表 8-2 に示したようなものだという。新鮮で，おもしろく，よく出来ているものが，私に合っていて，意義深い高品質なものである。逆に，古くて，つまらなく，ひどい出来で，私向きじゃなく，底が浅いものが低品質なものである。ここでは商品の品質が，従来常識として考えられてきた素材の含有率や希少性，投下資本などのような客観性を何ら持つものではなく，むしろ逆で消費者の観点から主観的に決まっている。特に，ICT が得意とする音楽や映画などのデジタル・コンテンツ市場では，商品価値は主観的に決まる傾向が強いということが主張の背景にあるように思われる。このことは，グローバル ICT によって，従来のさまざまな制約から解放されると，元来多様性を持つ人々が，良いと思うもの・欲しいと思うものを多品種の中から選ぶので，その本来の姿が浮き彫りとなって，選択の幅がかつてなく広がり，ロングテールがより長くなってくると解釈できるのであ

図表 8-2　クリス・アンダーソンの品質

| 高品質 | 低品質 |
|---|---|
| 私に合っている | 私向きじゃない |
| よく出来ている | ひどい出来だ |
| 新鮮だ | 古い |
| 意義深い | 底が浅い |
| おもしろい | つまらない |

出所：Anderson [2006]（邦訳）200 頁より。

る。これは，ニッチ市場とグローバル市場が，ICT によって統合され，本来人々が持っていた主観的な感性の状態が市場に写象された姿として把握できるように思われる。

## 第 3 節　理論的な考察

　この節では，需要サイドと供給サイドから，グローバル ICT が持つ性格について，理論的な考察を行う。

### 1. 需要サイドからの考察

　需要関数とは，ある商品の販売数量（横軸）と価格（縦軸）の関係における消費者の態度を表すものである。価格が上がれば販売数量が下がるので，グラフにすれば一般に需要曲線は右下がりと考えられている。当然であるが価格が下がれば販売数量が上がる。
　ここで価格に関していうと，ネットショップの参入により，従来のリアルとネットの両者を合計した平均価格が下がるならば，商品の総需要は上昇することになる。ところで販売数量を規定するものは何であろうか。それは，顧客の数，所得，商品の人気（効用の大きさ）と考えられるが，リアル店舗の場合は顧客数が商圏の大きさによって規定される。例えば，町の本屋さんの場合はせいぜい数キロの範囲内に住む人口と所得の積によって購入可能金額が決定され，本の持つ消費性向という当該商品の人気によって需要量は決定される。ところがネットショップの場合はインターネットにアクセスできる人すべてが対象となるから理論的に考えるとグローバルになる。購入可能人口が国内はもちろん海外も含めると急増するのである。また，年に数回しか売れない「ロングテール」商品の場合，町の本屋さんでは売り場面積というリアル店舗の制約ゆ

えに常設の商品として扱うことには限界があるが，ネットなら気にする必要はない。つまり，距離と空間の制約から解放されるのがネットショップだということになる。

このことは，グローバルICTによって，価格の下落と需要を規定する人口の増加（＝ICT利用をいち早く取り込んだ消費者の増加）によって総需要が増加することを意味している。図表8-3aのように，供給側の態度が等しければ，均衡価格$PE$は$p_1$へ価格が下落することで，需要は$q_1d$へと大きくなるが，供給側は$p_1$に見合った$q_1s$しか生産しないので，$q_1d-q_1s$という超過需要を引き起こすことになる。ところで，図表8-3bのように需要にはもう1つ距離と空間の広がりによる需要の増大という別ルートがある。海外からの需要が見込まれるならば，需要曲線$D$は右上方にシフトするので$D'$となる。この場合，ある商品の均衡価格は$p_1$から$p_2$へと上昇するが，数量は$q_1$から$q_2$へと上昇することになる。よって，グローバルICTは，需要面に関して，価格は下落と上昇の作用があるので動きは不明確であるものの，数量については上昇させることになる。

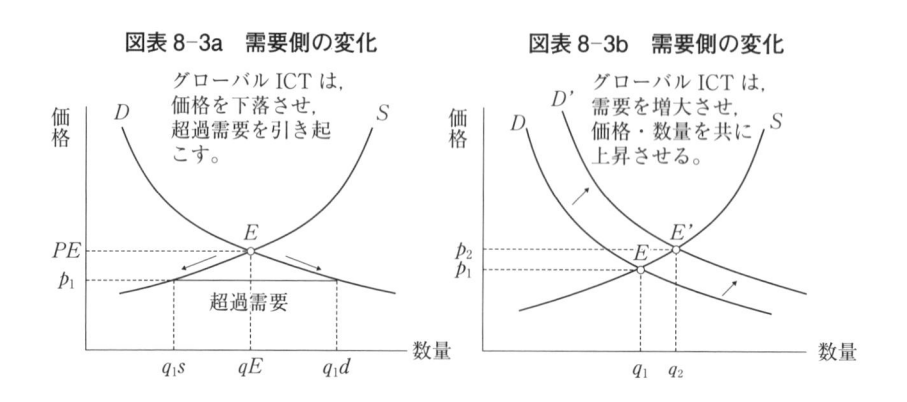

**図表8-3a　需要側の変化**

グローバルICTは，価格を下落させ，超過需要を引き起こす。

（縦軸：価格，横軸：数量，$D$，$S$曲線が点$E$で交差，$PE$，$p_1$，$q_1s$，$qE$，$q_1d$，超過需要）

**図表8-3b　需要側の変化**

グローバルICTは，需要を増大させ，価格・数量を共に上昇させる。

（縦軸：価格，横軸：数量，$D$が$D'$へシフト，$S$曲線，$E$から$E'$へ，$p_2$，$p_1$，$q_1$，$q_2$）

## 2. 供給サイドからの考察

供給関数とは，同様に，ある商品の生産数量（横軸）と価格（縦軸）の関係

における企業の態度を表すものである。価格が上がれば生産数量を上げるので，グラフにすれば一般に供給曲線は右上がりと考えられている。当然であるが価格が下がれば生産数量は下がる。ここで生産数量に関していうと，単一の商品の大量生産を行えば規模の経済性が働き商品1個当たりの単価を下げることができるが，多品種少量生産を行えば商品1個当たりの単価は上がるであろう。このことは，流通過程を経た後の町のリアル店舗（小売店）においては，大量に出回っている売れ筋の商品を多く設置することが，より大きな収入増をもたらし，利益幅も大きくなるということを物語っている。以上のことは，ある商品の総供給関数に影響を与える生産方法が一定である場合のことである。もしも技術革新が起こって，生産方法が大きく変わった場合には，この限りではない。一方，ネットショップにおいては売り場面積の制約がなく，何百万タイトルという本をデータベース化することが可能となる。さらに人気ランキングや書評の掲示も立ち読み機能も付加できる。ちなみにネットサーバーの本拠地は国を自由に選び，顧客の国籍が多様化しても対応可能である。つまりグローバルICTは，商品の価格を下落させる技術革新であり，その場合は図表8-4のように，需要が等しければ，総供給曲線$S$は下方にシフトし，$S'$となる。この場合，ある商品の均衡価格は$p_1$から$p_2$へ下落するが，数量は$q_1$から$q_2$へと増加することになる。よってグローバルICTは，供給面に関して，価格を下落させ数量を増加させる作用をもつ。

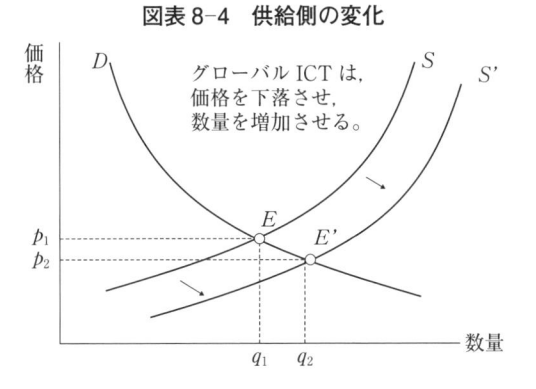

図表8-4　供給側の変化

グローバルICTは，価格を下落させ，数量を増加させる。

## 3. 需給の総合

　このように考えると，グローバル ICT は需要サイドでは数量の増加が見込まれ，他方，供給サイドでも数量増加が見込まれることになる。つまり，数量の増加に貢献するロングテールは次第に大きくなるという現象は，現実の想定を入れ込むことで，理論的にも予見されることになるのである。すなわち，ロングテールが何故存在するのか，その理論的な存在証明となる。しかしながら，ロングテールが大きくなるということをもって，「ヒット」商品が衰退あるいは消滅へ向かうわけではない。問題は総供給と総需要からみた場合に総体としての商品の数量が上昇するのであって，商品の種類については，引き続いて「ヒット」商品が温存され生き残り，時に爆発的な「ヒット」商品が生まれる可能性を排除できないということを我々は知らねばならない。

　一方，価格面については，グローバル ICT は，需要サイドで動きが不明であり，供給サイドで低下する。このことは，ネットショップのような流通過程を中抜きした業態の出現によって，外生的な価格下落が起こると，消費者は需要増で応じるが，そのことは同時に供給関数の形状が同じであれば，超過需要によって価格上昇の動きが発生するという複雑な連続過程を意味する。他方供給サイドでは，グローバル ICT という革命的な技術革新によって価格が低下することが発生している。結局のところ，価格に関しては一意的には決まらないので，「ロングテール」は相対的に安い商品群も含まれるであろうし，逆に高い商品群も含まれるであろうということになる。

## 第4節 「隠れた法則性」について

### 1. 「平均」や「分散」について

　この節では,「隠れた法則性」について考察する。これまで私たちは, 経営・マーケティングなどの分野において「平均」や「分散」という概念でデータ処理をすることが多かったことはほぼ確実である。各店舗の売上や利益は集計され, それを店舗数で除して「平均売上」や「平均利益」を計算し, 各店舗が皆平均に近いのか, それとも違うのか, といった具合であった。そして, 不良店は「平均」に近づくように店長会議で激を飛ばされ, 優良店は称賛され表彰の対象となってきた。「平均」を持ち出す限り, 永久に「平均」以下はなくならず,「並み」の店舗にはなれない店舗が必ず残ることを多くの人々は知っているにもかかわらず, こうした非科学的な態度を是認してきたのである。だが, こうした概念から来る「平均」や「分散」の使用が何故なされたかというと, 実は優良店と不良店の間に平均的な店舗が数多く存在しているという経験あるいは思い込みによって, 暗黙裡に「正規分布」を想定していたと考えられるからである。「並み」で「平均」を目指しなさい, と言っても, 実はそんなものは案外存在していなかったりする。それでも正規分布に近づくはずだという信念があるとすれば, それは思い込みであり, 錯覚というべきである。

### 2. 「べき乗の法則」と「フラクタル構造」

　ロングテールは,「売れ筋商品」と「死に筋商品」から成る概念で,「べき乗」に従っている。どんなに不良店の店長が頑張っても, やはり不良店はなく

ならない。優良店は入れ替わるだけで,数からいうと少数にとどまる。商品市場もこれと同じである。

井庭ほか［2007］は「楽天ブックス」における書籍,CD,DVD の全販売履歴（分析期間は 2005 年 4 月から 2007 年 3 月までの 2 年間）から,「べき乗の法則」が成立するという,たいへん注目すべき事実を確認している。それによると,書籍の販売量（割合）を縦軸にとり,上位 10 万タイトルまでの順位を横軸にそれぞれ対数目盛でとると直線で近似できる。例えば,図表 8-5 は 2006 年 5 月の書籍の月間販売と順位の関係をグラフにしたものである。

このグラフから,「破格に売れている商品がごく稀にあり,少しだけ売れている商品が非常に多くある」ことがわかる。そして,興味深いことは,順位が下がれば販売量は下がり,その決定係数は 0.9965 という非常に高い値を得ている。これだけ高い決定係数ならば,順位がわかれば販売量がわかり,販売量がわかれば順位がわかることになる。観察されたデータは「べき乗則」に従って,直線状に規則正しく並んでいるのである。さらに,書籍,CD,DVD の月別の販売量と順位の関係について時系列に並べてデータを整理すると,すべての月で同じ「べき乗則」に従っており,書籍について,「新書版」・「単行本と文庫本」という発行形態別や「文学」・「社会科学」・「自然科学」などのジャンル別に調べてみてもやはり同様の結果になるという驚くべき結果を得ているのである。ロングテールについて,より詳細なデータ,つまりカットオフなしの

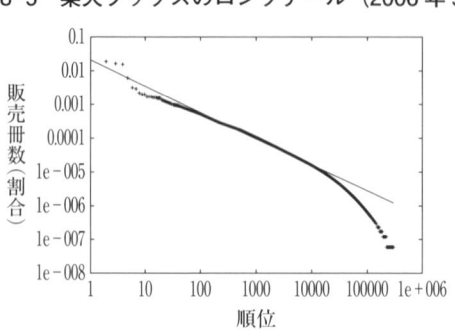

**図表 8-5　楽天ブックスのロングテール（2006 年 5 月）**

出所：井庭・深見・斉藤［2007］より。

テールのより長いデータを得ると，これもまた「べき乗則」に従っていることが，井庭ほか［2008］で確認されている。このことは，ある特別な年や月，あるいはジャンルに，大ヒットが出たり，ロングテールが妙に売れたりするかもしれないという我々の推測とは違って，そういった解釈に関係なく「べき乗則」に従った結果が必ず出てくるということを強く示唆している。日本で発行される書籍の種類は年間約8万点にのぼっており，日々種類が入れ替わっているにもかかわらず，毎月，発行形態にかかわらずどのジャンルでも「べき乗分布」が新たに生成されているのである。

　この事実は何を物語るのであろうか。いくら細かく時間やジャンルで区切って調べてみても同じ構造が検出されることを「フラクタル構造」という。数学や美学の世界では，よく知られていることで，別名で「自己相似」という。これはまた，リアス式海岸の地形や樹木の枝分かれのあり方，腸の内壁構造など，自然科学の分野ではよく知られた事実でもある。ニッチな商品をいくら増やしても売れていくというロングテールは，こういった「隠れた法則性」（=「べき乗則」）を通して，消費者の好みや思い入れとは無関係に，時間やジャンルにあまり関わりない「フラクタル構造」を持つとしたら，従来マーケティング研究で重視されてきた過去データからの「平均」や「分散」という概念からの「ヒット商品」を生み出すという努力は，せいぜい「ヘッド」に関してのものであり，客観的に存在するロングテールを含む「べき乗則」とはあまり関係のないものだということになってしまう。

　ロングテールは，グローバルICTによって，消費者が元来持っていたニッチへの嗜好や思い入れが表出可能になった結果，テール部分が必然的に長くなるが，それはまた「べき乗の法則」という日常我々が考えてもみない「隠れた法則性」に従っている，これがとりあえずの結論ということになるだろう。

　今後，グローバルICT時代のロングテールという現象の解明と深い理解のためには，社会科学以外のツールや知見からの援用が必要になってくるかもしれない。

―【キーワード】――――――――――――――――――――――――――――
ヘッド，ロングテール，グローバルICT，アマゾン，グーグル，アップル，楽天，
べき乗則，フラクタル構造
――――――――――――――――――――――――――――――――――――

【参考文献】

Anderson, C.［2006］*The Long Tail*, Revised and Updated Edition［2008］Hyperion.（篠森ゆりこ訳［2009］『ロングテール：アップデート版』ハヤカワ新書。）

Iba, T. and Mori, M.［2008］"Visualizing and Analyzing Networks of Co-Purchased Books, CDs and DVDs," International Workshop and Conference on Network Science.

Mainzer, K.［2011］*Der Krea tive 2afall; wie das Neve in die Welt Kommt.*（有賀裕二訳『複雑系から創造的偶然へ―カイロスの科学哲学史』共立出版。）

井庭崇・深見嘉明・斉藤優［2007］「書籍販売市場における隠れた法則性」『数理モデル化と応用』vol.17 情報処理学会，128-136頁。

井庭崇・吉田真理子・森正弥［2008］「書籍・CD・DVD販売市場における隠れた法則性」『第36回消費者行動研究コンファレンスペーパー』6月。

梅田望夫［2006］『ウェブ進化論 本当の大変化はこれから始まる』筑摩書房。

江口泰広［2000］『IT革命で変わる新しいマーケティング入門』中経出版。

総務省［2006］『平成18年版 情報通信白書』

菅谷義博［2006］『80対20の法則を覆すロングテールの法則』東洋経済新報社。

服部哲弥［2011］『Amazonランキングの謎を解く：確率的な順位付けが教える売上の構造』（DOJIN選書）化学同人。

　　　　　　　　　　　　　　　　　　　　　　　　　　　　（伊田　昌弘）

# 第9章

# サービス・ビジネスとグローバル・マーケティング
―ビューティ・ビジネスを中心に―

---
**本章のねらい**

① なぜいまサービス・ビジネスに注目するのか，その理由を明らかにする。
② サービスの特性，それに適合するマーケティング・コンセプトの進化を説明し，そこから，メタ・グローバル・マーケティングという新しいコンセプトを提言する。
③ ビューティ・ビジネスの史的概観とサービス・マーケティング・ミックスを考察する。
④ 最後に，ビューティ・ビジネスにおけるメタ・グローバル・マーケティング論の適合性を提示する。

---

## は じ め に

「経済のサービス化」，すなわち，経済の発展に伴って，その国の経済全体に占めるサービス産業（ビジネス）の役割がますます増大している。例えば，我が国の場合「名目 GDP に占めるサービス産業の名目付加価値のシェア」は，実に 70% を占めるに至っている（2007 年『通商白書』，図表 9-1 も参照）。しかしながら，我が国におけるサービス業の生産性は，欧米のそれらや日本の製造業に比べて，その経済的・社会的評価は概して低く，その改善・向上が喫緊の課題である（江夏ほか［2008］）。

その一因としてしばしば指摘されることは，日本のビジネス・パラダイムが，いわゆる「モノづくり＝製造業」に軸足が置かれていることである。日本企業の競争力の源泉は，「モノづくり」，つまりは製品（有形財）の価値創造に

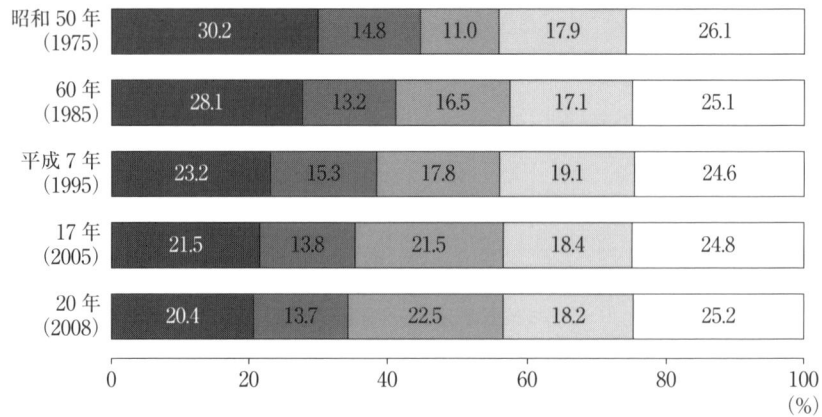

図表 9-1　国内総生産の経済活動別構成比の推移

| 年 | 製造業 | 卸売・小売業 | サービス業 | 建設業・不動産業 | その他の産業 |
|---|---|---|---|---|---|
| 昭和50年(1975) | 30.2 | 14.8 | 11.0 | 17.9 | 26.1 |
| 60年(1985) | 28.1 | 13.2 | 16.5 | 17.1 | 25.1 |
| 平成7年(1995) | 23.2 | 15.3 | 17.8 | 19.1 | 24.6 |
| 17年(2005) | 21.5 | 13.8 | 21.5 | 18.4 | 24.8 |
| 20年(2008) | 20.4 | 13.7 | 22.5 | 18.2 | 25.2 |

出所：「国民経済計算」(内閣府)，ビューティビジネス学会パンフレットより（今井利絵作成）。

関連する活動にその力点が置かれて切磋琢磨を重ね，「強み」を構築・堅持してきた。

21世紀グローバル社会において，日本企業がこれまで積み上げてきた「モノづくり」絡みの優位という伝統の重要性は決して無視できるものではない。また，それをベースとしたビジネス戦略，マーケティング戦略のさらなる進化・精緻化の必要性を否定するものでもない。しかし，ここでは敢えて視点を変えて，これまで「弱み」と目されてきた「サービス・ビジネス」に焦点を合わせて，そのマーケティング戦略のあり方を考察する。

## 第1節　サービスの特性とマーケティング・コンセプトの進化

「サービス」には通常，①無形性 (intangibility)，②非貯蔵性 (non-storability)，③輸送不可能性 (non-transportability)，④生産と消費の同時性 (simultaneity of production and consumption)，⑤生産者と消費者の近接性 (proximity between the producer and consumer）といった特性のある「財」とされてきた（江夏ほか［2008］）。これらの特性にかんがみるとき，サービス・ビジネスは，国際ビジネス・マーケティングとはもっとも無縁な活動であるように思われる。しかしながら実際には，国際ビジネス活動に占めるサービス産業のシェアは増加の一途にある。例えば，世界の対外直接投資残高総計は，1990年の約1.8兆ドルから2004年には10兆ドルへと大きく増加したが，その内訳をみると，製造業のそれが1990年の44.5％から2004年には26.6％へとシェアを大幅に減退させたのに比べて，サービス産業のシェアは，1990年の44.9％から2004年には66.4％まで著増した（2007年『通商白書』）。

サービス・ビジネスの国際的展開におけるこうした「大躍進（Giant Leap）」は，ICT（情報通信技術）に下支えされた科学技術の絶えざる進歩によることはいうまでもない。しかし，それにもまして重要な役割を果たしたのは，ベンチャー精神に充ち満ちた企業経営者のイノベーション力によるところが甚大である。

本章では，こうした起業家によるマーケティング活動の進化・変遷を，サービス・ビジネスの中でもこれまでほとんど無視あるいは看過されてきたビューティ・ビジネスに焦点を合わせて検討する。

## 1. マーケティング・コンセプトの進化
　　―メタ・グローバル・マーケティングへの道程―

マーケティングは，「世につれ，人につれ」その概念や適用対象範囲を繰り返し，繰り返し変換・進展させてきた（高井［2000］171-174頁）。

すなわち，単なる「販売（Sales）」から「マーケティング（Marketing）」への概念拡張（1930年代）に始まる進化は，その活動の地理的・質的拡大に伴って，「輸出マーケティング（Export Marketing）」（1970年代）から「インターナショナル・マーケティング（International Marketing）」（1980年代）へ，さらには「マルチナショナル・マーケティング（Multinational Marketing）」

(1990年代前半）を経て「グローバル・マーケティング（Global Marketing）」(1990年代後半），「トランスナショナル・マーケティング（Transnational Marketing）」へと漸次変容・発展を果たしてきた。

　21世紀の宇宙時代を迎えた今日，それはさらに時空間を拡大して「メタ・グローバル・マーケティング（Meta-Global Marketing）」の時代に到達した，というのが我々の主張である（図表9-2）。

　「メタ・グローバル・マーケティング」とはいかなるものか。以下ではビューティ・ビジネスを事例に用いて，逐次その特徴を説明する。

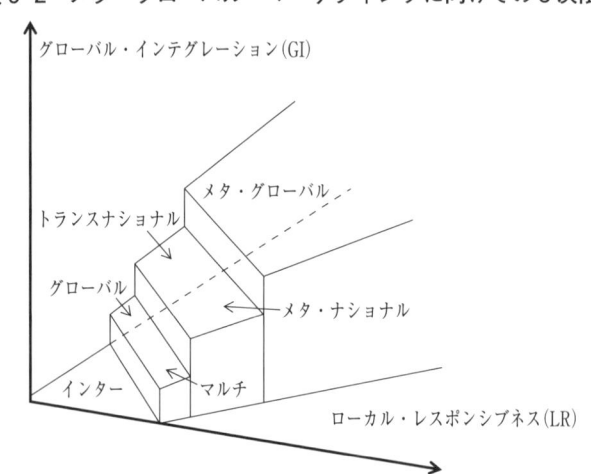

**図表9-2　メタ・グローバル・マーケティングに向けての3次限構図**

出所：江夏ほか［2008］の図表8-5を拡張した。

## 2. ビューティ・ビジネスをめぐって

　ビューティ・ビジネスは，21世紀のリーディング産業の1つとしてますます注目されている。今では，化粧品，香水，トイレタリーといった製品市場だけに限ってみても世界全体で3,300億ドルの巨大市場を擁するまでに成長を遂げた（図表9-3）。

## 図表9-3 グローバル・ビューティ市場

(現在価値：10億ドル)

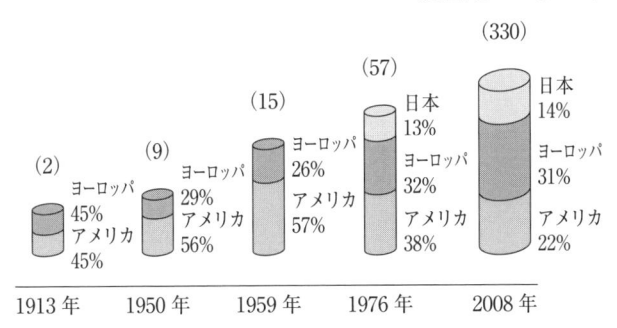

| 年 | 総額 | 構成 |
|---|---|---|
| 1913年 | (2) | ヨーロッパ 45%／アメリカ 45% |
| 1950年 | (9) | ヨーロッパ 29%／アメリカ 56% |
| 1959年 | (15) | ヨーロッパ 26%／アメリカ 57% |
| 1976年 | (57) | 日本 13%／ヨーロッパ 32%／アメリカ 38% |
| 2008年 | (330) | 日本 14%／ヨーロッパ 31%／アメリカ 22% |

出所：Jones［2010］の付表1に基づき作成。

## 図表9-4 日本のビューティビジネス市場

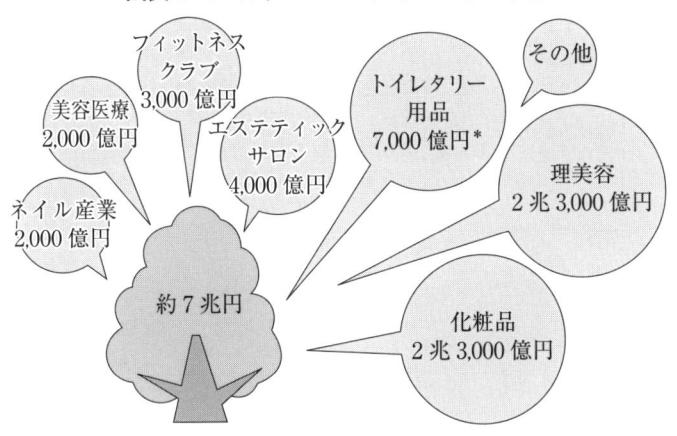

約7兆円

- 美容医療 2,000億円
- ネイル産業 2,000億円
- フィットネスクラブ 3,000億円
- エステティックサロン 4,000億円
- トイレタリー用品 7,000億円＊
- その他
- 理美容 2兆3,000億円
- 化粧品 2兆3,000億円

＊ビューティビジネスに関するカテゴリーのみの合計
出所：ビューティビジネス学会パンフレットより（今井利絵作成）。

　因みに，日本のビューティ市場は7兆円規模であると推計されている（ただしこれには，理美容サービス業の売上高2兆3,000億円も含まれている。図表9-4を参照されたい）。

　ところでビューティ・ビジネスは，狭義の美容やファッションなど外見的な「美」のみならず，「美」をより広義に捉えて，精神的・健康的な「美」，さら

**図表 9-5　ビューティ・ビジネスの概念と産業・職業**

| 美の構成 | 関連産業 | 職業 | 対象・活動 |
|---|---|---|---|
| 精神美 | ホスピタリティ産業 | メンタルセラピスト<br>レセプショニスト<br>コンシェルジェ<br>カウンセラー | 心のケア<br>トータルヒーリング<br>ホスピタリティ |
| 健康美 | 健康産業 | 医師，看護師，栄養士，調理士，フードコンサルタント<br>ヘルスケアアドバイザー<br>ホームヘルパー<br>スポーツトレーナー | 食事<br>運動<br>休養<br>姿勢 |
| 容姿美 | 美容産業 | ヘアデザイナー<br>メイクアップアーティスト<br>ネイリスト<br>エステティシャン<br>コスメティシャン | ヘア<br>メイク<br>ネイル<br>エステ<br>化粧品 |
| 服飾美 | ファッション産業 | ファッションスタイリスト<br>ファッションアドバイザー<br>着付師<br>ファッションデザイナー<br>ファッションモデル | 服飾，着付<br>装身具，アクセサリー<br>カバン，履物<br>スタイル |
| 生活美 | ライフスタイル産業 | ライフスタイリスト<br>芸術家，芸能人<br>インテリアデザイナー<br>テーブルコーディネーター | 生き方，人生観<br>ライフスタイル<br>旅行，芸術鑑賞<br>家庭，家族，友人<br>住宅，ガーデン |
| 環境美 | 環境産業 | 環境デザイナー<br>建築デザイナー | 生活環境，都市計画<br>社会環境，観光施設<br>自然環境 |

出所：山中［2004］70頁より，筆者が編集。

にはそのインフラを形成する生活や地域・自然環境の「美」までを概念的に包摂するならば，ビューティ・ビジネスに係る産業と（専門的）職業には，図表9-5に示されるように，そのホライゾンは大きく拡大し，また経済的インプリケーションも極めて大きいことがわかる。それゆえ，ビューティ・ビジネスを専らターゲットとする経営・マーケティング戦略を考察する意義もまた極めて大きくなるのである。

## 第2節　ビューティ・ビジネスの歴史概観

　ここではまず，ビューティ・ビジネスの歴史をジョーンズ（Jones, G.）による最近の労作からそのエッセンスをトレースする（Jones [2010]）。そこから，筆者が提言する「メタ・グローバル・マーケティング」時代の到来を象徴する諸特徴が導出される。

### 1．ビューティの普遍性

　ビューティ（美）に対する関心は，人類の発祥にまで遡ることができる。「美しくなりたい」，「いつまでも美しく幸せでありたい」という人々の願望は，いわば本能的なものであるが，この生物学的な使命を果たす「美の儀式」は，古来，地場の薬剤師，科学者，治療師，司祭，時には魔女といった超能力者たちによって創造（生産）・展開（提供）されてきた。しかしながら19世紀後半，チャールズ・ダーウィンがその著『人類の起源』[1871]の中で「人の心の中に万国共通の肉体美の基準が存在するというのは全くもって誤りである」と明言しているように，そもそもビューティには普遍的基準などはなかったはずである。それにもかかわらず，例えば1800年代を通じて香水は，主として薬用に男女両性によって飲まれてきたが，20世紀になるとフランソワ・コティに代表される一握りの起業家によって，それもしばしば自宅の台所や物置小屋で生業・家業として生産・販売されるようになると，そのターゲットは女性へとシフトし，フランスが中心となって産業として発展し，グローバル化を果たした。

## 2.「イメージ志向」と「同質化傾向」

　こうしたトレンドは，他の化粧品（スキンクリーム，カラーコスメ，ヘアダイなど）についても同様に発生し，いわゆるマーケティング革命の進展と原産国（カントリー・オブ・オリジン）効果が展開されるとともに，巨大なビューティ市場へと成長，これに伴って，いわゆる「ビューティのイメージ（image）志向」，「ビューティの同質化（homogeneity）」が急伸長を遂げた。

　「ビューティのイメージ志向」とは，製品の性別分化や特定の都市（パリ，後にはニューヨーク）との連想強化，そして人種（とりわけ西洋人，白人優位）的偏見の加速化へと駆り立てる動向を指す。そして結果的には「ビューティの同質化」傾向，すなわち，西欧をスタンダードとする「ビューティ・イメージ」のグローバリゼーションを進行させ，「グローバル・マーケティング」の展開に基づく巨大ビューティ・ビジネスの興隆と，他方において著名な起業家たち（ヘレナ・ルビンシュタインやココ・シャネル，マックス・ファクターら）が興した企業は，ブランドとしては存続したものの，企業としては凋落を目の当たりにすることとなった。

　第二次世界大戦が終結すると，テレビの時代が到来する。テレビ広告とハリウッド映画によるビューティの理想像の拡散，さらには国際美人コンテストによるミス・ユニバースの「美」の基準の徹底は，西欧的ビューティのグローバル・マーケティングの発展にいっそうの拍車をかけることとなった。ヨーロッパと日本の復興が，資本主義市場におけるビューティ・ビジネスの急発展に寄与するとともに，いわゆる「免税店」の登場によって，高級ブランド製品に新たなマーケティング・チャネルを提供することとなった。

　かくしてグローバル・マーケティング活動の地歩は，着実に固まってきた。しかし他方において，①各国の流通経路は，旧態依然としてローカルなままであるためアクセスが困難である。②地場企業の市場参入が容易なうえ，それなりに繁盛するといった皮肉な相互作用に直面する。また③グローバル・ブランドは瞬時に普及するが，そのマネジメントについては，例えばコピー製品の防

止1つとっても，多大な挑戦課題になる。とりわけ④各国消費者の製品選好−フランス人の香水好き，アメリカ人のメイクアップ好き，日本人はスキンケア好き−を打破することが至難であるから，さまざまな調整・適応を余儀なくさせられる。

## 3. 新しいトレンド

　また1970年代以降に次々と起こってきた新たな動向によって，それまでに営々と築き上げてきたビューティの「正当性（legitimacy）」は，再検討をせまられることとなってきた。

　すなわち，①化学製品であるヘアダイに対する健康不安，②西欧社会で広がったフェミニスト運動（Feminist Critique），③合衆国におけるアフロ系・ヒスパニック系による市民権（US Civil Rights）運動の展開，④脱植民地化（De-colonization）に伴う西洋人中心の美的基準に対する疑問の沸騰，自然・天然素材志向，性別や年齢に対する固定観念の打破，多様な美意識の評価などが，しだいに主流を占めるようになってきた。

　その結果，「ナチュラル」，「バイオ」，「エコ」，伝統的な手工業技術が脚光を浴びることとなり，これらのキーワード，あるいはイメージとして打ち出した製品・マーケティングへの戦略転換がなされる。

　1990−2010年には，M&Aによる大規模な産業集中が起こり，P&Gとロレアルがそれぞれ世界市場の23%を支配することとなった。驚くべきことは，もともとヨーロッパが出自であるロレアルが，多くの米国のブランドを買収したこと，またP&Gは，1980年代にシャンプーからほぼ撤退する，といった画期的な戦略行動を展開したことであり，市場開放された中国，ロシアの将来成長をいち早く察知し積極的に買収・統合を進めていることである（図表9-6参照）。

図表9-6　3大ビューティ企業による大型合併・買収

(100万ドル)

P&G

| 年 | 買収した企業 | 金額 |
|---|---|---|
| 1985 | リチャードソン・ヴイックス | 1,240 |
| 1989 | ノクセル | 1,300 |
| 1991 | マックスファクター／ビートリックス | 1,140 |
| 2003 | クレイロール | 4,950 |
| 2003 | ウェラ | 5,100 |
| 2005 | ジレット | 55,000 |
| 2009 | ジール | ― |

ロレアル

| 年 | 買収した企業 | 金額 |
|---|---|---|
| 1965 | ランコム | ― |
| 1993 | レッドケン | 200 |
| 1996 | メイベリン | 508 |
| 2000 | ソフトシーン | 120 |
| 2000 | マトリックス | 500 |
| 2006 | ザ・ボディーショップ | 1,100 |
| 2008 | YSLボーテ | 1,680 |

ユニリーバ

| 年 | 買収した企業 | 金額 |
|---|---|---|
| 1987 | チーズブロー・ポンズ | 3,100 |
| 1989 | リンメル | 120 |
| 1989 | カルバンクライン／チコゴ | 376 |
| 1989 | ファベル／エリザベスアーデン | 1,663 |
| 1996 | ヘレンカーチス | 915 |
| 2009 | TIGI | 411 |

出所：Jones［2010］付録3に基づき筆者が作成。

## 4. 日系ビューティ・ビジネスの動向

　1950-70年代までに，日本のビューティ・ビジネスは，世界で2位の市場に成長した。しかし東京は，パリやニューヨークのようなグローバル・ビューティの「都（Capital）」にのし上がることができなかった。その一因として指摘できるのは，日本各社の国際展開が，限られた地域（1960年代，資生堂の米国とヨーロッパ進出，花王，ライオンの東南アジア進出）であったこと，そして少額の販売業績に終わったことにある。

　その結果，今日，各社ともに世界ランキングを下げている（資生堂，1989年世界3位から2008年には9位，花王はほぼ横ばいの10位に）（図表9-7参照）。また，中国市場についてみても，資生堂はいち早く1980年に中国展開を果たし，1990年代にオプレ（Aupres）ブランドを投入したが，今日では，P

**図表9-7　世界のビューティ企業トップ10社**

（2008年時点，単位10億ドル）

| 企業名 | 国籍 | ビューティ製品売上高 | 総売上高 | 海外売上高(%) |
| --- | --- | --- | --- | --- |
| P&G | アメリカ | 26.000 | 83.503 | 56 |
| ロレアル | フランス | 24.089 | 25.831 | 55 |
| ユニリーバ | イギリス／アメリカ | 16.762 | 59.672 | 68 |
| コルゲート・パーモリーブ | アメリカ | 9.658 | 15.330 | 81 |
| エスティローダー | アメリカ | 7.911 | 7.911 | 59 |
| エイボン | アメリカ | 7.604 | 10.690 | 77 |
| ダイヤスドルフ | ドイツ | 7.547 | 8.793 | 31 |
| ジョンソン・エンド・ジョンソン | アメリカ | 7.200 | 63.747 | 49 |
| 資生堂 | 日本 | 7.011 | 7.220 | 20 |
| 花王 | 日本 | 6.267 | 13.160 | 15 |

出所：Jones［2010］より。

& G, ロレアルに市場シェアを奪われている。フラットな国内市場に偏重した経営スタンスからの脱却，速やかなるグローバル・マーケティング戦略の再構築が喫緊の課題である。

## 5.「フラット」化する世界市場

世界のビューティ市場は，着実にフラット（Flat）化が進捗し（Friedman [2005]），グローバル・ブランドが未曾有のスピードで，ロシア，中国そしてインドを含む世界市場を席巻しつつあることは確かである。巨大ビューティ企業のブランド・ポートフォリオ戦略は，「オーケストラ型グローバリゼーション（Orchestrated Globalization）」とよぶことができる。また，アンチエージングやミネラルなどの流行は，ほぼ世界各国同時に進展してきた。

## 6.「スパイキー」なままのローカル市場

上記のトレンドと同程度に，消費者の間では，ローカルなビューティのイメージや儀式に対する撞着や再評価が起こっている。つまり，世界（グローバル）市場が，まるで高速道路のようにピカピカなフラット化が進めば進むほど，各国，各地の（ローカル）市場では，旧態依然として異質で多様なままの状態にあって，いかに未舗装のデコボコ道のようにスパイキー（spiky）であるかを思い知らされるのである。したがって，グローバル・ブランドであればあるほど，ローカルな表現が求められる時代を迎えている。また，スウェーデン，ギリシャ，ブラジルなどのビューティ・イメージもグローバル化を図ろうとしている。

グローバリゼーション（地球化）とトライバリゼーション（Tribalization：部族化）という一見すると二律背反するトレンドの進展を，ここではメタ・グローバリゼーション（Meta-Globalization）への進化と知覚し，またそこで展

開されるマーケティング活動のことを,我々はメタ・グローバル・マーケティングとよぶのである。

## 第 3 節　サービス・マーケティング・ミックス

### 1. 4P から 7P, さらには 4C から 5C への拡張

　周知のごとく,従来の（とりわけ有形財を対象とする）マーケティングでは,所期の目標を達成するための「……マーケティング管理者にとってコントロール可能なマーケティングに関する諸手段の組み合わせ」であるマーケティング・ミックスとして,4P,すなわち,① Product（製品）② Price（価格）③ Place（流通）④ Promotion（プロモーション）が指摘されてきた。しかし,伝統的な 4P 理論には,以下のような欠点があるとも指摘されている（岸川 [2011]）。
　① Product（製品）という定義自体が,有形財を対象とした概念であるため,サービス財に対応していない。
　② Price（価格）も製品の価格という位置づけにあり,サービス財の原価を測ることは困難なため,価格設定が容易ではない。
　③ Place（流通）面でも,サービスは生産と消費が同時になされるため,狭い意味での流通自体存在しない。
　④ Promotion（プロモーション）も,サービスでは,人と人との関わり,すなわち顧客との相互関係が重要であるため,一方的な販売促進には馴染まない。
　そこで清水 [2000] は,有形財（モノ）中心からサービス中心のマーケティング・ミックスの転換にかんがみ,Lauterborn [1993] の所説を拡張して,伝

統的な4Pに対応させて4C,すなわち①Consumer（顧客価値）②Cost（顧客コスト）③Convenience（利便性）④Communication（コミュニケーション）の要を指摘した。岸川［2011 ただし筆者が一部加筆］は，その発想転換の理由を，以下のように簡潔に説明している。すなわち，

① ProductからConsumerへ：つくって売るという「プロダクトアウト」の考えは通じない。「マーケットアウト」を狙った消費者のニーズとウオンツの解明こそが重要である。

② PriceからCostへ：コストは価格の一部である。したがって，注目すべきは価格ではなくコストである。消費者は商品（やサービス）の価格だけではなく購入コスト，時間コストを費やしている。

③ PlaceからConvenienceへ：場所ではなく買い（アクセスの）易さが大切である。

④ PromotionからCommunicationへ：売って押し込むことではなく納得させることである。

我々は，さらに上記4Cに⑤Company（従業員満足）を追加して5Cとしたい。これは，Kotler, et al.［2000］が伝統的4PにPhysical evidence（物的証

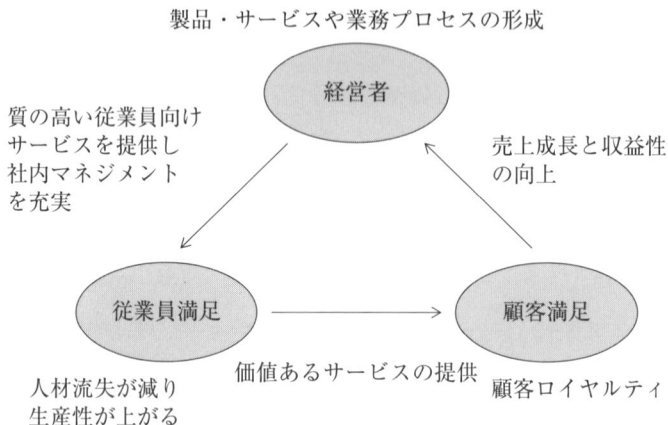

**図表9-8 サービス収益化のトライアングル**

製品・サービスや業務プロセスの形成

```
                    経営者
          ↗                    ↖
   質の高い従業員向け              売上成長と収益性
   サービスを提供し                の向上
   社内マネジメント
   を充実
          ↙                    ↘
     従業員満足  ――――――→   顧客満足
   人材流失が減り   価値あるサービスの提供   顧客ロイヤルティ
   生産性が上がる
```

出所：池上重輔が講義用に作成した資料に筆者が一部加筆修正。

拠），Process（プロセス），People（人）を追加して，7P理論を提唱したことに対応するものである。

サービス・ビジネスでは，人的要素がその成否に占める役割が大きい。経営者と従業員と顧客の三者間の因果関係を図示したのが「サービス収益化のトライアングル」と題する図表9-8である。

そこでは，顧客満足（顧客ロイヤルティ）を達成し，売上成長と収益向上を果たすためには，価値あるサービスの提供が必須であり，それを担うのが従業員である。そのためには，従業員が満足できるサービスを企業（経営者）は提供しなければならない。またそのために企業経営者は，製品や業務のProcess（プロセス）を形成することが求められるのである。

## 2. モノづくりの5Sとサービス・ビジネスの5S
### ―五安一堂のすすめ―

モノづくり現場での5Sが競争力の源泉となることは，しばしば指摘されるところである。

5Sとは，整理（Seiri），整頓（Seiton），清掃（Seisou），清潔（Seiketsu），躾（Shitsuke）であり，日系企業の工場現場などでもしばしば目にするスローガンである。非漢字圏では，それぞれArrangement, Keep in Order, Cleaning up, Keep Clean, Disciplineなる英訳が施されていることも少なくないが，日本語本来の意味がどの程度正しく理解されているか，不確かである。とりわけ，「躾」という日本の伝統文化に根ざした概念と慣行については，しばしば論議が絶えない。そのため多くの場合，日本語のままで標語を掲げて，その精神性を現場従業員に伝達し，徹底させようとしている場合が多い。

この5Sは，サービス業の現場においても有効であり，競争力の源泉となることは間違いない。しかしながら，サービス（とりわけビューティ）・ビジネスの特性にかんがみるとき，我々は，さらに以下に示す5Sの構築・維持・向上が肝要であると考える。また，これら5Sを日本語に置き換えると，安全，

安定,安心,安配,安楽という5つの「安」から始まる用語になる。これら五安が一堂に会するサービスの現場こそが,盤石であるといえるのである。

ここに提示した新たに5Sと五安一堂は,日本語をベースとした従来の5S(とその英訳)と異なる点は,新5S(英語)の意味と五「安」という日本語(あるいは漢語)の語意(connotation)がほぼ一致している点にある。これによって,思わぬ誤解が発生する可能性が少なくなり,コミュニケーションが円滑になされるというメリットを享受できるであろう。

```
        5S                           五安一堂
① Safety（Security）      ⇒   安全（保障）：サービスそのものの安全性
② Stability（Steadiness） ⇒   安定（堅実）：品質の均一性
③ Sincerity（Sureness）   ⇒   安心（確実）：技術の信頼性
④ Specialty（Scarcity）   ⇒   安(按)配（希少）：スキルの専門性と希少性
⑤ Satisfaction（Surplus） ⇒   安楽（余裕）：価格以上の満足感
```

## 第4節　メタ・グローバル・マーケティング論とビューティ・ビジネス

### 1. サービス・ビジネスの「現場」とマーケティング戦略視座の拡張

サービス・ビジネスの「現場」で業務にあたる関係者の立ち位置(もっと平明にいうと「気配りをする目の高さ」)によって,その関係者が関わる活動は,ダイナミックに変化する(図表9-9を参照)。

すなわち,

レベル1(高度1.5メートル)：店舗や作業現場での顧客との直接的なやりとりは,一種の販売(Sales)活動に従事している店員の立ち位置。ホスピタ

**図表 9-9　サービス・ビジネスの「現場」とマーケティング戦略の動態**

| レベル | | 担当 |
|---|---|---|
| レベル5 | 高度3万メートル：メタ・グローバル・マーケティング論 | トップ経営層 |
| レベル4 | 高度1,000メートル：グローバル（国際）マーケティング論 | マーケティング担当役員 |
| レベル3 | 高度100メートル：（国別・ローカル）マーケティング論 | 地域担当部長 |
| レベル2 | 高度5メートル：（店舗）マーケティング論 | 店長 |
| レベル1 | 高度1.5メートル：セールス（ホスピタリティ）論 | 従業員 |

出所：藤本隆宏［2010年10月］日本経済学会連合記念講演会での講演からヒントを得て筆者が作成。

リティ戦略。
レベル2（高度5メートル）：店舗内の営業管理に従事する店長の立ち位置。営業戦略。
レベル3（高度100メートル）：店舗がある地域における競合店の動きなどにも目配りをするエリア・マネジャーの立ち位置。（ローカル・）マーケティング戦略。
レベル4（高度1,000メートル）：当該産業全体の動向を調査分析し，企業全体の経営にその結果を反映させるマーケティング担当役員の立ち位置。戦略的マーケティング戦略。
レベル5（高度3万メートル）：海外の動向に目線を据えたグローバル経営を構築するトップ経営層の立ち位置。メタ・グローバル・マーケティング戦略。

　我々が本章で提示するメタ・グローバル・マーケティング論とは，上記のレベル1からレベル5までの時空間のすべてを包摂するホリスティック（holistic）でダイナミックなマーケティング活動を意図している。
　そもそも「メタ」とは超脱（beyond）を意味し，ドズら（Doz et al.［2001］）

が提唱したメタナショナル経営論にその端を発している。「メタナショナル経営の本質は，自国優位性に立脚した戦略を超え，グローバル規模での優位性を確保する戦略である。……本国のみでなく世界中で価値創造を行い競争優位を構築する企業戦略のことである」(浅川［2003］［2011］)が，我々は宇宙時代に呼応して，その時空間を「超」地球レベルにまで拡張しようと試みるものである。

またそれは，図表9-9のレベル5の目線（立ち位置）からのマーケティング戦略の構築・展開を意味する。レベル5（高度3万メートル）の地球からはるか離れた（地球から超脱した）時空間にある，さしずめ宇宙ステーションの立ち位置にあっても，今日の科学技術を駆使すれば，文字通り世界全体を鳥瞰できる。地球の表面（地上と海上）で起こるすべての森羅万象の変化が一目でわかるだけではなく，地底や海底で発生した天変地異すらほぼ正確に探知できる（例えば，2010年10月，チリのサンホセ鉱山で発生した落盤事故で，地下700メートルに生存者がいることを発見できたことが思い起こされる）のである。

21世紀におけるイノベーション志向に充ちた経営者にとって，こうしたメタ・グローバルな経営視野（perspective）が必須である。今日では，もはや西欧諸国市場のみに軸足をおいたグローバル・ビジネス・スタンスでは競争優位に立つことができない。20世紀型グローバリゼーションの推進から決別し，従来のグローバル・ビジネスから超脱した，新興市場や未成熟市場をも視野に入れた，地球の隅々にまで目線をすえたメタ・グローバル・ビジネスの展開が求められているのである。そして，そこで推進されるメタ・グローバル・マーケティングとは，欧米をスタンダードとするグローバル・マーケティングからの「超脱」を企図するものである。

本章を締めくくるにあたって，メタ・グローバル・マーケティングが今日のビューティ・ビジネスの状況にいかにフィットしているかを説明する。

## 2. ビューティ・ビジネスにおけるメタ・グローバル・マーケティング

　第2節でみてきた通り，ビューティ・ビジネスにはさまざまな特徴がある。
　まず，古今東西，老若男女を問わず，人類にはビューティ（美）に対する普遍的な憧れがある。「美しくありたい」のは，「美しいことが，自他ともに有利であり，愉快である」という現実があるからである。人はこれを「ビューティ・プレミアム（beauty premium）」（Jones [2010] p. 402）とよんでいる。
　他方において，「ビューティ」とは，本来，主観的で文化特殊的価値観であって，ダーウィンが明言したように，本来普遍的なものではなかったはずである。しかし，歴史的に19-20世紀以降，西欧諸国が世界支配を遂げるに従って，西欧人の価値意識に基づいた「ビューティ」が普遍的となった。爾来，西洋人の「美」的イメージがグローバル・スタンダードとなり，また，パリとニューヨークがそれを象徴する「美」の都として繁栄した。いわゆる西欧のビューティの起業家，巨大化した企業によって構築されたグローバル・ブランドが，プレステージ（Prestige）となり，世界を席巻した。
　しかし近年，新興諸市場の興隆，アンチ・エスタブリッシュメント運動の活発化，多様な価値観の主張・容認，「エコ」志向や「ナチュラル」回帰など，新たなパラダイムへのシフトが地球的規模でまん延するに至り，巨大化したビューティ・ビジネス社会にあっても，それらに適合する戦略転換を余儀なくされている。
　今日では，成熟した欧米市場はもとよりのこと，中国，ロシア，インド，ブラジル（BRICs）やベトナム，インドネシア，パキスタン（VIPs）をも視野に入れたマーケティング戦略の展開が，ビューティ・ビジネスにおけるさらなる成長の必須条件となっている。それを下支えするマーケティング・コンセプトこそが，メタ・グローバル・マーケティングである。
　メタ・グローバル・マーケティングでは，グローバリゼーション（地球化）とトライバリゼーション（部族化）のトレンドを同時に包摂する。それはまた，科学技術と伝統的手工芸の両者を尊重し，多様な「美」的価値観にきめ細

かに対応する。そこでは，文化価値観の維持と文明開化のコカップリング（Co-coupling），多様なステークホルダーズとの「価値の共有（Value Sharing）」（Porter［2011］）が新たな価値基準として支配的となるのである。

メタ・グローバル・マーケティングは，その意味では，21世紀における新たなマーケティング・コンセプトをステレオ・タイプ化したものといえるであろう。

〈むすびにかえて〉

本章ではまだ，メタ・グローバル・マーケティングの理念（あるべき姿）を提示したにすぎない。その実相（ある姿）についての詳細なる考察は，余人（次世代を担う研究者と実務家）に委ねることとしたい。

──【キーワード】──────────────────

サービス・ビジネス，サービスの特性，マーケティング・コンセプトの進化，ビューティ・ビジネス，マーケティング・ミックスの進展，新しい5Sと五安一堂，サービス収益化のトライアングル，メタ・グローバル・マーケティング，グローバリゼーション VS. トライバリゼーション

【参考文献】

Doz, Y. el al. [2001] *From Global to Metanational: How Companies Win in the Knowledge Economy*, Harvard University Press.

Friedman, T. [2005] *The World is Flat*, Farrar, Straus and Giroax.（伏見威蕃訳［2008］『フラット化する世界［増補版］』（上，下）日本経済新聞社。）

Jones, G. [2010] *Beauty Imaged: A History of the Global Beauty Industry*, Oxford University Press.（江夏健一・山中祥弘監訳，ハリウッド大学院大学ビューティビジネス研究所訳［2011］『ビューティビジネス─美のイメージが市場をつくる─』中央経済社。）

Kotler, P., et al. [2000] *Marketing Professional Services*, Prentice Hall Press.（平林祥訳［2002］『コトラーのプロフェショナル・サービス・マーケティング』ピアソン・エデュケーション，7頁。）

Lauterborn, R. F., et al. [1993] *Integrated Marketing Communications*, Lincolnwood Ill: NTC Business Books.（有賀勝訳［1994］『広告革命米国に吹き荒れるIMC旋風：統合型マーケティングコミュニケーションの理論』。）

Porter, M. E. and Kramer, M. R. [2011] "Creating Shared Value", *Harvard Business Review*, Jan.-Feb.（邦訳［2011］「共通価値の戦略」『DIAMONDハーバード・ビジネスレビュー』6月号。）

浅川和弘［2003］『グローバル経営入門』日本経済新聞社，161-162頁。

浅川和弘［2011］『グローバルR＆Dマネジメント』慶應義塾大学出版会。

江夏健一・大東和武司・藤澤武史編［2008］『サービス産業の国際的展開』中央経済社，1-4頁。

岸川善光編著［2011］『サービス・ビジネス特論』学文社，33-35頁。

清水公一［2000］『共生マーケティング戦略論（第2版）』創成社，iii頁。

高井眞編著［2000］『グローバル・マーケティングへの進化と課題』同文舘出版，171-174頁。

山中祥弘［2004］「ビューティビジネスの成長と産業教育」『商いの原点』早稲田大学産業経営研究所，第30回産研公開講演会報告書所収，53-80頁。

『通商白書』2007年度，160頁。

（江夏　健一）

## 索　引

―和文索引―

〔あ行〕

アーキテクト……………………………34
アジア新興国系多国籍企業……………93, 95
味の素（株）……………………………83
アップル…………………………………184
アマゾン…………………………………183
アンチ・エスタブリッシュメント………213
アンチエージング………………………206

委託と受託の関係………………………94
イノベーション……………73, 80, 82, 83, 84
イノベータのジレンマ…………………8
インターナショナル・マーケティング……197
インタナショナル型……………………146
インテグラル企業………………………12
インド系多国籍企業の市場参入戦略展開 100

売れ筋商品…………………………180, 191

営業利益譲渡率…………………………111

OEM 供給………………………………111
OEM 供給比率…………………………111
オーケストラ型グローバリゼーション……206
オーセンティック………………………11
オープン・エコノミー…………………35
オープン・モジュラー型………………136
　──製品………………………………99
オンラインデータ………………………48
外国市場参入戦略………………………126

〔か行〕

花　王……………………………………205
価　格……………………………………207
価格政策…………………………………139

学習効果……………………………106, 107
価値の共有………………………………214
活断層………………………………11, 15
カルチャーバウンド……………………157
カルチャーフリー………………………158
関係特定的資産…………………………107
雁行形態…………………………………9
官民パートナーシップ…………………76

機会費用……………………………108, 109
企業間国際分業………………………93, 104
　経営機能別の──……………………104
企業特殊的優位…………………………97
企業内国際分業…………………………93
規模の経済性……………………………139
急進的国際派……………………………121
供給関数…………………………………188
距離と空間………………………………188

空間的配置優位論………………………28
グーグル…………………………………183
グラミン・ダノン・フーズ……………71
グラミン銀行……………………………71
グローカリゼーション……………160, 162
グローカル………………………………132
クローズ・インテグラル型……………136
グローバリゼーション……………206, 213
　オーケストラ型──…………………206
グローバル・コンパクト………………70
グローバル・デファクト・スタンダード 125
グローバル・ビューティ市場…………199
グローバル・ブランド……………202, 213
グローバル・マーケティング………137, 198
　──活動の配置と調整と統制…………134
グローバル・マスカスタマイゼーション 129
グローバル・マトリクス組織…………141

グローバル型 …………………… 148, 154
グローバル経営調整メカニズム ……… 131
グローバル経営の4類型モデル ……… 134
グローバルサプライ型 …………………… 150
グローバル政策調整度 …………… 131, 135
グローバルな事業活動の配置と調整と統制
　………………………………………… 136
グローバル配置優位 ……………………… 28
グローバル標準化 ………………………… 25
クロス・ファンクショナル分析 ………… 27

経営機能別の企業間国際分業 ………… 104
経営資源の国際的移転 …………………… 40
　――問題 …………………………………… 41
経営資源の分散度 ………………… 131, 135
経営視野 …………………………………… 212
経験曲線効果 ……………………… 106, 107
経済のサービス化 ………………………… 195
現地適合型製品 …………………………… 126

五安一堂 …………………………………… 209
広義の国際マーケティングの4段階 …… 137
後行マーケティング ……………… 158, 159
交渉上の地位 ……………………………… 107
香　水 ……………………………………… 203
行動科学志向学派 ………………………… 49
5S ………………………………………… 209
コカップリング …………………………… 214
顧客価値 …………………………………… 208
顧客コスト ………………………………… 208
顧客満足 …………………………………… 209
国際合弁パートナー ……………………… 126
国際戦略提携型の合弁会社 …………… 130
国際美人コンテスト ……………………… 202
国際マーケティング ……………………… 137
　――の4段階 …………………………… 137
　――の世界標準化決定要因 ………… 127
　――の世界標準化対現地適応化 …… 134
国際マーケティング複合化 …………… 127
　――戦略 ………………………………… 127
国際マーケティング・プログラム …… 127
国際マーケティング・プロセス ……… 127
国際マーケティング能力構築 ………… 26

国際マーティング戦略アーキタイプ …… 30
ココ・シャネル …………………………… 202
国家特殊的優位 …………………………… 98
国家の競争力 ……………………………… 95
小袋 ………………………………………… 75
コミュニケーション …………………… 208
コモディティ企業 ………………………… 8
コンサルテーション ……………………… 111

〔さ行〕

サードパーティ・サービスプロバイダー
　…………………………………………… 34
サービス・ビジネス ……………………… 197
　――の現場 ……………………………… 210
サービス・マーケティング・ミックス …… 207
サービス産業（ビジネス） ……………… 195
サービス収益化のトライアングル …… 208
サービスの特性 ………………………… 196
財閥系多国籍企業 ……………………… 102
サプライ・チェーン・マネジメント …… 133
サリサリストア …………………………… 75
山塞機 ……………………………………… 14

事業活動の配置と調整 ………………… 131
事業関係ネットワーク ………………… 140
資源ベース論 …………………………… 36
事後能力 ………………………………… 140
市場構造分析 …………………………… 38
市場細分化研究 ………………………… 49
市場参入戦略 …………………………… 141
　中国系多国籍企業の―― ……………… 99
市場成長率 ……………………………… 55
市場標的の国群 ………………………… 48
資生堂 …………………………………… 205
持続可能性 ………………………… 71, 75
持続可能な開発 ………………………… 71
持続可能な価値形成枠組み …………… 72
躾 ………………………………………… 209
死に筋商品 ……………………………… 191
市民権 …………………………………… 203
シャクティ・アマ ……………………… 76
シャクティ・プログラム …………… 75, 76
シャクティ・プロジェクト ……………… 76

ジャストイン・タイム生産体制……………133
従属変数………………………………………49
受託依存度…………………………………110
受託と自社開発・販売という混成型………111
需要関数……………………………………187
小規模市場国系の企業……………………115
消費立地型……………………………………58
情報通信技術………………………………197
新興市場国………………………………………4
新興市場国系多国籍企業の市場参入方式の選択モデル……………………………………97
人口動態…………………………………………3
　——統計………………………………………3
人口ボーナス期…………………………4, 6
シンプル・グローバル戦略………………132

スイッチング・コスト……………111, 112
水平型買収…………………………………102
スキンケア…………………………………203
ステークホルダー………73, 81, 82, 84
スパイキー…………………………………206
スマイルカーブ……………………………105
住友化学………………………………………77

清　潔………………………………………209
生産者と消費者の近接性…………………196
生産と消費の同時性………………………196
正準相関係数…………………………………52
正準判別関数……………………………52, 65
正準判別関数係数……………………………65
清　掃………………………………………209
正断層…………………………………………15
正当性………………………………………203
整　頓………………………………………209
製　品………………………………………207
　——政策…………………………………138
　——と製法のアーキテクチャー………135
　——のモジュール化………………………33
　——普及率…………………………………48
　——ライフサイクル………………………54
政府開発援助…………………………………71
整　理………………………………………209
世界市場のクラスター化……………………48

——の方法……………………………………64
世界市場の細分化……………………………48
世界のビューティ企業……………………205
セグメント A, C, F, I……………………8, 10
世帯当たり GDP………………………………48
先行マーケティング………………………158
漸次的進捗型………………………………113
先進国系多国籍企業…………………………99
戦略提携………………………………102, 115
戦略的フレキシビリティ……………………29

相関係数………………………………………48
ソーシャル・ビジネス………………………71
組織のモジュール化…………………………33

〔た行〕

ダーウイン……………………………201, 213
対外直接投資残高総計……………………197
ダイナミック・ケイパビリティ……35, 36, 107
多国籍企業：
　財閥系——………………………………102
　先進国系——………………………………99
多国籍マーケティング……………………137
多国籍企業活動のスライス化………………35
脱植民地化…………………………………203

地域本社……………………………………140
地球化…………………………………206, 213
地球環境問題……………………………71, 72
知識消散リスク……………………………108
着実にフラット化…………………………206
中国系多国籍企業の市場参入戦略モデル
　……………………………………………99

デジタルインテグラル…………………170, 172
デジタル化……………………………165, 167
デジタルモジュール……………169, 170, 171

統合情報ネットワーク型…………………141
同時進行型買収……………………………102
独立変数…………………………………48, 49
トライバリゼーション……………………206, 213
トランスナショナル………………………132

220　索　引

──・マーケティング ················· 198
──型 ······························· 151, 154
取引依存度 ···························· 107
トリプル・ボトムライン ··············· 71

〔な行〕

二次データ ····························· 47
ニッチ商品 ···························· 184
──群 ······························· 177
日本経済学会連合 ···················· 211
日本のビューティ・ビジネス ········· 205
日本のビューティビジネス市場 ······· 199
日本ポリグル ····················· 77, 83

ネットワークの外部性 ················ 129

〔は行〕

パートナー ························ 81, 82
──探し ···························· 81
パートナーシップ ······· 76, 78, 81, 82, 83
配置戦略 ······························· 28
破壊的イノベータ ······················· 8
パワーバランス ······················· 107
範囲の経済性 ························· 139
判別分析 ······························· 52
半導体企業 ···························· 104
販　売 ································ 197

BOPビジネス ·························· 70
BBレシオ ···························· 106
ビジネス・パラダイム ················ 195
ビジネスモデル ················ 8, 11, 13
非貯蔵性 ······························ 196
ヒット商品 ···························· 190
1人当たりGDP ···················· 48, 49
美の構成 ······························ 199
ビューティ ···························· 203
──のイメージ ···················· 202
──の同質化 ······················ 202
──の普遍性 ······················ 201
ビューティ・ビジネス ················ 198
日本の── ························ 205
──の概念 ························ 200

──の歴史 ························ 201
ビューティ・プレミアム ············· 213
ビューティビジネス学会 ············· 199
標準化─適応化の相互作用フレーム ··· 26
標準化─適応化パラダイム ············ 24
標準化─適応化フレーム ·············· 23
標的市場セグメント ··················· 57
非立地制約的な企業特殊優位 ·········· 41
ヒンドゥスタン・ユニリーバ ·········· 75

ファブレス ···························· 104
ファンドリー ·························· 104
フィジカルインテグラル ····· 167, 169, 174
フィジカルモジュール ············ 173, 174
フェイカー ····························· 14
フェイク製品 ··························· 14
フェミニスト運動 ···················· 203
深い断裂 ······························· 11
部族化 ···························· 206, 213
フマキラー ························ 75, 77
フラクタル構造 ······················· 177
フラット化 ···························· 206
フレキシビリティ ······················ 28
フレキシブル・マニュファクチャリング
 ··································· 133
フレキシブル・ロジスティクス ········ 29
プレステージ ·························· 213
プログラム標準化 ···················· 128
プロセス標準化 ······················· 128

べき乗 ································ 191
べき乗則 ······························ 177
偏回帰分析 ······················· 49, 60
偏相関係数 ······················· 49, 60

ボーン・グローバル・ベンチャー ·· 94, 113
ボリュームゾーン ················ 77, 83

〔ま行〕

マーケティング ······················· 197
後行── ······················ 158, 159
国際── ·························· 137
先行── ·························· 158

トランスナショナル・―― ……………… 198
　マルチナショナル・―― ……………… 197
　メタ・グローバル・――
　　………………………… 198, 207, 210, 213
　輸出―― ………………………… 137, 197
　ワン・ツー・ワン―― …………………… 178
マーケティング・コスト ………………… 54
マーケティング・コンセプト ………… 197
マーケティング・ミックス（MKGM）:
　――資源 ………………………………… 48
　――政策 ………………………… 54, 125
　――と経営機能との統合 …………… 141
　――の標準化対適応化パラダイム …… 131
　――戦略 ……………………………… 126
マーケティング戦略視座 ……………… 210
マイクロ・ファイナンス ……………… 71, 83
マックス・ファクター ………………… 202
マルチ・ソーシング ……………………… 29
マルチ・リージョナル型 ……………… 134
マルチ生産立地 …………………………… 29
マルチドメスティック型 ……………… 144
マルチナショナル・マーケティング …… 197
マルチナショナル型 ……………… 144, 154

ミス・ユニバース ……………………… 202
ミレニアム開発目標 ……………………… 70

無形資産 ………………………………… 115
無形性 …………………………………… 196

メイクアップ …………………………… 203
メタ ……………………………………… 211
メタ・グローバリゼーション ………… 206
メタ・グローバル・マーケティング
　………………………… 198, 207, 210, 213
メタナショナル ………………… 154, 155
　――経営論 …………………… 39, 212
免税店 …………………………………… 202

索引　221

目的変数 ………………………… 49, 57
モジュール化 …………………… 33, 166
モジュール組立型 ………………………… 8
モジュールサプライヤー ……………… 34
モノづくり ……………………… 195, 209

〔や行〕

ヤクルト ………………………………… 77
ヤマハ発動機 …………………… 77, 83

ユーロモニター ………………………… 48
雪国まいたけ …………………… 77, 83
輸出マーケティング …………… 137, 197
輸送不可能性 …………………………… 196
ユニ・グローバル ……………………… 133
ユニリーバ ……………………………… 204

〔ら行〕

ライオン ………………………………… 205
ライフスタイル変数 …………… 48, 60
楽天ブックス …………………………… 192

リードマーケット
　……………… 152, 153, 154, 155, 168, 171
立地制約的な企業特殊優位 ……………… 41
リバースイノベーション
　……………… 155, 160, 161, 162, 164, 165
利便性 …………………………………… 208
流　通 …………………………………… 207

連結の経済性 …………………… 139, 141

ローバル型 ……………………………… 133
ロレアル ………………………………… 203
ロングテール …………………………… 177

〔わ行〕

ワルン …………………………………… 75
ワン・ツー・ワン・マーケティング …… 178

## ―欧文索引―

Active Fault Line ............ 11, 15
Arrangement .................... 209

Base of the Pyramid ............ 139
beauty premium ................. 213
BOP .................. 9, 11, 69, 139
BOPGM ........................... 70
BRICs ...................... 4, 213

Center of Excellence ............ 154
Chasm ........................... 11
Cleaning up .................... 209
Co-coupling .................... 214
COE ................. 154, 156, 171
Communication .................. 208
Consumer ....................... 208
Convenience .................... 208
Corporate Social Responsibility ... 73
Cost ........................... 208
Creating Shared Value ........... 73
CSR ............................. 73
CSV ............................. 73

Decolonization ................. 203
Demography ....................... 3
Discipline ..................... 209

Export Marketing ............... 197

Feasibility Study ............... 82
Feminist Critique .............. 203
FS .............................. 82

Global Marketing ............... 198
GMC ............................ 129

homogeneity .................... 202
HUL ............................. 75

ICT ............................ 197
image .......................... 202

intangibility .................. 196
International Marketing ........ 197
ISO26000 ........................ 73

Keep Clean ..................... 209
Keep in Order .................. 209

legitimacy ..................... 203
location-bound FAS .............. 41

M&A ....................... 99, 203
Marketing ...................... 197
MDGs ............................ 70
Meta-Global Marketing .... 198, 207, 210, 213
Meta-Globalization ............. 206
MOP ......................... 77, 83
Multinational Marketing ........ 197

NGO ............................. 70
non-storability ................ 196
non-transportability ........... 196
nonlocation-bound FAS ........... 41
NPO ............................. 70

ODA ............................. 71
Orchestrated Globalization ..... 206

P & G .......................... 203
perspective .................... 212
Physical evidence .............. 208
Place .......................... 207
PPP ............................. 76
Prestige ....................... 213
Price .......................... 207
Product ........................ 207
proximity between the producer and
    consumer ................... 196

RBV ............................. 35
RSA ............................ 107

| | |
|---|---|
| sachet ……………………………………… 75 | Tribalization ………………………… 206, 213 |
| Sales …………………………………… 197 | US Civil Rights ……………………… 203 |
| simultaneity of production and consumption ………………………………………… 196 | USAID ………………………………… 70 |
| sustainability ……………………… 71, 75 | Value Sharing ……………………… 214 |
| Sustainable Development …………… 71 | VIPs …………………………………… 213 |
| the Sustainable Value Framework …… 72 | World's Most Admired Companies …… 77 |
| Transnational Marketing …………… 198 | |

〈編著者紹介〉

**藤澤　武史**（ふじさわ・たけし）

関西学院大学商学部教授。関西学院大学大学院商学研究科博士課程修了。博士（商学）。関西学院大学商学部助教授，レディング大学客員研究員を経て現職。専門は国際マーケティング論。国際ビジネス研究学会常任理事，アジア経営学会常任理事。

---

平成24年4月18日　初　版　発　行　　　《検印省略》
平成31年2月25日　初版3刷発行　　　　略称：藤澤マーケ

## グローバル・マーケティング・イノベーション

編著者　Ⓒ　藤　澤　武　史
発行者　　　中　島　治　久

発行所　**同文舘出版株式会社**

東京都千代田区神田神保町1-41 〒101-0051
電話　営業 03(3294)1801　振替00100-8-42935
編集 03(3294)1803　http://www.dobunkan.co.jp

Printed in Japan 2012　　　印刷：三美印刷
　　　　　　　　　　　　　製本：三美印刷

ISBN978-4-495-64501-4

JCOPY〈出版者著作権管理機構　委託出版物〉
本書の無断複製は著作権法上での例外を除き禁じられています。複製される場合は，そのつど事前に，出版者著作権管理機構（電話 03-5244-5088,
FAX 03-5244-5089, e-mail: info@jcopy.or.jp）の許諾を得てください。